Andreas Gerl • Knall und Chaos

Andreas Gerl

Knall und Chaos

Fröhlicher Streifzug durch die biblische Geschichte

FRIELING

Bibliografische Information der Deutschen Nationalbibliothek
Die Deutsche Nationalbibliothek verzeichnet diese Publikation in der Deutschen Nationalbibliografie; detaillierte bibliografische Daten sind im Internet über http://dnb.d-nb.de abrufbar.

Rheinstraße 46, 12161 Berlin
Telefon: 0 30 / 76 69 99-0
www.frieling.de

ISBN 978-3-8280-2855-5
1. Auflage 2010
Umschlaggestaltung: Michael Reichmuth

Printed in Germany

Inhalt

Vorwort

Ein Vorwort verbietet sich hier, denn die Bibel hat auch keins. Am Anfang war das Wort, ohne Vorwort. Stürzen wir uns also ohne lange Vorreden ins biblische Geschehen – vom allerersten Anfang bis zum Ende des Alten Testaments. Da hat die Bibel eine Menge zu erzählen.

Aber Vorsicht: Dieses Büchlein ist weder Mini-Bibel noch Bibel-Ersatz. Also, lieber Hotelbesitzer, untersteh dich, deinen Gästen dieses Büchlein statt der Bibel in den Nachttisch zu legen! Du möchtest doch, dass deine Gäste wiederkommen.

Wie alles anfing

„Am Anfang schuf Gott Himmel und Erde." Dieser Anfang ist ein Knaller! Schlichte Worte beschreiben Gigantisches! Geschrieben von wem? Von Moses? Von wegen! Altertumsforscher geben der Schrift ein deutlich geringeres Alter. Also von wem? Ehrliche Antwort: Wir wissen es nicht! Andere haben durch viel weniger bedeutende Schriften Ruhm und Anerkennung erlangt und hier hat einer ewige Wahrheiten aufgeschrieben, aber wir kennen nicht einmal seinen Namen.

Womöglich war es ja gar nicht nur einer, der hier zur Feder gegriffen hat, wahrscheinlich waren es mehrere, die je für sich zu unterschiedlichen Zeiten etwas zu Papyrus gebracht hatten und deren Texte später – von welchem Redakteur auch immer – ganz oder in Teilen zusammengefügt wurden wie bei einer Collage.

Die spannendste Frage dabei ist: Woher hatten denn der oder die Schreiber ihr Wissen? Na, ganz einfach, es war wie bei den Brüdern Grimm: Da war nichts ausgedacht, es wurde nur aufgeschrieben, was von früher her überliefert war. Dass es bei der Überlieferung mitunter Übertragungsfehler gegeben haben mochte, musste man in Kauf nehmen. Dass manches Überlieferte seinen Ursprung in anderen Religionen hatte, war nicht weiter schlimm, deshalb musste es ja nicht falsch sein.

Woher aber wussten es die, die es zuerst erzählt haben? Gab es Zeugen, war einer dabei? Am ersten Tag nicht, am sechsten Tag ja, da war einer dabei: Adam, der an diesem Tag erschaffen wurde. Und da er im Paradies lebte, hatte er sein Wissen über die Vorgeschichte, also die Tage davor, aus erster Hand. Adam also muss die Story seinen Kindern oder Enkeln berichtet haben, von diesen und ihren Nachkommen wurde sie weitererzählt. Wie es bei Überlieferungen so ist, kursieren mit der Zeit verschiedene Versionen. Das geschriebene Wort, die offizielle Version, geht im Wesentlichen so:

Los geht's

Am Anfang war das Wort, das Machtwort, das Wort wie Donnerhall, der Urknall. (Man verschone uns mit der lästigen Frage: Was war vor dem Big Bang?) Alles flog auseinander, es war das reinste Chaos. Aber die Hand Gottes brachte Ordnung in das Tohuwabohu und es entstanden Himmel und Erde, Sonne, Mond und Sterne, Tag und Nacht, Land und Meer, alles in insgesamt drei Tagen. Noch ein Tag und es entstand die gesamte Flora, ein weiterer Tag und die gesamte Fauna der Erde war geschaffen. Alle Pflanzen und Tiere dieser Erde in insgesamt zwei Tagen, eine Meisterleistung! Man bedenke diese riesige Artenvielfalt! Aber Achtung! Wie hat Moses, der Mann Gottes, im 90. Psalm getextet? „Denn tausend Jahre sind vor dir wie der Tag, der gestern vergangen ist." Vielleicht sind's ja auch tausend mal tausend Jahre oder eine Jahreszahl mit noch ein paar Nullen mehr, die so einen Herrgottstag ausmachen, da konnte an so einem Tag schon einiges an Evolution passieren. Für den sechsten Tag – da waren die Dinos schon ausgestorben – stand nichts weiter auf der Agenda als die Schaffung des Menschen, den wollte Gott nach seinem Bilde schaffen, aber Pech, es war der letzte Tag der Woche, und man weiß ja, was herauskommt, wenn man mit den Gedanken schon halb im Wochenende ist. Nun ja, nobody is perfect.

Übrigens ist genau beschrieben, wie der Mensch geschaffen wurde, nämlich aus einem Erdkloß, also aus Material, von dem genug da war und das nichts kostete. Dem wurde dann von Gott die Seele eingehaucht. Keine schöne Vorstellung natürlich, aus Dreck zu bestehen, aus Dreck mit Seele, da wäre es einem vielleicht doch lieber, man würde vom Affen abstammen.

Dann kam der Ruhetag – wir erinnern uns: tausend Jahre wie ein Tag … Ja, könnte es vielleicht sein, dass wir heute gerade in der 1000-jährigen Phase leben, in der Gott seinen Ruhetag hat und nicht gestört werden will? Das könnte einiges erklären.

Garten Eden (offizielle Version)

Dass Gott den Adam geschaffen hat, war nicht das Produkt einer Laune, sondern hatte einen handfesten Grund: Gott brauchte für seinen Garten Eden jemanden für die Gartenpflege. Deshalb sagte er zu Adam:

„Sieh mal die schönen Stauden und Rabatten. Eine Augenweide, oberflächlich betrachtet. Aber dazwischen ist wildes Kraut aus dem Boden geschossen, das ist Unkraut, das sollst du ausreißen."

„Aber Herr, was du geschaffen hast, soll ich zerstören?"

„Geschaffen schon, aber doch nicht für diesen Garten. Weiß der Teufel, wie das hierherkommt. Das Zeug soll wachsen, wo der Pfeffer wächst. Also weg damit."

Dann zeigte der Herr Adam den Fluss am Rande des Gartens und trug ihm auf, daraus zu schöpfen und die Blumenbeete zu bewässern. Adam war nicht gerade begeistert.

„Wenn die Blumen Wasser brauchen, warum lässt du es nicht einfach mehr regnen?"

„Das wäre Verschwendung. Wasser ist ein kostbares Gut. Man muss damit sparsam haushalten."

Adam tat, wie ihm geheißen. Vor dem ältesten Gewerbe der Welt gab es also schon den Beruf des Gärtners. Allerdings musste sich Adam sein Werkzeug selber bauen, und Unkrautvernichter gab es nicht, deshalb war die Gartenpflege eine ziemliche Plackerei. Aber Adam war zufrieden, denn nur herumzusitzen und zu faulenzen hätte er nicht paradiesisch gefunden. Doch mit der Zeit wurde das Leben ziemlich eintönig, schließlich gab es kein Fernsehen, kein Internet, keine Spielkonsole, nicht einmal eine Kneipe. Da sagte sich der Herr:

„Es ist nicht gut, dass der Mensch so allein ist. Er braucht zu seiner Unterhaltung ein weibliches Gegenstück."

Am Abend beförderte er Adam – vermutlich mit einer Spritze Propofol – in einen Tiefschlaf, entnahm ihm minimalinvasiv eine Rippe und formte daraus im Handumdrehen ein weibliches Geschöpf. Als Adam aus der Narkose erwachte, staunte er nicht schlecht, als ihm der Herr die junge Frau präsentierte:

„Schau her, Adam, das ist Eva. Gib bei ihr Acht auf die Äpfel."

Adam war entzückt von dem Anblick dieser Frau, die im Gegensatz zu allen Weibchen, die er bisher kannte, ganz ohne Fell und Federkleid vor ihm stand. Er betastete sie von allen Seiten, zählte ihre Rippen, dann die seinen und stellte fest, dass er eine weniger hatte als sie. Damit war ihm klar, dass sie aus einer Organspende von ihm entstanden war. Eva war aber auch ein wirklich hübsches Ding, da hatte Gott mal einen echt guten Tag gehabt. Adam beeilte sich, Gott zu loben und ihm zu danken für dieses wahre Prachtstück. Doch es sollten keine acht Tage vergehen, bis ihn die zu seinem Zeitvertreib geschaffene Gesellin in den tiefsten Abgrund des Daseins stürzte. Das passierte so:

Im Garten standen jede Menge Obstbäume mit leckeren Früchten verschiedenster Art, aber ausgerechnet in der Mitte des Gartens gab es einen Baum, vor dem der Herr die beiden Menschen eindringlich warnte:

„Dieser Baum ist ein Exot, seine Früchte sind für euch unverträglich, ja geradezu Gift. Wer davon isst, der weiß, was gut und was nicht gut ist, und der wird sterblich. Also wenn euch euer ewiges Leben lieb ist, Finger weg von dieser Apfelsorte!"

„O. k., Boss, geht in Ordnung, keine Sorge, fassen wir nicht an, machen wir nicht."

Die ersten Tage ging alles gut, aber während Adam seiner Gartenarbeit nachging, fühlte sich Eva von dem verbotenen Baum wie durch einen Magneten angezogen. Und wie sie so unter dem Baum stand, die roten Bäckchen der tief hängenden Äpfel anblinzelte und von der einen und der anderen Seite streichelte, kam eine Schlange, die sich dort in dem Baum eingenistet hatte, heruntergezischt.

„Na, sind das nicht wahre Prachtexemplare von Äpfeln? Was meinst du, wie die erst schmecken, einfach köstlich! Nur zu, nimm dir nur einen oder nimm zwei."

„Aber dann werde ich sterblich, hat der Herr gesagt, und das will ich doch nicht."

„Ha, der will nur nicht, dass du so schlau bist wie er, denn wer hiervon isst, bekommt den vollen Durchblick. Was ist dir denn lieber: ewig dumm und naiv sein oder aufgeklärt in einem Leben auf Zeit?"

„Hm, da muss ich Adam fragen."

Als Adam nach getaner Arbeit des Weges kam, sprang Eva erfreut auf und fiel ihm um den Hals.

„Ach, wie gut, dass du kommst, Adam! Ich halte es ja kaum noch aus vor Lust, einen dieser Äpfel zu probieren."

„Bist du von allen guten Geistern verlassen? Weißt du denn nicht mehr, was der Herr gesagt hat?"

Eva schlug die Augen nieder, fasste sich aber gleich wieder.

„Da war eine Schlange, die meinte, wer davon isst, wird genauso klug sein wie der Herr."

„Ach, gib doch nichts auf das Geklapper, äh, Geplapper so einer falschen Schlange."

„Aber könnte man nicht wenigstens mal ein kleines Stück probieren, ein klitzekleines Stückchen, nur um zu sehen, was passiert?"

„Das lässt du schön bleiben, hörst du?"

„Ach, willst du mir etwa befehlen?"

„Ja, allerdings. Wer hier das Sagen hat, bin ich!"

„So? Mit welchem Recht glaubst du wohl, über mich bestimmen zu können?"

„Das ist Naturrecht! Du bist doch nur eine Rippe, ein Ableger von mir! Ich bin der erste Mensch auf der Welt, ich war schon vor dir da, also stehe ich über dir!"

„Das glaubst auch nur du! Guck dich doch nur um, wer alles vor dir da war. Die Mücken, die Käfer, die Schnecken, die Würmer, die alle waren schon vor dir auf der Welt. Nach deiner Logik stehst du im Rang unter den Würmern! Du Wurmfortsatz! Genau umgekehrt wird doch ein Schuh draus: Der Mensch steht am Ende der Evolutionskette. Da ich nach dir entstanden bin, stehe ich auf einer höheren Stufe der Evolution als du!"

„Dass ich nicht lache! Der Herr hat zu mir gesagt, du sollst meine Dienerin sein! Also hast du mir zu gehorchen!"

„So? Ich werd dir zeigen, wie ich dir gehorche. Jetzt werde ich es gerade tun, jetzt schnappe ich mir einen Apfel und esse ihn! Damit du siehst: Du hast mir gar nichts zu sagen!"

„Halt, Eva, halt! Mach doch nicht dich und mich unglücklich!"

„Ich will aber, ich will, ich will!"

Eva stampfte mit den Füßen auf.

„Zum letzten Mal, Eva, jetzt ist Schluss! Ich verbiete dir ein für alle Mal, auch nur einen dieser Äpfel anzufassen."

Nun brach Eva in Tränen aus.

„Du Macho, du Tyrann, du Sklavenhalter! An was für einen Mann bin ich bloß geraten! Wie kannst du nur so gemein sein! Nichts bin ich für dich, nur eine Dienstmagd bin ich für dich, weiter nichts. Vielleicht täte es dir gut, mal so einen Apfel zu essen, dann lernst du vielleicht, wie man eine Frau behandelt."

Da pflückte Adam einen Apfel ab und reichte ihn ihr.

„Schon gut, mein Täubchen, beruhige dich, hier hast du ein Äpfelchen. Nun sei wieder gut und iss, ich beiße auch hinein."

So wurde der Zankapfel zum Versöhnungsapfel, aber nur für die beiden untereinander, denn schon hörten sie den Donnergroll des Herrn, und jetzt erwartete sie ein viel größerer Krach. Verstecken half nichts, die Strafe des Herrn folgte auf dem Fuße, und die hieß Verbannung aus dem Paradies, verbunden mit der Auflage, fruchtbar zu sein und sich zu vermehren. Ein Engel mit flammendem Schwert führte sie zum Tor des Gartens Eden. Adam überquerte die Schwelle ins öde Niemandsland mit den berühmten Worten:

„Ein kleiner Schritt für einen Menschen, aber ein großer Schritt für die Menschheit."

Seither ist das Paradies wie vom Erdboden verschluckt. Kein Mensch und keine Satellitenkamera hat es mehr ausfindig machen können, nicht einmal Google Earth. Und wenn sich irgendwo ein romantisches Fleckchen findet, das einem paradiesisch erscheint, dann wohl eher nicht im Euphratgebiet des Irak.

– Es gibt Menschen, die diese Geschichte nicht glauben wollen, weil da eine sprechende Schlange vorkommt. Dabei gibt es in der Bibel eine ganze Menge unglaublicher Geschichten, das sind dann eben Wunder. Das eigentliche Wunder ist ja aber gar nicht die sprechende Schlange, sondern die sprechende Eva. Diese Frau, diese gerade erst Fleisch gewordene Rippe, sprach offenbar von Anfang an fließend Hebräisch, für mich ein echtes Wunder. Allerdings glaube ich ja, dass Eva und die Schlange sich so verständigt haben, wie man dies im fremdsprachigen Ausland allgemein tut: mit Händen und Füßen. –

Garten Eden
(wie es auch gewesen sein könnte, 1. Variante)

Vielleicht aber ist ja auch alles ganz anders gewesen, nämlich so:

Adam hatte seine Arbeit als Gartenpfleger aufgenommen und Gott sah, dass es gut war. Gut, aber nicht gut genug. Pflanzen wucherten, weil sie nicht beschnitten wurden, andere waren von Ungeziefer befallen und verkümmerten, und war ein Blumenbeet von Unkraut gesäubert und frisch geharkt, dauerte es nicht lange, bis irgendein dummes Schaf darüberlatschte und die jungen Pflänzchen zertrampelte oder gar abfraß. Es war nicht zu übersehen, dass zu einer ordentlichen Gartenpflege einfach mehr gehörte als Unkraut jäten und Blumen gießen. Nun hatte Adam ja keine Schule besucht und insbesondere keine Ausbildung in Gartenbau und Forstwirtschaft. Deshalb sprach Gott zu ihm:

„Adam, ich habe beschlossen, dass du alles lernen sollst, was zur Pflege von Tieren und Pflanzen im Garten Eden dient."

„Ach, Herr, wozu lernen? Lernen ist nicht so mein Ding. Mir liegt mehr das Praktische."

„Wer nicht lernt, bringt es zu nichts. Du willst doch nicht ewig nur Hilfsarbeiter sein? Ich sag dir, wenn du ordentlich lernst, kannst du bei mir was werden!"

„Und was?"

„Na, Verwalter des Gartens Eden."

„Nur Verwalter?"

„O. k., dann mache ich dich zum Gartendirektor. Das ist ein Chefposten! Aber du musst was dafür tun!"

Das klang nach einer steilen Karriere. Aber wie und wo sollte Adam all das lernen, was heutzutage ein mehrjähriges Studium erfordert? Da hatte sich Gott etwas einfallen lassen, und zwar den Baum der Erkenntnis. Gott führte Adam dorthin und fragte ihn:

„Fällt dir an diesem Baum etwas auf?"

„Nein, nichts Besonderes."

„Deine ahnungslosen Nachkommen werden von diesem Baum als Apfelbaum sprechen, aber wer so redet, kann Äpfel und Birnen nicht unterscheiden. Sieh mal, dies hier ist kein Apfel, auch keine Apfelsine, auch kein Paradiesapfel, es ist eine exotische Frucht, wie kein anderer Baum sie trägt, nennen wir sie Pumpelone. Sie ist kernlos, dieser Baum kann sich also nicht vermehren, er ist ein Unikat. Die Pumpelonen sind von wunderbar aromatischer Süße, sie enthalten wertvolle Vitamine, sie sind nahrhaft und fördern zugleich die Verdauung, aber vor allen Dingen: Sie speisen zugleich dein Gehirn. In jeder Frucht dieses Baumes ist Wissen gespeichert, das du dir, wenn du sie isst, einverleiben kannst. Deine Aufgabe ist es, jeden Tag eine Frucht dieses Baumes zu essen und so dein Wissen anzureichern, und zwar bis zum Ende der Ernte. Dann hast du das Semester geschafft."

Adam war erfreut, dass sich Wissensdurst auf so köstliche Weise stillen ließ.

Kaum hatte er die erste Pumpelone gepflückt, geschält und verspeist, kam ihm die Erkenntnis, dass er keine Frau hatte. Da rief er Gott an und sagte:

„Meister, was du geschaffen hast, ist alles wunderbar, das muss man dir lassen, und die Hausaufgabe ist ganz nach meinem Geschmack, aber ..."

„Was aber?"

„Na ja, es gibt da nur eine Sache, ich weiß nicht, wie ich es sagen soll ..."

„Nun red schon, was für eine Sache? Also wenn du eine Lohnerhöhung willst, da sag ich dir gleich, die ist nicht drin. Im Moment laufen die Geschäfte ziemlich schlecht ..."

„Nein, nein, das ist es nicht. Ich meine nur – es ist mir peinlich zu sagen, aber ..."

„Also, nun raus mit der Sprache, ich reiß dir schon nicht den Kopf ab!"

„Nun, also, wie ich sehe, hat der Löwe seine Löwin, der Bär seine Bärin, der Ziegenbock seine Ziege, der Puter seine Pute, der Einzige, der hier gekniffen ist, bin ich! Ich möchte auch so eine haben."

Da erschrak Gott. Ihm war schon klar, dass das Arbeitsergebnis des sechsten Tages ein bisschen dürftig war und es wohl noch etwas nachzuliefern gäbe. Aber Adam wusste offensichtlich nicht, auf welch heikles Feld er sich mit seinem Wunsch begab.

„Hör mal zu, mein Guter", sagte Gott streng, „ich habe dich geschaffen. Ohne mich wärst du nichts, absolut nichts, ohne mich gäb's dich überhaupt nicht. Ich habe dich in meinen Garten gesetzt und dir Arbeit gegeben, du kannst hier leben wie ich in Frankreich, und doch scheint mir, als klänge da so etwas wie Kritik aus deinen Worten."

„Nein, nein, Meister, alles, was du machst, ist fantastisch, ohne Frage. Für mich bist du der Größte. Was ich wollte, war nur eine Anregung, ein kleiner Verbesserungsvorschlag."

Da lachte Gott höhnisch und wiegte das Haupt.

„Adam, du bist noch neu auf dieser Welt und unerfahren, du weißt einfach nicht, auf was du dich da einlässt. Nicht, dass ich deine Bitte nicht erfüllen könnte. Für mich wäre es eine Kleinigkeit, dir eine Frau zu machen, aus dem erstbesten Gegenstand, der mir in die Hand fällt, könnte ich das, hier aus diesem Stock oder da aus dem Besen oder aus dem Schrubber oder dem Mopp. Aber so eine Sache will überlegt sein, ich sage dir, wenn alles so bleibt, wie es ist, kannst du dir eine Menge Ärger ersparen."

„Ich weiß nicht. Man könnte doch mal einen Versuch machen. Vielleicht mit einem Probeexemplar."

„Na, dann sag mir erst mal, wofür willst du denn eine Frau haben?"

„Nun, sie soll die Hütte putzen und aufräumen, sie soll mir Essen kochen, das Bett machen, außerdem könnte sie mir abends den Rücken massieren, wenn mir vom vielen Bücken das Kreuz wehtut, und mir den Lendenschurz ausbessern; die Feigenblätter sind schon ein bisschen ausgefranst."

„Hm", sagte Gott, „aber ich habe dich gewarnt. Gib nur nicht nachher mir die Schuld."

Adam fühlte sich plötzlich von Müdigkeit überwältigt und fiel in einen ohnmachtsgleichen Schlaf. Als er in der Morgendämmerung die Augen öffnete und die kurvenreichen Konturen einer Frau vor sich sah, wusste er, dass sein Wunsch in Erfüllung gegangen war, allerdings auf Kosten einer Rippe, wie er sogleich bei sich feststellte.

Nachdem sich beide einander vorgestellt hatten („Madam, I'm Adam") und Adam mit seinem Job im Garten Eden geprahlt hatte, erkundigte sich Eva gleich einmal, wie viel Adam denn netto verdiente. Natürlich fand sie Adam unterbezahlt und den Herrn reichlich knauserig. Dann war sie neugierig darauf, wie Adam so wohnte. Beim Betreten seiner Hütte schlug sie die Hände über dem Kopf zusammen.

„Oh mein Gott, wie sieht es denn hier aus?"

Es war eben eine typische Junggesellenbude. Instinktiv machte sich Eva daran, Grund hineinzubringen, Müll und Essensreste zu entsorgen, Staub zu wischen und den Boden zu fegen – das dauerte drei Tage. Sie war gerade fertig, als eine Schlange herangeschlängelt kam.

„Du kommst hier nicht rein", sagte Eva, „gerade habe ich den Boden gewienert und du bringst nur Dreck."

„Du armes unwissendes Wesen", sagte die Schlange, „wenn du wüsstest, was ich weiß, würdest du mich besser begrüßen."

Alle S-Laute waren dabei scharfe Zischlaute.

Eva war so neu im Paradies, dass ihr das Außergewöhnliche dieser Situation gar nicht auffiel. Woher sollte sie auch wissen, dass Schlangen im Allgemeinen nicht fähig sind zu sprechen – weder Hebräisch noch irgendeine andere Sprache? Schon gar nicht konnte sie wissen, was mit dieser Schlange passiert war.

Die Schlange war kürzlich einen Baum hochgekrochen, und zwar ausgerechnet den Baum der Erkenntnis. Wie sie nun dort herumschlängelte und die reifen Pumpelonen hängen sah, überkam sie ein unbändiges Verlangen, eine zu probieren. Aber die Früchte waren bewacht. Gott hatte Engelchen als Wachposten aufgestellt, die dort standen oder herumflatterten, um jeden unbefugten Zugriff zu unterbinden. Dennoch schaffte es die Schlange, sich mit weit aufgerissenem Maul eine Pumpelone zu schnappen und sie mit Haut und Schale zu verschlingen. Die runde Frucht wanderte den langen Schlangenhals hinunter und lag der Schlange dann tagelang so schwer im Magen wie eine Eisenkugel. Aber dann gelang es dem Magen schließlich doch, die Frucht halbwegs zu verdauen und Säfte aufzunehmen, die den Körper langsam durchdrangen und der Schlange teilweise auch zu Kopf stiegen. So erlangte sie mentale Fähigkeiten, die sie zwar nicht klug, aber schlau machten.

Die Schlange blinzelte Eva mit listigen Augen an und erkannte, dass sie deren Neugier geweckt hatte.

„Was ist es, was ich wissen sollte?", fragte Eva.

„Hast du dich schon einmal gefragt, was dein lieber Mann den ganzen Tag so treibt?"

„Er arbeitet im Garten für den Herrn."

„Bist du sicher?"

Wieder blinzelte die Schlange, doch Eva bemerkte nicht ihre Verschlagenheit.

„Vielleicht sollte es dich interessieren, dass es in diesem Garten auch noch andere schöne Wesen gibt", sagte die Schlange. „Da gibt es hübsche Engelchen und die haben Augen für deinen Mann."

Evas Augen zitterten, aber sie versuchte sich zu beherrschen.

„Adam und ich sind unzertrennlich, ich bin Teil von ihm, bin seine personifizierte Rippe."

„Wenn du mir nicht glaubst, dann komm doch mit. Ich werde es dir zeigen."

Bereitwillig ließ sich Eva von der Schlange in die Nähe des Baums der Erkenntnis führen, wo sich beide hinter einem Fliederbusch auf die Lauer legten. Eva sah, wie dort Engelchen um den Baum herumschwirrten oder -standen und miteinander schwatzten. Wenn aber zwischendurch ein Tier aufkreuzte und sich dem Baum näherte, zum Beispiel ein Marder, ein Eichhörnchen oder ein Äffchen, dann scheuchten es die Engel weg.

Nach einer langen Weile tauchte von Weitem ein Mann auf und Eva war gleich klar, dass das niemand anders als Adam sein konnte. Sie wollte eben loslaufen, um ihn zu begrüßen, aber die Schlange hielt sie zurück. Da sah Eva etwas Unglaubliches: Adam trat an den Baum heran, aber statt ihn fortzuschicken, machten die Engel ihm Platz und Adam verschwand hinter dem großen Flügel eines der Engel. Da konnte Eva nicht länger an sich halten, sie stürzte auf den Engel los, packte ihn am Flügel und riss ihm prompt ein paar Federn aus. Sofort griffen die anderen Engel flügelschlagend ein, um Eva abzuwehren. Als Adam sah, was geschah, sprang er hinzu, um Eva Hilfe zu leisten. Schon begann eine wilde Rauferei, dass die Federn nur so flogen, als plötzlich der Herr wie ein Blitz aus heiterem Himmel dazwischenfuhr.

„Ihr elendes Pack", herrschte er Adam und Eva an, „wie könnt ihr es wagen, euch an meinen himmlischen Heerscharen zu vergreifen! Dafür gibt es die Rote Karte! Auf der Stelle habt ihr meinen Garten zu verlassen. Für euch ist jetzt Schluss mit dem Schlaraffenland, von jetzt an müsst ihr euch eure Brötchen selbst verdienen, und zwar im Schweiße eures Angesichts. Und für eure Vermehrung müsst ihr auch selber sorgen!"

Die Worte des Herrn waren kaum gesprochen, da hatte er die beiden auch schon aus dem Garten Eden gebeamt. Adam und Eva fanden sich plötzlich draußen vor der Tür des Gartens auf einem öden Feld wieder. Beiden steckte noch der Schreck in den Gliedern, sie starrten sich an, als Eva plötzlich sagte:

„Adam, ich hab nichts anzuziehen."

Adam schaute und sah, dass Eva tatsächlich splitternackt war, und auch er selbst stand da im Adamskostüm, denn bei der Rauferei hatten beide ihre Feigenblätter verloren. Sie blickten sich um, aber weit und breit gab es hier keine Feigenbäume, nur trockene Kiefern und Disteln. Da waren die Lendenschurze, die sie sich nun banden, eine ziemlich stachelige Angelegenheit.

Nach und nach aber fanden sie sich in der Wildnis zurecht, sie sammelten Beeren, Insekten und anderes Getier, das sogar besser schmeckte, als es aussah, sie richteten sich ein Nachtlager ein, als Eva Adam daran erinnerte, dass ihnen der Herr aufgetragen hatte, fruchtbar zu sein und sich zu vermehren. Da waren die beiden ziemlich ratlos, denn sie wussten nicht, wie sie den Auftrag erfüllen sollten. Aber als sie es schließlich herausgefunden hatten, waren sie erfreut festzustellen, dass das außerparadiesische Leben auch seine schönen Seiten hatte. Sie dankten dem Herrn, dass er sie dafür so gut gebaut hatte, und sie taten es wieder und wieder, um dem Herrn zu gefallen.

Garten Eden
(wie es auch gewesen sein könnte, 2. Variante)

Ich glaube ja, dass es noch anders war, nämlich so:

Auf Adams Klage über seine Einsamkeit hatte der Herr über Nacht aus einer Rippe Adams die Jungfrau Eva geschaffen; die sollte ihm das Leben versüßen. Beide gefielen und verstanden sich auf Anhieb, was unter Blutsverwandten ja nicht selbstverständlich ist. Adam trug Eva über die Schwelle seiner Hütte, ihr künftiges Zuhause. Dann führte er sie durch das Paradies und präsentierte ihr stolz das sehenswerte Ergebnis seiner Gartenarbeit. Was war das aber auch für eine Blütenpracht! Eva war fasziniert von dem Meer von Rosen, den duftenden Hyazinthen und dem blühenden Flieder.

„Gehört der ganze Garten dir? Und hast du ihn ganz allein angelegt?"

„Na, wer sonst?"

„Einfach fantastisch!"

So groß die Begeisterung anfangs auch war, so ging sie allmählich doch über in eine Form von Gewohnheit. Während Adam weiter den Garten pflegte, hatte Eva wie selbstverständlich die Rolle der Hausfrau angenommen. Nach Tagen und Wochen war sie es nun, die sich über die Eintönigkeit des Lebens beklagte.

„Soll das Leben hier ewig so weitergehen? Das hält ja kein Schwein aus! Ich hocke hier den ganzen Tag allein zu Hause, mir fällt schon die Decke auf den Kopf. Hier gibt es kein bisschen Unterhaltung, kein Radio, kein Fernsehen, keine Illustrierte, kein Internet, kein Kino, keine Disco, nicht einmal eine Nachbarin, mit der ich quatschen kann. Diese Langeweile ist unerträglich!"

„Meinst du vielleicht, mir geht es anders? Schön, wir haben hier genug zu essen, können im Park spazieren gehen oder joggen, aber irgendwann sieht man sich die ewig blühenden Blumen auch leid. Und die tägliche Gartenarbeit ist auf Dauer auch nicht das Gelbe vom Ei. Ich fange schon an, mit den Tieren zu sprechen. Ich sage: ‚Du dummer Hund' oder ‚Du blöde Kuh' oder ‚Du armes Schwein' oder ‚Du alter Esel', nur um mich zu unterhalten, und zum Feierabend sage ich Füchsen und Hasen ‚Gute Nacht'."

„Und ich dachte, dass mir das nur passiert. Ich habe heute nämlich mit einer Schlange gesprochen."

„Manchmal denke ich: Es muss doch noch was anderes geben als dieses Paradies. Ich kenne diesen Garten wie meine Westentasche. Wenn man lange genug geht, egal in welche Richtung, kommt man irgendwann an eine hohe Mauer. Ich frage mich: Was ist dahinter? Das lässt mir keine Ruhe, ich muss das rauskriegen! Ich fühle mich hier wie unter einer Käseglocke, wie im Gefängnis. Wir sollten versuchen, hier rauszukommen."

„Und hast du eine Idee, wie?“

„Zuerst habe ich daran gedacht, einen Tunnel zu graben, aber das würde der Herr sofort bemerken und unterbinden. Er braucht mich hier nun mal.“

„Weißt du, was mir die Schlange gesagt hat? Dass die verbotenen Früchte verzaubert sind und dass man, wenn man davon isst, sich etwas wünschen kann.“

„Dann lass uns doch davon essen und uns wünschen, dass wir hier herauskommen!“

Gesagt, getan: Sie pflückten eine Frucht vom verbotenen Baum, liefen bis zur Gartenmauer, bissen gemeinsam in die Frucht und wünschten sich, in die Freiheit zu gelangen. Da wirkte die verbotene Frucht wie ein „Sesam-öffne-dich“, in der Mauer tat sich eine Spalte auf, sodass sie in das wilde Niemandsland hinaustreten konnten.

Adam und Eva machten Freudensprünge und riefen:

„Frei, endlich frei!“

Aber da hörten sie den Donner des Herrn, der ihnen zurief:

„Freut euch nicht zu früh. Ihr seid zwar draußen, aber mich seid ihr damit noch lange nicht los. Gut, meinen Garten müsst ihr jetzt nicht mehr pflegen. Aber dafür müsst ihr nun allein für euch sorgen, und das wird kein reines Zuckerschlecken werden, das garantiere ich euch. Außerdem: Wenn ihr was gegen die Langeweile tun wollt, dann rate ich euch eins: Seid fruchtbar und mehret euch! Wenn die ersten Kinder da sind, ist euch garantiert nicht mehr langweilig.“

Kain und Abel

Als Eva nach einiger Zeit merkte, dass es in ihrem Bauch rumpelte und boxte, fürchtete sie, den Teufel im Leib zu haben, aber als neun Monate herum waren, bekamen sie Gewissheit, dass sie auf dem richtigen Weg gewesen waren: Das erste Baby der Welt wurde geboren. Dass dies nicht ohne Schmerzen abgehen würde, hatte der Herr ihr schon prophezeit. Eva konstatierte:

„Adam, du hast gewiss deine Qualitäten, aber als Hebamme bist du eine absolute Niete."

Die Schmerzen waren schnell vergessen, als Eva sah, was für einen Prachtjungen sie da in die Welt gesetzt hatte, einen wahren Wonneproppen mit allem Drum und Dran. Da ihnen nichts Besseres einfiel, nannten sie Adamssohn einfach Kain. Der Junge wusste instinktiv, dass es an der Mutterbrust am schönsten war, da hatte Eva eine Menge zu bieten, und so wurde er zunehmend kräftig und stark.

Nachdem es mit der Vermehrung so gut geklappt hatte, legten Adam und Eva nach, und so kam ein zweiter Junge zur Welt; der war etwas zarter, den nannten sie Abel. Die zwei Jungen hatten es gut, denn sie brauchten nicht zur Schule zu gehen, sie lebten nach dem Motto „Learning by Doing", und von den zwei Berufszweigen, die es damals gab, wählte jeder den Beruf seiner Neigung, Kain den Ackerbau, Abel die Viehzucht.

Die beiden Knaben hatten immerhin von den Eltern gelernt, dass es kein Fehler sein konnte, von den Erträgen der Arbeit freiwillig dem Herrn etwas zu spenden, um ihn bei Laune zu halten, denn – das wussten die Eltern – mit einem ungnädigen Herrn war nicht gut Kirschen essen. Kain baute einen Altar, türmte dort die erlesensten Früchte auf und rief:

„Herr, hier präsentiere ich dir einen wahren Gourmetteller. Sieh nur diese zuckersüßen Ananas, diese saftigen Melonen, diese sonnengereiften Apfelsinen, diese rotbäckigen Nektarinen, diese köstlichen Weintrauben, garniert mit Walnüssen, Kiwi, Avocado, Pistazien, Datteln und Feigen, alles aus meiner Ernte, alles geprüfte 1-a-Qualität aus garantiert ökologischem Anbau."

Abel schlachtete aus seiner Schafherde ein kleines Lamm, hielt es am Spieß über das Lagerfeuer, sodass ein verführerischer Bratenduft aufstieg, tat Thymian und Knoblauch dazu und sagte:

„Herr, verzeih mir, dass meine Spende so klein ausgefallen ist."

Da verschmähte der Herr Kains vegetarische Ökokost und fand Gefallen an einem ordentlichen Lammkotelett vom Opfertisch Abels. Das wurmte Kain nun ungemein, und kaum dass sich der Herr gelabt und wieder entfernt hatte, rief Kain Abel zu sich und zeigte ihm, was eine Harke ist. Ein kräftiger Hieb auf Abels Kopf genügte, dass dieser tot umfiel und sein Blut im Boden versickerte.

Mehr ist von Abel nicht zu berichten. Sein vom Herrn angenommenes Opfer hat ihm leider nichts gebracht, außer vielleicht einen Platz im Paradies. Hoffen wir's mal für ihn, er hätt's verdient. Dieser gute Mensch ist leider viel zu früh verstorben, noch dazu unbeweibt und kinderlos. Wir, liebe Leserin und lieber Leser, stammen von dem anderen ab, von dem Mörder Kain.

Unser Vorfahr Kain verscharrte die Leiche ordentlich unter den Furchen seines Ackers, machte sich dann mit einem fröhlichen Liedchen auf den Lippen wieder an die Feldarbeit, als der Herr vorbeikam und nach Abel fragte.

„Was weiß ich", sagte Kain, „bin ich vielleicht sein Kindermädchen?"

„Du falscher Hund", erboste sich der Herr, „das Blut deines Bruders schreit zu mir aus deinem Acker!"

Verdammt, dachte Kain, ich hätte ihn doch tiefer eingraben sollen. Dabei hielt ich die Tat für das perfekte Verbrechen.

„O. k., Herr, du hast mich ertappt. Wie ich sehe, ist Leugnen zwecklos. Oh, meine Sünde ist groß."

„In der Tat, dafür hast du die Todesstrafe verdient. Aber weil du bereust und weil du mir mit deiner Opfergabe etwas Gutes tun wolltest, will ich dich begnadigen."

„Aber jetzt muss ich die Blutrache fürchten!"

„Wieso Blutrache?", fragte der Herr belustigt, „es gibt ja keine Hinterbliebenen Abels."

„Aber ich fürchte den Rachedurst der Erinnyen, einer Spezies blutrünstiger Vampire."

Da nahm der Herr eine heiße Nadel und tätowierte Kain mit schwarzer Tinte mitten auf die Stirn ein Kreuz.

„Dieses Zeichen mögen die Vampire nicht, so werden sie dich in Ruhe lassen. Ich rate dir aber, dich vom Hof zu machen, denn hier ist der Boden für dich zu heiß geworden."

Da machte sich Kain schnellstens aus dem Staub. Auf seiner Wanderschaft kam er weit herum und überall, wo er sich niederließ, schwängerte er Frauen und gründete er Dörfer.

Die Sintflut

Aber auch Adam wurde auf seine alten Tage noch mal Vater, und zwar eines Sohnes namens Seth. Bestimmt hatte Seth auch noch ein paar Schwestern, aber Mädchen zählten damals nicht.

Die Menschen erreichten damals Lebenszeiten, von denen wir heute nur träumen können. Rekordhalter war ein gewisser Methusalem (Metuschelach) mit sage und schreibe 969 Jahren.

Viel mehr ist über die nächsten Generationen nicht zu berichten, außer dass sie sich vermehrten wie die Karnickel. Aber wer glaubt, dass die Menschheit dabei zu immer höherer kultureller Blüte aufstieg, liegt schief. Nicht nur die Menschen vermehrten sich, das tat auch die Sünde, und zwar potenziert. Die Jugend scherte sich einen Dreck um erzieherische Vorgaben der Eltern, Anstand und Moral gerieten überall in Verfall, einer versuchte den anderen zu übervorteilen, auszubeuten und zu unterdrücken. Das war dermaßen schlimm, dass es der Herr nicht ertrug, dies noch länger mit anzusehen – und weggucken wollte er auch nicht.

„Mir reicht's, ich hab die Faxen dicke", sagte er zu seinen Engeln.„Da setzt man Menschen in die Welt und denkt, sie entwickeln sich zu zivilisierten Wesen, und was muss man erleben? Taugenichtse und Tunichtgute sind sie. Die ganze Gesellschaft ist ein einziger Misthaufen – für mich der reinste Albtraum! Meine Vorstellung von einer gesitteten Menschheit war ein phänomenaler Irrtum. Ich werde das Experiment abbrechen und die Gattung Mensch wieder auslöschen."

„Und weißt du schon, wie?", fragte schüchtern ein Engel.

„Oh ja, ich werde den Menschen eine kalte Dusche verpassen, dass ihnen Hören und Sehen vergeht. Ich werde es Tag und Nacht Bindfäden regnen lassen, es soll ein Hochwasser so hoch aufsteigen, dass alle Kreatur darin versinkt und ertrinkt. Das ganze marode Gesocks will ich wegspülen in den Orkus."

„Aber", wagte der Engel einzuwenden, „dann gehen ja die Pflanzen und Tiere mit zugrunde."

„Das ist unvermeidlicher Kollateralschaden."

„Sind denn alle Menschen so bodenlos schlecht?"

„Alle! Alle außer einem, der allerdings ist fromm und brav und passt so gar nicht in die korrupte Gesellschaft. Der heißt Noah – o. k., den will ich verschonen."

Der Herr stattete Noah einen Besuch ab und gab ihm den Wetterbericht für die nächsten Wochen, allerdings unter dem Siegel der Verschwiegenheit:

„Pssst, nicht weitersagen: Es wird bald permanent wie aus Kübeln gießen. Der Untergang ist nahe."

Noah bekam den Auftrag, zusammen mit seinen Söhnen Sem, Ham und Jafet ein Schiff zu bauen, aber nicht in der Größe einer Jacht, sondern so groß wie ein dreistöckiges Kreuzschiff. (Keine Übertreibung, nachlesen!) Darin Platz finden sollten Noah und seine Frau, seine Söhne und Schwiegertöchter und außerdem von jeder Tierart ein männliches und ein weibliches Exemplar. Von den „reinen“ Landtieren und den Vögeln sollten sogar je sieben Paare aufgenommen werden. Noah bekam noch eine Bauanleitung und dann verabschiedete sich der Herr mit den Worten:

„Aber jetzt dalli, dalli! Ihr habt für alles genau eine Woche Zeit.“

Wer je glaubt, eine stressige Woche zu verbringen, der möge sich ins Gedächtnis rufen, was der arme Noah in nur einer Woche zu bewältigen hatte. Allein die Materialbeschaffung für die gigantische Arche muss eine Tortur gewesen sein. Jeder heutige Baumarkt würde allein dafür eine Lieferfrist von weit mehr als einer Woche benötigen. Aber Noah und seine Söhne besorgten sich alles in Windeseile und legten dann gleich los mit dem Schiffsbau. Man kann sich vorstellen, was für ein Hämmern und Klopfen die Nachbarn in den nächsten Tagen zu ertragen hatten! Da kamen auch Schaulustige, die ihre hämischen Kommentare abgaben.

„Aha, der Herr Noah will wohl verreisen. Kommen da auch noch Räder drunter? Hat er denn auch genug Pferde, die das Ding ziehen können?“

So und ähnlich feixten sie. Aber Noah hörte nicht darauf, er und seine Söhne hatten alle Hände voll zu tun, den Zeitplan einzuhalten.

Kaum war die Arche gebaut, ging es darum, die Tiere einzufangen und im Schiffsrumpf zu verstauen. Ein Hund und eine Hündin, eine Katze und ein Kater, ein Hengst und eine Stute, eine Ziege und ein Ziegenbock, eine Kuh und ein Ochse, das ließ sich ja noch leicht an. Eine Schweinepärchen zu finden war schon schwieriger, die züchtete ja niemand. Aber auch von den wilden Tieren sollte ja je ein Paar überleben, also brauchte man je ein Pärchen von Tieren wie Eichhörnchen, Elch, Igel, Fuchs, Dachs, Luchs, Wildschwein, Wolf, Hirsch, Hyäne, Löwe, Tiger, Nashorn, Elefant, Kamel, Giraffe, Fledermaus, Maulwurf und vielen, vielen anderen. Selbst bei kleinen Tieren war es nicht einfach, hatte man ein Wespenmännchen, fehlte noch das Wespenweibchen, und wie fängt man einen männlichen und einen weiblichen Regenwurm? Was für ein Pensum für den immerhin schon 600 Jahre alten Noah und die Seinen für die wenigen noch verbleibenden Stunden! Am Ende hatte man tatsächlich je ein Pärchen aller Tiere zusammen, aber von Vögeln und reinen Tieren mehr als ein Pärchen zu organisieren, das hat nicht geklappt.

Und dann musste ja noch für Noah und seine Familie, aber auch für die vielen Tiere genügend Proviant für mehrere Wochen besorgt und eingelagert werden. Keine kleine Aufgabe, denn besonders die Raubtiere brachten einen ordentlichen Appetit mit. Am achten Tag war alles geschafft und Noah hatte gerade den Deckel der Arche von innen geschlossen, als der Himmel seine Schleusen öffnete. 40 Tage und Nächte lang goss es in Strömen und die „Sintflut“ stieg so hoch, dass selbst die Spitzen der höchsten Berge versanken. Die schwer beladene Arche stieg mit an, aber lag so tief im Wasser, dass die Deckenklappe nur wenige Zentimeter über die Wasseroberfläche hinausragte. Das Prasseln des Regens auf das Dach der Arche wurde übertönt von dem ständigen Blöken, Quieken, Quaken und Grunzen der Tiere. Das war noch gar nichts gegen den unerträglichen Gestank, der hier produziert wurde. Alles, was von Mensch und Tier ausgeschieden wurde, konnte nur oben durch die Dachluke entsorgt werden. Noah und seine Söhne ließen sich davon nicht stören, für sie war Erholung von der Stress-Woche angesagt. Sie saßen in gemütlicher Runde beim Kartenspiel, denn Hausputz war zur damaligen Zeit nun mal Frauensache, also mussten die Schwiegertöchter den Dreck rausschippen.

Der strenge Noah hatte für die gesamte Reise ein striktes Paarungsverbot verhängt, denn für Nachwuchs war einfach kein Platz in der Hütte. Aber Fliegen und Mücken hatten nun einmal keinen Gehorsam gelernt, und so wurde es in dem Kasten immer ungemütlicher. Nach 40 Tagen hörte der Regen auf, aber die Arche schaukelte noch weitere 150 Tage (fünf Monate!) im Wasser, bis es Noah vertretbar erschien, zuerst einen Raben und dann eine Taube als Versuchskaninchen loszuschicken. Offenbar hatte das Taubenpärchen, das Noah in die Arche aufgenommen hatte, inzwischen unerlaubt gebrütet, denn er hatte mindestens drei Tauben zur Verfügung, die er im Abstand von je sieben Tagen auf Erkundungsflug schickte. Die zweite Taube brachte ein frisches Ölblatt, die dritte kam nicht zurück, da wusste er, dass es irgendwo Land geben musste. So landete die Arche schließlich auf dem Berg Ararat (nicht Arafat; der Berg liegt in der Türkei). Alle stiegen auf dem Gletscher aus und ab sofort war das Paarungsverbot aufgehoben, jetzt galt für alle das Vermehrungsgebot. Noah aber nahm von den Tieren, die er gerettet hatte, erst einmal verschiedenes Geflügel (das man deshalb heute nicht mehr kennt) und opferte es dem Herrn auf einem Altar.

Noahs Zucht

Da versprach Gott dem Noah, nie wieder einen Weltuntergang zu planen.

„Wie ich sehe, sind die Menschen nun mal von Geburt an böse, daran kann selbst ich nichts ändern. Aber es ist nicht nötig, sie deshalb auszurotten. Wenn sie so böse sind, wie es scheint, werden sie das alleine schaffen."

Diesem resignativen Ausspruch fügte er hinzu:

„Als Andenken an diese Jahrhundertflut erschaffe ich den Regenbogen. Also freut euch nicht an den Spektralfarben, sondern nehmt ihn als mahnende Erinnerung an die große Naturkatastrophe."

Noah hatte natürlich absolutes Vertrauen in das Versprechen des Herrn, kein neues Hochwasser zu schicken, trotzdem zog er es vor, den Rest seines Lebens in den Bergen zu verbringen. Nach einigen Experimenten fand er heraus, dass an den Berghängen besonders der Wein gut gedieh, also pflanzte er Weinstöcke. Nach der ersten üppigen Ernte füllte man den Traubensaft in Fässer, um davon ein ganzes Jahr lang zu trinken zu haben.

An einem besonders heißen Tag hatte Noah ein Fass angezapft, um von dem Saft zu trinken, der aber inzwischen zu gutem Wein gegoren war und bei dem durstigen Noah seine volle Wirkung tat. Welche Überraschung erlebte sein Sohn Ham, als er den alten Noah nackt ausgestreckt vor seiner Hütte fand, vom Alkohol entrückt ins Land der süßen Träume! Ausgerechnet der rechtschaffene Noah, der Einzige, den Gott für würdig befunden hatte, die Sintflut zu überleben, ging damit in die Geschichte ein als erste Alkoholleiche. – *Was ist dagegen schon die Trunkenheitsfahrt einer deutschen Bischöfin? Nebbich!* – Ham hatte nichts Eiligeres zu tun, als zu seinen Brüdern zu laufen und ihnen zu vermelden:

„He, Jungs, der Vater liegt splitternackt vor seiner Haustür und schnarcht wie ein Löwe. Los, das müsst ihr gesehen haben, ich sage euch, ein Bild für die Götter, echt geil."

Die beiden Brüder Sem und Jafet waren darüber nicht belustigt. Ihre Neugier hielt sich in Grenzen, sie wussten ja, wie ein nackter Mann aussieht. Aber sie waren nun mal keine Jünger der FKK-Bewegung, wo man alles ganz locker sieht. Also nahmen sie ein Gewand, von dem jeder einen Zipfel fasste, bewegten sich damit im Rückwärtsgang, dem Schnarchgeräusch folgend, zu ihrem Vater und bedeckten seine Blöße, ganz ohne Ansehen der Person. Als der Alte nach einer Woche aus seinem Rausch erwachte, hatte er einen fürchterlichen Brummschädel und an das Geschehene nicht die geringste Erinnerung, einen totalen Filmriss. Aber was er dann berichtet bekam, war eindeutig. Erbost und noch in düsterer Katerstimmung verdonnerte er Ham dazu, zeitlebens Diener seiner Brüder zu sein:

„Die beiden sollen die großen Bosse sein und du der Sklave. Damit du Respekt lernst, mein Sohn."

Das nennt man konsequente Erziehung.

Der Turmbau zu Babel

Schneller, höher, weiter, diese Sucht nach Superlativen kannte man damals schon – nicht nur im Sport, sondern auch in der Baukunst. Die alten Babylonier waren es, die sich durch Eintrag ins Guinness-Buch der Rekorde mit dem höchsten Bauwerk der Welt unsterblich machen wollten. Es sollte ein Wolkenkratzer werden, gegen den die Cheops-Pyramide wie ein kleiner Fingerhut erschiene. Bis in den Himmel sollte er reichen, ein echtes Weltwunder. Ein sich nach oben verjüngender Rundbau sollte es werden, aber nicht so ein schmaler Bleistift wie der Burj Khalifa inDubai, sondern ein Gebäude mit spiralförmigem Aufgang und einer in die Wolken reichenden Spitze. Was für eine enorme Herausforderung – an die Ingenieure, vor allem aber an die Bauarbeiter. Man bedenke nur, dass die Verwendung von Baukränen damals noch absolut unüblich war, man vertraute voll auf die Muskelkraft.

Das ging los bei der Materialbeschaffung. Natursteine mussten herbeigerollt und formgerecht behauen werden, Backsteine mussten gebrannt und gemauert werden, es entstand eine Großbaustelle. Für die Bauwirtschaft war das Projekt ein Segen, Baufirmen versuchten, einander auszustechen, um am Bau beteiligt zu werden. Fachkräfte aus Babylon waren teuer, also heuerte man Billigarbeitskräfte aus der Fremde an, in der Regel Schwarzarbeiter, die ihren kärglichen Lohn täglich auf die Hand gezahlt bekamen. Unter den Baufirmen herrschte zunehmender Konkurrenzkampf, die Zahl der illegal beschäftigten aramäischen und türkischen Gastarbeiter wuchs immer mehr an. Das ging auf Kosten der Verständigung. Wenn zum Beispiel jemand eine Leiter brauchte und er seinen Kumpel deshalb fragte: „Du Leiter?“, dann zeigte der mit dem Finger in Richtung Chef, und wenn der Arbeiter diesem dann sagte: „Ich Leiter!“, dann empfand der Chef dies als unziemliche Anmaßung und feuerte ihn. Missverständnisse mit und unter den angeheuerten Gastarbeitern häuften sich, durch die allgemeine Sprachverwirrung verzögerten sich die Arbeiten oder wurden fehlerhaft ausgeführt, Vertragsstrafen wurden fällig und eine Baufirma nach der anderen musste Insolvenz anmelden, bis schließlich der ganze Bau zum Erliegen kam.

Weil niemand schuld an der Pleite sein wollte, machte man die Verständigungsschwierigkeiten dafür verantwortlich, für die konnte schließlich niemand. Dass der liebe Gott dabei seine Hand im Spiel gehabt und die Sprachverwirrung provoziert hatte, war niemandem aufgefallen, denn den lieben Gott hatte bei diesem Geschäft niemand auf der Rechnung. Wie sollte man auch darauf kommen, dass es bei diesem Bau nicht nur physikalische Gesetze, sondern auch eine himmlische Baubeschränkung zu beachten galt?

– Könnte es sein, dass auch der Herr hier etwas missverstanden hatte? Vielleicht war ja dieser Bau gar nicht Ausdruck menschlicher Hybris, sondern menschlicher Frömmigkeit. Vielleicht hatten die Planer ja nur den frommen Wunsch, es dem Herrn zu erleichtern, vom Himmel auf die Erde herabzusteigen! –

Übrig blieb eine riesige Bauruine, ein Kolosseum, das noch lange Zeit Touristenattraktion war.

Abram

Das Ausmaß der Sprachverwirrung lässt sich daran ermessen, dass die Babylonier am Ende nicht einmal mehr wussten, wie in ihrem Lande die alte sumerische Hauptstadt hieß; sie nannten sie nur noch Ur – zur Freude heutiger Verfasser von Kreuzworträtseln. Wegen der herrschenden Wirtschaftskrise beschloss dort ein gewisser Terach (Tharah), zusammen mit seinem Sohn Abram und mit Lot, dem Sohn eines verstorbenen Bruders des Abram, aufzubrechen und aus Mesopotamien (heute Irak) auszuwandern. Der Begriff „auswandern" ist dabei wörtlich zu nehmen, man reiste zu Fuß, und zwar mitsamt Schafen, Rindern, Eseln, Frauen, Knechten und Mägden. In einem Dorf machte der alte Terach schlapp und ließ sich dort nieder, aber Abram, zu dieser Zeit genau 75 Jahre jung, hatte an dem Nomadenleben Geschmack gefunden und zog zusammen mit Lot und allem Tross weiter nach Kanaan. Dafür gab es zwei Gründe. Der eine war: Auf der Wanderschaft machte Abram gute Geschäfte und vergrößerte seinen Reichtum beträchtlich. Der andere war: Der Herr hatte Abram versprochen, ihn in Kanaan zum Stammvater eines großen Volkes zu machen. Diese Sache hatte allerdings zwei Haken. Der eine war: In Kanaan lebten die Kanaaniter. Der andere war: Abram und seine Frau Sarai hatten keine Kinder.

Da sich die Wirtschaftskrise ausweitete und auch Kanaan erfasste, zog Abram zunächst einmal weiter und gelangte nach Ägypten. Der dort regierende Pharao hatte ein Faible für schöne Frauen. Tauchte eine besonders hübsche Frau auf, so ließ es ihm keine Ruhe, bis er sie besaß. Dies duldeten die ägyptischen Götter allerdings dann nicht, wenn es sich um eine verheiratete Frau handelte. So war der Pharao gezwungen, die Begehrte zunächst einmal zur Witwe zu machen; dagegen hatten die Götter nichts. Als Abram davon erfuhr, wurde er sich der Gefahr bewusst, denn seine zwar nicht mehr ganz taufrische Sarai war eine ausgesprochene Naturschönheit – ganz ohne plastische Chirurgie. Deshalb sagte er zu ihr:

„Wegen deiner Schönheit ist es unvermeidlich, dass der Pharao dich besitzen will und wird. Gib dich als meine Schwester aus, dann bleibe ich wenigstens am Leben."

Tatsächlich meldete der ägyptische Geheimdienst dem Pharao umgehend, dass die Einwanderin Sarai eine Schönheit sei, hinter der sich Miss Ägypten verstecken könne. Schon wurde Sarai in des Pharaos Palast und dort ins Schlafgemach geführt, wo sie den Pharao kennenlernte. Dieser war so zufrieden, dass er Abram, den vermeintlichen Bruder Sarais, mit Schafen, Eseln und Kamelen reichlich beschenkte. Nun aber überkamen den Pharao und sein Haus große Plagen, sodass er schließlich den Seher kommen ließ, der ihm offenbarte, dass er mit Sarai, Abrams Frau, Ehebruch beging. Da rief der Pharao Abram zu sich und machte ihm Vorhaltungen:

„Wieso hast du mir nicht gesagt, dass dies deine Frau ist? Hätte ich das gewusst, hätte ich sie doch nicht angerührt! Hier hast du dein Weib, du Zuhälter, nimm sie und verzieh dich mit ihr und deiner Habe auf der Stelle von hier!"

Die ägyptische Polizei bekam Order, den Abzug Abrams zu überwachen, und geleitete ihn, seine Frau und den ganzen Tross bis zur Landesgrenze.

So kam Abram zusammen mit Lot und den Seinen zurück nach Kanaan, wo er zuvor dem Herrn einen Altar gebaut hatte. Die Kanaaniter staunten nicht schlecht, wie stark Abrams Karawane inzwischen angewachsen war. Zwar gab es keine Kinder, dafür aber umso mehr Schafe, Esel, Rinder, Kamele, Knechte und Mägde, außerdem besaß er als guter Geschäftsmann reichlich Silber und Gold. In der Liste der reichsten Männer des Landes rangierte Abram (nicht: Abramowitsch) nun auf Platz 1. Auch Lot hatte es schon zu einer stattlichen Herde gebracht, aber die Knechte und Cowboys der beiden kamen sich ständig ins Gehege, sodass Abram schließlich zu Lot sagte:

„Dieser Zank kann so nicht weitergehen, wir müssen uns trennen. In diesem Land ist doch genug Platz für uns beide. Sag mir, wohin du ziehen möchtest: Nimmst du die linke Seite, ziehe ich zur rechten. Willst du die rechte, gehe ich nach links."

Da hielt Lot Ausschau, welches Stück Land für ihn und seine Herde wohl das höherwertige sein würde, und entschied sich für die fruchtbare Ufergegend entlang des Jordan. Dort ließ er sich in Sodom nieder, während Abram sich mit Kanaan begnügte.

Lot hatte nicht lange Freude an seiner Wahl, denn wilde Nachbarvölker hatten die Vorzüge dieser Gegend auch erkannt, überfielen Sodom und verschleppten Lot. Da trommelte Abram seine 318 Knechte zusammen, überraschte mit ihnen nachts die Entführer in ihrem Lager, befreite Lot und holte alle entwendete Habe zurück.

Abraham

Nun hatte aber Abram immer noch keinen Sohn, und jeden Tag, an dem sich sein Reichtum vermehrte, wuchs auch seine Sorge, wer das nun alles erben solle. Eines Nachts lag er wieder bekümmert neben Sarai, als diese ihn plötzlich mit dem Ellbogen in die Rippen stieß und sagte:

„Hör zu, Abram, ich konnte dir kein Kind schenken und bin nun schon im vorgerückten Rentenalter. Was hältst du davon, meine junge Hausangestellte Hagar zu schwängern?"

Das schlug ein wie eine Bombe, Abrams Kummer war auf der Stelle verflogen. Wieso bin ich nicht selbst darauf gekommen?, dachte er. Und dann: Habe ich nicht eine tolle Frau? Diese großzügige Offerte kann ich ihr unmöglich abschlagen. Sofort huschte er ins Gemach und ins Bett der Hagar, einer heißblütigen Ägypterin, um deren Einverständnis mit dem überraschenden Besuch er nicht groß bitten musste.

Kaum begann sich der Bauch Hagars zu runden, wurde diese bisher so gefügige Magd aufsässig und schnippisch. Statt zu putzen, zu waschen und zu bügeln, setzte sie sich faul in den Sessel der Herrin und legte die Füße hoch. Anweisungen der Sarai ignorierte sie, denn jetzt fühlte sie sich mit dem Nachwuchs des Chefs im Leib der Sarai weit überlegen. Da beschwerte sich Sarai bei Abram.

„Das ist ja wohl das Allerletzte. Ich gebe dir meine Magd als Leihmutter und du duldest, dass sie jetzt auf mich herabschaut."

„Pardon, ich halte mich da raus. Hagar ist nicht meine, sondern deine Hausdienerin. Also sieh selber zu, wie du mit ihr fertig wirst."

Da ließ sich Sarai allerlei Gemeinheiten einfallen, um Hagar zu schikanieren. Das funktionierte so gut, dass Hagar schließlich aus dem Haus türmte.

Nun war aber ringsherum Wüste und Hagar schaffte es nach stundenlangem Fußmarsch bei sengender Sonne schließlich bis zu einem Brunnen, der zum Glück keine Fata Morgana war. Wie sie da so hockte, sah sie – schon halb im Delirium – einen Engel vor sich, der zu ihr sprach:

„Hallo, Hagar, was machst du hier? Weglaufen ist doch keine Lösung. Richtig analysiert, ist deine Lage ja gar nicht so schlecht. Der Erzeuger deines Embryos ist immerhin der reichste Mann weit und breit und dies wird sein erstes Kind überhaupt sein, und zwar ein Junge, damit du es weißt. Natürlich wird das rechtlich gesehen ein Bastard sein mit dir als alleinerziehender Mutter, aber das macht ihn hart und er wird ein Kämpfer sein. Nenne ihn Ismael (‚Gott erhört dich'), er wird der Stammvater der Araber werden."

Da richtete sich Hagar auf, ging zurück zu ihrer Dienstherrschaft und gebar dort dem mittlerweile 86-jährigen Abram den Sohn Ismael.

13 Jahre vergingen, Ismael war gerade in die Pubertät gekommen und Abram

stand ein knappes Jahr vor dem runden Geburtstag, zu dem der Bürgermeister persönlich gratuliert, da erschien der Herr dem Abram und erklärte:

„Abram, ich mache dir ein Angebot, das du nicht abschlagen kannst."

„O. k., Herr, für ein gutes Geschäft bin ich immer zu haben. Was ist es?"

„Es geht um Leistung und Gegenleistung. Was du leisten sollst, ist, dass alle männlichen Personen in deinem Haus und Hof beschnitten werden, du selbst natürlich auch. Genauso soll es künftig mit allen Neugeborenen acht Tage nach der Geburt geschehen."

„Was heißt das, willst du uns zu Skinheads machen?"

„Nein, nein, es geht nicht ums Haareschneiden. Du sollst nur von der Vorhaut deines Pipi ein Stück abschneiden."

„Aber das tut doch weh!"

„Ach was, ein Indianer kennt keinen Schmerz. Also beiß die Zähne zusammen und denk an die Gegenleistung!"

„Und die wäre?"

„Deine Frau wird dir einen Sohn gebären, den sollst du Isaak nennen und dessen Nachkommen werden ganz Kanaan bevölkern. Deshalb sollst du dich umbenennen und in deinen Namen ein ‚ha' einfügen zu ‚Abraham'."

Zum Glück hieß er nicht „Bert", sonst hieße er jetzt „Behaart". Der Name „Abraham" hatte eine Bedeutung, nämlich „Vater vieler Völker". Und Sarai sollte von jetzt an Sara heißen, „die Gesegnete".

Sara hatte hinter der Tür gelauscht, und als sie hörte, sie solle auf ihre alten Tage Mutter werden, lachte sie still in sich hinein. Da sprach der Herr sie an:

„Was lachst du?"

„Ich habe nicht gelacht."

„Doch, du hast gelacht, ich habe es genau gehört. Willst du dich über mich lustig machen? Traust du mir so ein kleines Wunder nicht zu?"

„Na ja, es ist klingt ja schon ein bisschen komisch, dass ich mit meinen 90 Jahren schwanger werden soll, nachdem es doch bisher nie bei mir geklappt hat. Meine Wechseljahre liegen schon lange zurück und meinen letzten Orgasmus hatte ich vor einer halben Ewigkeit. Mein 99-jähriger Ehemann strotzt auch nicht mehr unbedingt vor Manneskraft."

„Keine Sorge, vertraue nur auf meine Hormonbehandlung."

Die Abmachung galt, Abraham lieh sich aus Saras Nähkästchen eine Schere und an einem einzigen Tage wurden alle männlichen Personen auf Abrahams Ranch an ihrer empfindlichsten Stelle beschnitten, auch der 13-jährige Ismael. Keine einzige Vorhaut im Lager wurde verschont, Abrahams eigene natürlich auch nicht. Wenig später – natürlich erst, als alles gut verheilt war – geschah tatsächlich das Wunder, dass Sara schwanger wurde und den Sohn Isaak gebar. Selbstverständlich wurde auch der gleich am achten Tag nach der Geburt beschnitten.

Für Sara war klar, dass Isaak als ehelicher Sohn das Erbrecht besaß und nicht etwa Ismael, Abrahams unehelicher Erstgeborener. Aber da sie nur mäßige Kenntnisse des geltenden Erbrechts besaß, plagten sie doch gewisse Zweifel. Um Unsicherheiten und juristische Streitereien von vornherein auszuschließen, forderte sie Abraham auf, Hagar samt Sohn zum Teufel zu jagen, also in die Wüste zu schicken, zumal Ismael ein unausstehlicher Zyniker war. Abraham gefiel diese Bitte ganz und gar nicht, aber in diesem Haushalt hatte nun mal Sara die Hosen an. So band er der Hagar eine Wasserflasche um und wünschte ihr und ihrem Sohn gute Reise. Die beiden irrten lange in der Wüste herum, ohne einer Menschenseele zu begegnen. Als das Wasser längst aufgebraucht und Ismael kurz vor dem Verdursten war, legte ihn Hagar unter einen Strauch und setzte sich abseits hin, um ihn nicht sterben sehen zu müssen. Da erschien ihr ein Engel, der sagte:

„Mach dir keine Sorgen, Hagar, dein Sohn wird überleben und noch Stammvater eines großen Volkes werden. Na ja, Isaak wird Abraham beerben, daran lässt sich nichts ändern; seinen Nachkommen wird der Herr das Gelobte Land geben, wo Milch und Honig fließen, aber den Nachkommen Ismaels wird er Erdöl geben, womit sie sich Milch und Honig kaufen können, so viel sie wollen."

Da erhob sich Hagar und stieß auf einen Brunnen, sie und ihr Sohn waren gerettet. Sie schlugen sich durch bis Ägypten, wo Hagar für Ismael eine passende Frau fand. Und Ismael wurde ein guter Schütze.

Auch der hochbetagte Abraham hatte eine Erscheinung, und zwar des Herrn persönlich, der ihn aufforderte, mit dem geliebten Sohn Isaak auf einen Berg zu steigen, dort Isaak abzuschlachten und als Opfergabe zu verbrennen. Der körperlich immer noch erstaunlich rüstige Abraham nahm also Holz, sein Feuerzeug und ein langes Messer und machte sich mit Isaak auf die Bergtour. Isaak war völlig ahnungslos und treuherzig, allerdings kannte er die fortgeschrittene Altersdemenz seines Vaters. Unterwegs kam es ihm schon irgendwie komisch vor, dass der Vater zum Opfergrillen kein Lamm mitgenommen hatte. Aber spätestens, als der Alte den Opfertisch gebaut und ihn darauf festgebunden hatte, wusste er, worauf das Ganze hinauslaufen sollte. Gerade reckte der Vater den Arm mit dem Messer in der Hand, um zuzustechen, als der Junge geistesgegenwärtig mit verstellter, tief gesenkter Stimme gleich einem Bauchredner rief:

„Abraham, Abraham, tu es nicht!"

Abraham schaute herum, sah aber keine Menschenseele, dafür jedoch in der Nähe einen Widder, der sich mit den Hörnern in einer Hecke verheddert hatte. Er erstach diesen und konnte so seinen Sohn austauschen, erleichtert, dass ihm der Herr in letzter Minute den Kindesmord erspart hatte.

Seit diesem Tag war Isaak kein großer Freund von Barbecues.

Sodom und Gomorrha

Wer in damaliger Zeit das ausschweifende Leben liebte, der war in Sodom und Gomorrha richtig. Diese Städte waren als Vergnügungszentren des Orients bekannt, berüchtigter als heutzutage Las Vegas, man erzählte sich über sie die tollsten Dinge. Das war so schlimm, dass auch der Herr davon Wind bekam und sich gemeinsam mit zwei Engeln – alle drei in Menschengestalt und ganz normal gekleidet – auf den Weg machte, um den Wahrheitsgehalt der Gerüchte vor Ort zu überprüfen. Unterwegs kamen sie bei der Ranch des Abraham vorbei, der es sich nicht nehmen ließ, sie ein Stück zu begleiten und ihnen den Weg zu zeigen. Als sich Abraham schließlich erschöpft auf eine Bank am Wegesrand setzen musste, zogen die beiden Engel nach Sodom weiter, aber der Herr blieb bei Abraham und gab sich und seinen Plan zu erkennen.

„Was", sagte Abraham, „Sodom soll vollständig ausradiert werden? Aber dann kommen ja auch Unschuldige um!"

„Nun gut, wenn es dort 50 rechtschaffene Leute gibt, will ich die ganze Stadt verschonen."

Jetzt begann ein großes Geschacher.

„Aber", meinte Abraham, „nehmen wir an, es sind 45. Willst du 45 Unschuldige töten?"

„O.k., wenn es 45 sind, verschone ich alle."

„Nun lass es 40 sein, wäre das nicht ausreichend?"

„Na gut, sind es 40, verschone ich um der 40 willen alle."

So ging das Gefeilsche weiter, Abraham war in seinem Element. Er verstand es, den Herrn auf ganze zehn Unschuldige herunterzuhandeln. Es wurde abgemacht: Würden sich nur diese zehn finden, wäre die Stadt gerettet.

Als die beiden verkappten Engel in Sodom ankamen, war es schon Abend, und da war einiges los. Während sich jeder andere Neuankömmling gleich ins Vergnügen gestürzt hätte, hielten diese beiden vor dem Haus des Lot an, der sie freundlich zu sich hereinbat und ihnen Kost und Logis anbot, selbstverständlich alles gratis.

„Nein, nein", meinten sie, „das können wir ja nicht annehmen. Wir können ganz gut hier draußen vor der Tür schlafen."

„Kommt nicht in Frage. Ihr seid meine Gäste. Ich sehe doch, dass ihr Ausländer seid, und ich bin auch einer. Wir Ausländer müssen zusammenhalten."

Das überzeugte. Sie traten ein, ließen sich bewirten und legten sich zur Ruhe. Die hielt allerdings nicht lange an, denn draußen klopften die Sodomiter an die Tür und machten einen ziemlichen Radau.

„Lot, schick uns die beiden Männer raus, die wollen wir uns gerne mal ansehen."

„Das könnte euch so passen. Ich weiß schon, was ihr vorhabt, ihr Säue. Diese Männer rührt ihr nicht an, die sind meine Gäste."

„Los, Lot, mach schon, gib sie raus. Wir wollen uns mit denen ein bisschen amüsieren."

Da trat Lot vor die Tür und sagte:

„Bitte, Leute, gebt Ruhe! Passt auf, ich habe zwei Töchter, die sind noch Jungfrauen, die will ich euch herausgeben, mit ihnen könnt ihr machen, was euch gefällt, aber lasst meine Gäste in Frieden."

Was für ein toller Gastgeber, dieser Lot! Na gut, die Töchter haben darüber vielleicht etwas anders gedacht, aber die wurden ja nicht gefragt. Und die Leute draußen? Jeder andere hätte das großzügige Angebot Lots überaus verlockend gefunden, aber die Sodomiter waren aus anderem Holz geschnitzt, sie interessierten sich allein für die Männer. Die Leute drängten und schlugen gegen die Tür, die Situation wurde bedrohlich. Da öffneten die als Männer verkleideten Engel die Tür, packten Lot beim Schlafittchen, zogen ihn ins Haus und verriegelten die Tür, nachdem sie blitzschnell den Krawallbrüdern mit einer Sprühdose Pfefferspray in die Augen gespritzt hatten. Die konnten für eine Weile nichts mehr sehen und fanden die Tür nicht mehr.

So hatten alle im Hause Lot eine ruhige Nacht, aber bei Sonnenaufgang rüttelten die beiden Außerirdischen Lot aus dem Schlaf und sagten ihm:

„Der Herr hat beschlossen, diese Stadt abzufackeln. Nur dir und den Deinen sollen wir die Chance geben, eure Haut zu retten. Also macht euch schleunigst auf die Socken!"

Das war ein Schreck in der Morgenstunde. Lot stand auf und ging zunächst mal zu den beiden Verlobten seiner Töchter, die natürlich getrennt von diesen schliefen.

„Aufstehen, Jungs, schnell! Wir müssen weg. Es ist höchste Eisenbahn! Der Herr wird diese Stadt vernichten!"

Dieser Weckruf löste bei den beiden Heiterkeit aus. Natürlich dachten sie, Lot habe nur schlecht geträumt, und amüsierten sich köstlich. Lot stand da wie ein begossener Pudel. Aber die beiden Fremden wussten, dass die Bombe tickte. Entschlossen packten sie Lot, seine Frau und seine beiden Töchter und machten ihnen Beine. Im Laufschritt brachten sie die vier vor die Stadt. Da begann auch schon die Katastrophe, der Herr ließ auf Sodom und Gomorrha Feuer und Schwefel vom Himmel regnen. Genaueres weiß man nicht, denn es gab keine Augenzeugen. Die einzige Person, die sich ein eigenes Bild machen wollte, war Frau Lot. Aber als sie sich umdrehte und hinschaute, erstarrte sie vor Schreck. So kreidebleich und mit Schweißperlen übersät stand sie in ihrer Todesstarre da, dass sie den Angehörigen als Salzsäule erschien. Aber natürlich blieb für die Familie auf der Flucht keine Zeit, das Phänomen näher zu untersuchen. – Immerhin gibt es in der Gegend kristallines Felsgestein, das in der

Sonne glitzert wie Salz. Ein säulenartig geformter Felsbrocken konnte da in dem Licht des Feuers schon als erstarrte Menschengestalt wahrgenommen werden.

Lot war durch dieses Ereignis für den Rest seines Lebens traumatisiert. Von nun an lebte er in den Bergen in einer Höhle, und zwar zusammen mit seinen beiden Töchtern.

Eines Tages sagte die ältere der beiden Töchter zu ihrer Schwester:

„Nach Lage der Dinge wird unsere Familie aussterben. Unser Vater ist alt und wird nicht mehr heiraten. Wir beide haben keine Männer und ich höre meine biologische Uhr schon kräftig ticken. Da bleibt uns doch nur eins: Wir machen unseren Vater mit Wein betrunken und lassen uns von ihm im Vollrausch schwängern."

Also hieß es am Abend:

„Trink, Väterchen, trink, du hattest einen schweren Tag. Trink und vergiss deine Sorgen!"

Gutes Zureden half, und als sich in der Nacht die ältere der beiden zu ihm legte, entjungferte er sie, ohne es zu merken. Das war moralisch unbedenklich, denn wer im Schlaf beischläft, sündigt nicht.

Am nächsten Morgen berichtete die ältere der jüngeren Schwester in allen Einzelheiten, wie gut alles geklappt hatte. Uneigennützig, wie sie war, sagte sie:

„Heute Nacht bist du an der Reihe."

Wieder wurde der Vater mit Wein vollgetankt und diesmal hatte die jüngere Schwester das Vergnügen, ohne dass er es mitbekam. Wir wissen nicht, ob ihm später ein Licht aufging, als seine Töchter dicke Bäuche bekamen. Wir wissen auch nicht, ob die beiden im Suff gezeugten Jungen, die nun geboren wurden, zu Lot „Papa" oder „Opa" sagten. Was wir aber wissen, ist, dass vom Sohn der älteren Tochter Lots die Moabiter und vom Sohn der anderen die Ammoniter abstammten, zwei Volksstämme, die den Israeliten später allerhand zu schaffen machen sollten.

Das gewitzte Vorgehen der beiden Schwestern zur Erfüllung des göttlichen Vermehrungsauftrags muss dem Herrn so gefallen haben, dass er diese Familienstory in die Bibel aufnehmen ließ.

– Ist es nicht auffällig, dass uns die Bibel hier ein weiteres Mal die Abstammung israelfeindlicher Völker aus unehrenhafter Verbindung schildert? Wurde uns nicht schon Ismael, der Stammvater der Araber, als uneheliches, also illegitimes, Kind dargestellt? Könnte es sein, dass es den Bibelschreibern einen besonderen Spaß bereitet hat, den Moabitern und den Ammonitern, zwei besonders hartnäckigen Widersachern damaliger Zeit, anzudichten, jeweils nur ein Produkt aus Blutschande zu sein? –

Fußnote: Die Bibel ist bekanntlich voller Wunder. Bei dieser Geschichte ist es ein Wunder, dass der sturzbetrunkene alte Lot es überhaupt geschafft hat, in den beiden Nächten seinen Mann zu stehen. Nun ja, mit Gottes Hilfe.

Isaak und Rebekka

Zu dieser Zeit war der alte Abraham schon ziemlich klapprig und tattrig. Eines Tages ließ er seinen treuen Gutsverwalter zu sich kommen und sagte ihm:

„Du weißt, dass ich in meinem Leben erreicht habe, was immer man erreichen kann, aber eine Sache bleibt mir noch zu tun: Ich muss meinem Sohn Isaak die passende Frau besorgen. Sonst kommt es womöglich noch so weit, dass er eine dieser Kanaaniterinnen heiratet. Diese faulen Schlampen können ja nicht mal einen Knopf annähen. Also reise in das Land, aus dem ich stamme, und finde dort für meinen Sohn eine Frau vom Kaliber Sara."

„Zu Befehl, Herr, aber was soll ich machen, wenn ich so eine finde, die aber nicht ins Ausland zwangsverheiratet werden will? Soll ich dann Isaak hinbringen und ihn ihr vorstellen?"

„Um Gottes willen, nein! Schwöre mir, dass du das auf keinen Fall tun wirst! Womöglich gefällt es ihm dort besser und er bleibt da. Das hieße: Gelobtes Land, ade!"

Da schwor der Verwalter Stein und Bein, dass er Isaak nicht hinführen werde. Gleich darauf nahm er von Abrahams Koppel die Kleinigkeit von zehn Kamelen, belud sie schwer mit allerlei Wertsachen und Köstlichkeiten und zog los. Damals wusste man eben noch, wie man ordentlich auf Brautschau geht. In der Heimatstadt Abrahams angekommen, machte er an einem Brunnen vor dem Tor halt. Das war ein strategisch günstiger Ort, denn dorthin schickten die Männer ihre Frauen und Töchter zum Wasserschöpfen. Dummerweise hatte der Verwalter weder Krug noch Eimer mit auf die Reise genommen, und als ihm dieses Versäumnis bewusst wurde, hatte er eine Eingebung: Die Erste, die mir und den Kamelen zu trinken gibt, ist diejenige, welche.

Es dauerte nicht lange, da kam mit einem Krug auf der Schulter die junge Rebekka (auf Hebräisch: „Kuh") an, die war, wie der Verwalter mit Kennerblick feststellte, ein umwerfend schönes Geschöpf und außerdem, was man natürlich nicht gleich erkannte, noch Jungfrau. Er sprach sie an und bat sie, ihm aus ihrem Krug zu trinken zu geben. Das tat sie mit einem freundlichen Lächeln, ja, sie war sogar so tierlieb, alle zehn Kamele mit Wasser zu versorgen. Da wusste der Verwalter: Das ist die Richtige! Sofort nahm er ein Collier und ein paar Armreife aus massivem Gold aus der Satteltasche und hängte sie ihr um.

Nun kam ihr Bruder Laban hinzu, der nachsehen wollte, wo seine Schwester mit dem Wasser blieb. Wie er sie bei einem Mann mit vielen Kamelen stehen sah und dann den Goldschmuck an ihrem Hals und ihren Armen bemerkte, schaltete er schnell.

„Komm in unser Haus, du Gesegneter!"

Eilfertig komplimentierte er den Verwalter ins Elternhaus, wo er ihn, die Kamele und natürlich auch die zugehörigen Kameltreiber ordentlich versorgte. Nun gab es viel zu erzählen und es stellte sich heraus, dass Rebekkas Vater ein Neffe Abrahams war. Der Verwalter verstand es, von Abrahams Reichtümern im Eldorado Kanaan und von dem Auftrag, für den Sohn Isaak eine Braut zu werben, so anschaulich und verlockend zu reden, dass Rebekkas Bereitschaft mitzugehen schnell feststand. Laban fand das Ganze dann doch ein bisschen überstürzt und fragte Rebekka, ob sie nicht noch etwas Bedenkzeit benötige, aber nein, ihr Entschluss stand fest, da war nichts mehr zu löten. Großzügige Abschiedsgeschenke, die der Verwalter aus der Tasche zog, vertrieben letzte Zweifel und nach herzinnigen Umarmungen ging es am nächsten Morgen los in Richtung Kanaan.

Als man sich gegen Abend dem Ziel näherte, sah Rebekka von Weitem jemanden auf dem Feld kniend beten, das war Isaak. Der sah die Kamele kommen und lief ihnen entgegen. Rebekka fragte den Verwalter:

„Wer ist das?“

„Du wirst es nicht glauben, aber das ist dein künftiger Mann.“

Da verhüllte sie ihr Gesicht mit dem Mantel, was sie ja bei ihrem Aussehen eigentlich gar nicht nötig gehabt hätte. Der Verwalter erklärte Isaak, dass sich unter dem Mantel seine, Isaaks, künftige Frau befinde und er, der Verwalter, damit seine Mission erfüllt habe.

Da führte Isaak sie in die Hütte, hatte Sex mit ihr, heiratete sie und gewann sie lieb. Es tut mir leid, aber in dieser Reihenfolge steht es geschrieben, dann muss es auch so gewesen sein. Der Beginn des Menüs mit dem Nachtisch war natürlich ein Verstoß gegen die Etikette, aber die Liebesnacht, so berichtet die Bibel, hat Isaak über den Tod seiner Mutter Sara hinweggetröstet, der Sex hat gewissermaßen zur Linderung seiner Trauer gedient. Na, da haben wir doch Verständnis.

Sodann erfahren wir noch, dass der unverwüstliche Abraham nach Saras Tod noch einmal geheiratet hat und dass ihm seine zweite Frau noch sage und schreibe sechs Söhne gebar. Abrahams Erbe aber war allein Isaak, die anderen schauten in die Röhre.

Esau und Jakob

Man könnte fast glauben, dass sich Geschichte wiederholt, denn wie schon bei Abraham und Sara, so klappte es auch bei Isaak und Rebekka nicht so richtig mit dem Kinderkriegen. Aber wie so oft, wenn bei Frauen ein lang gehegter Kinderwunsch schließlich in Erfüllung geht, kommt es dann richtig heftig. Im 20. Jahr der Ehe war es so weit und Rebekka spürte, dass es in ihrem Bauch mächtig rumste. Besonders wenn sie nachts Schlaf suchte, war in ihrem Unterleib der Teufel los. Da rief sie Gott an und fragte:

„Was ist denn nur los mit mir? So etwas habe ich ja noch nie erlebt!"

„Kein Grund zur Beunruhigung, meine Liebe, du hast die Gründer zweier Volksstämme in dir, das hier ist nur der Vorgeschmack auf künftige Stammeskämpfe. Übrigens, falls es dich interessiert, Gewinner von beiden ist der Jüngere."

Dann war es so weit und heraus kam zuerst ein Knabe mit einer rötlichen Haut und behaart wie ein Äffchen, den nannten sie Esau, gleich dahinter folgte sein Zwillingsbruder Jakob, der ihn mit der Hand an der Ferse fasste, als habe er ihn nicht vorlassen wollen. Irgendwie muss Jakob schon geahnt haben, dass nach damaliger Gesetzeslage der Erstgeborene das alleinige Erbrecht hatte und dass jeder später Geborene, selbst wenn dazwischen nur ein Wimpernschlag lag, leer ausging.

Esau wurde Jäger und ein rechter Kerl nach dem Geschmack Isaaks, der es satt hatte, immer nur Lammfleisch zu essen, und sich über jedes Wildbret Esaus freute. Jakob war ein Weichling, der zu Hause an der Schürze der Mutter hing.

Eines Abends hatte sich Jakob eine Portion Linsen gekocht und gerade auf den Teller aufgetan, als Esau müde und hungrig von der Jagd kam. Wenn Jakob eins gelernt hatte, dann war es Kochen. Für dieses Gericht wären ihm in jedem Gourmetführer drei Sterne sicher gewesen. So lecker, wie Linsen nun mal sind, so verführerisch dufteten sie. Da konnte Esau einfach nicht widerstehen.

„Oh, bitte, Jakob, überlass diesen Teller mir, ich bin total ausgehungert."

„O. k., machen wir ein Geschäft! Kauf mir diese Mahlzeit ab!"

„Was soll sie denn kosten? Im Moment bin ich ziemlich klamm."

„Keine Sorge, ich will kein Bargeld, nur dein Erstgeburtsrecht."

„Meinetwegen, kannst du haben. Dabei hatte ich immer geglaubt: Fürs Erstgeburtsrecht kann ich mir nichts kaufen."

„Dann schwöre, dass das Geschäft gilt."

Esau schwor, setzte sich, erbentrechtet wie er nun war, an den Tisch und aß rasch, um das Essen nicht kalt werden lassen.

Jahre danach, als Isaak in hohem Alter fast erblindet war, rief er Esau zu sich und sagte zu ihm:

„Hör zu, mein Sohn, heute habe ich etwas Besonderes mit dir vor. Ich will dir in aller Form meinen väterlichen Segen geben, aber nicht so auf die Schnelle, sondern feierlich und in passendem Rahmen, also mit gutem Essen vorher. Nimm deine Jagdinstrumente, erlege einen Rehbock und bereite mir mein Lieblingsessen zu. Danach werde ich dich und leider auch bald das Zeitliche segnen."

Esau zog los mit Pfeil und Bogen und hoher Motivation, dem Wunsch des Vaters zu entsprechen. Kaum hatte er das Haus verlassen, lief Rebekka, die hinter der Gardine gelauscht hatte, zu Jakob und flüsterte ihm:

„Mein Junge, jetzt heißt es handeln. Dein Vater hat deinen Bruder auf die Jagd geschickt, damit er ihm ein Wildbret erlege und zubereite, um anschließend den väterlichen Segen zu erhalten. Pass auf, geh in den Stall und schlachte zwei kleine Ziegenböcke, damit will ich dem Vater ein Essen zubereiten und es so würzen, dass er den Unterschied zwischen Reh- und Ziegenbock nicht merkt. Das bringst du dem Vater, damit er dich segnet, natürlich als Esau und nicht als Jakob."

„Tolle Idee, Mama, aber Vorsicht! Der Vater kann zwar nicht sehen, aber umso besser fühlen und riechen. Meine Haut ist weich und glatt und Esau hat ein Bärenfell. Wenn der Vater mich befühlt und merkt, dass ich ihn betrügen will, wird er mich nicht nur nicht segnen, sondern verfluchen. Dann bin ich aber am A-rm gekniffen."

„Das Risiko übernehme ich. Lass mich nur machen und tu, was ich dir sage."

„Ja, Mama."

Gesagt, getan. Rebekka kochte die Zicklein nach Art eines Wildbrets, zog dem Jakob Esaus Hausklamotten an, umwickelte ihm Hände und Hals mit dem Fell der Ziegenböcke und schickte ihn mit dem Essen zum Vater.

„Komm, Väterchen, setz dich an den Tisch, ich habe dir das Wildbret so zubereitet, wie du es gerne hast."

„Wer bist du, mein Sohn?"

„Na, wer schon? Esau natürlich. Du hast mich doch auf die Jagd geschickt und ich habe dir einen Rehbock geschossen."

„Wie hast du denn das so schnell geschafft?"

„Der Herr, dein Gott, hat es mir beschert."

Diese Lüge war natürlich besonders dreist. Noch aber war der Vater nicht überzeugt. Was ihn irritierte, war die Stimme Jakobs.

„Tritt näher, mein Sohn, dass ich dich betasten kann. Hm, du hast die Stimme Jakobs, aber die Hände Esaus. Bist du wirklich Esau?"

„Na, wenn ich es dir doch sage."

„Gut, dann lass mich erst mal essen."

Nachdem er gegessen, aber den Braten nicht gerochen hatte, sagte er:

„Komm her, küss mich."

Jakob küsste den Vater, der dabei den stinkigen Geruch der Kleidung Esaus wahrnahm, ein einfach unverwechselbares Persönlichkeitsmerkmal. Damit war der

Identitätsbeweis geführt. Isaak sprach über dem auf die Knie gesunkenen vermeintlichen Esau feierlich die Segensformel.

Kaum dass der Segen vollendet war und Jakob den Raum verlassen hatte, kam Esau von der Jagd, bereitete nun seinerseits ein Essen nach dem Geschmack des Vaters und trug es zu ihm, um den Segen zu erhalten. Da sagte Isaak:

„Noch mal essen kann ich nicht, ich bin schon satt. Wer war denn der Jäger, der mir eben das Essen serviert hat? Den habe ich gesegnet."

„Das kann nur Jakob gewesen sein, dieser Aasgeier. Erst nimmt er mir das Erstgeburtsrecht, jetzt stiehlt er mir auch noch den väterlichen Segen. Los, Vater, widerrufe diesen Segen und segne mich."

„Das geht nicht. Gesegnet bleibt gesegnet."

„Das kann doch nicht wahr sein! Hast du denn für mich keinen zweiten Segen?"

„Nein, wie soll das gehen? Mit dem Segen ist er der Boss, alle anderen sind seine Untergebenen. Das ist nun mal so, tut mir ja leid für dich."

– Schreckliche Geschichte, die wir da erfahren, aber was will die Bibel uns damit lehren? Liebe Söhne, haltet euch an eure Mütter! –

Da schrie Esau:

„Ich bring ihn um, diesen Schuft."

Als Rebekka das hörte, gab sie Jakob den guten Rat, für eine Weile auf Distanz zu Esau zu gehen, am besten auf große Distanz.

„Wo ich herkomme, lebt mein Bruder Laban. Bei dem bist du gut aufgehoben, dort solltest du wohnen, bis sich dein Bruder beruhigt hat."

Also zog Jakob zu seinem Onkel Laban, allerdings nicht, ohne sich zuvor, wie es sich gehört, von seinem Vater in aller Form zu verabschieden. Isaak gab ihm noch ein paar gute Ratschläge mit auf den Weg.

„Wenn du schon dorthin reist, dann solltest du dort auch heiraten, und zwar am besten eine der Töchter Labans; da weiß man, was man hat."

Isaak hatte nämlich von den Kanaaniterinnen die gleiche schlechte Meinung wie schon sein Vater Abraham. In diesem Vorurteil sah er sich nur bestätigt durch die Ehen seines Sohnes Esau, der zum großen Missfallen seiner Eltern nicht nur eine, sondern gleich zwei davon geheiratet hatte. Nun gab es dauernd Streit zwischen den Ehefrauen Esaus und ihren Schwiegereltern, die diese Mesalliancen am liebsten beendet gesehen hätten. Der Kompromiss, der schließlich gefunden wurde, sah so aus, dass Esau eine Tochter Ismaels, des unehelichen Sohns Abrahams, als dritte Frau hinzuheiratete.

Jakob und Rahel

Nach zügigem Fußmarsch kam Jakob in der Mittagszeit bei dem Brunnen vor dem Tor des Ortes an, in dem Laban lebte, und traf auf junge Leute, die dort mit ihren Schafen rasteten. Das war nicht unbedingt ein Zufall, denn in Ermangelung von Diskotheken, Pubs und Internet-Kontaktbörsen war dies der Platz, an dem sich die Jugendlichen der Gegend trafen. Da kam nun auch die junge Rahel hinzu, eine wahre Bilderbuchschönheit, von deren Anblick Jakob sofort wie gefangen war. Und siehe da, das bisherige Muttersöhnchen Jakob hatte keinerlei Hemmungen und sprach Rahel nach Playboymanier an. Nach den ersten üblichen Fragen – „Wie heißt du?", „Woher kommst du?", „Wo wohnst du?" – stellten die beiden fest, dass sie als Cousine und Cousin miteinander verwandt waren, denn Rahel war eine Tochter Labans, des Bruders von Jakobs Mutter Rebekka. Da küsste er sie und sie küsste ihn, die beiden knutschten in aller Öffentlichkeit, was aber nicht anstößig war, denn man war ja eine Familie. Rahel führte Jakob zu Laban, der ihn erfreut in sein Haus aufnahm. Der verliebte Jakob fühlte sich auf Wolke sieben und half dem Laban, wo er nur konnte. Nach einem Monat sagte dieser:

„Hör zu, Jakob, es kann ja nicht so weitergehen, dass du umsonst für mich arbeitest. Ich will dir wenigstens den gesetzlichen Mindestlohn zahlen."

„Ach was, wozu? Was soll ich mit Geld? In diesem Nest gibt es sowieso nichts Ordentliches zu kaufen. Gib mir zur Belohnung lieber deine Tochter Rahel zur Frau."

„O. k., aber die hat ihren Preis. Ich würde mal sagen, sieben Jahre Arbeit für mich dürfte sie schon wert sein. Was meinst du?"

„Hm, na ja, passt schon. Eigentlich müsste ich jetzt feilschen, aber dann würde ich ja ihren Wert herabsetzen. Also einverstanden, ich will die nächsten sieben Jahre für dich arbeiten und dann Rahel heiraten."

Die hübsche Rahel hatte noch eine ältere Schwester namens Lea, die hatte eine gute Figur, aber ein Gesicht zum Weglaufen. (Liebe Leas dieser Welt, verzeiht euren Eltern die Namensgebung, sie haben das nicht gewusst!) Als die sieben Jahre verstrichen waren, lud Laban alle Dorfbewohner zu einer großen Hochzeitsfeier ein. Er übergab dem Jakob die verschleierte Braut und man feierte ausgelassen bis in den späten Abend mit Blasmusik, Freibier und einer riesigen Hochzeitstorte. Jakob führte die ihm Angetraute ins Schlafgemach und verbrachte mit ihr eine Hochzeitsnacht, die nichts zu wünschen übrig ließ. Aber wie groß war sein Schreck am Morgen, als er nicht seine geliebte Rahel neben sich fand, sondern in das hässliche Gesicht der Lea schaute, das er in falscher Vorstellung die ganze Nacht inbrünstig geküsst hatte. Aufgebracht lief er zu Laban.

„Unsere geschäftliche Abmachung war eine andere. Die gelieferte Ware ist nicht die von mir bestellte. Ich reklamiere und möchte umtauschen."

„Mein Junge, du hast das Kleingedruckte nicht gelesen. Nach den hier geltenden Allgemeinen Geschäftsbedingungen wird zuerst die älteste Tochter geliefert, dann die nächstälteste usw."

Na, da hatte Jakob ja Glück, dass Rahel nicht noch ein paar weitere ältere Schwestern hatte. Jakob rief:

„Das ist doch Betrug! Ich nehme einen Anwalt!"

„Nun mach mal halblang, mein Sohn. Wir sind doch vernünftige Kaufleute und können das in Ruhe regeln. Nun verbring erst mal schön deine Flitterwochen, dann finden wir schon eine Lösung."

„Flitterwochen? Mit der? Niemals!"

„Na, dann wenigstens eine Flitterwoche. Das wirst du schon schaffen, gib dir Mühe! Mein Vorschlag ist: Wenn du Lea eine Woche lang ertragen hast, feiern wir eine zweite Hochzeit, bei der ich dir Rahel zur Frau gebe. Zwei Frauen sind immer besser als eine. Aber Rahel gibt es nicht umsonst. Du bekommst sie als Vorschuss für weitere sieben Jahre Arbeit."

Nach Abwägung aller Umstände und zur Vermeidung eines Rechtsstreits akzeptierte Jakob die Einigungsofferte. So hütete er – nun doppelt beweibt – weitere sieben Jahre Labans Schafe. Laban hatte den beiden Töchtern übrigens je eine Sklavin mitgegeben, der Lea die Magd Silpa, der Rahel die Magd Bilha.

Wie sich im weiteren Verlauf zeigte, hatte der Herr seine Gaben nicht so einseitig verteilt, wie es zunächst schien. Denn bei der schönen Rahel, Jakobs Lieblingsfrau, blieb der Kindersegen aus, obwohl sich Jakob redlich mühte, dagegen erwies sich Lea, die nur gelegentlich mal Besuch von Jakob bekam, als wahre Gebärmaschine. Vier Söhne in Folge setzte sie in die Welt – und Rahel nichts. Was für eine Schmach für die arme Rahel! Ihre Minderwertigkeitskomplexe hatten schon pathologischen Charakter, als sie eines Tages zu Jakob sagte:

„Schwängere meine Sklavin Bilha. Dann werde ich das Kind adoptieren, damit ich wenigstens auch eins habe."

„Hm, na gut, wenn du unbedingt darauf bestehst …"

Tatsächlich dachte er: Na, mit Vergnügen! Dein Wille ist mir Befehl. Abwechslung gibt dem Leben Reiz.

Rahel dachte: Immer noch besser, er bumst meine Magd als meine Schwester.

Dieser Kinderwunsch Rahels ging in Erfüllung und nicht nur der. Der fleißige Jakob scharte eine respektable Großfamilie um sich mit folgenden Söhnen: zuerst die vier von Lea (Ruben, Simeon, Levi, Juda), dann zwei von Bilha (Dan und Naftali), dann zwei von Silpa, der Sklavin Leas (Gad und Asser), denn von Lea hatte Jakob vorläufig genug, dann aber doch wieder zwei von Lea (Issachar und Sebulon), die schließlich auch noch eine Tochter gebar (Dina). Dass es nach der längeren Pause bei Lea mit dem Kinderkriegen weiterging, kam nicht von ungefähr, sondern war Leas Tomaten zu verdanken. Leas Sohn Ruben hatte Tomaten geerntet und seiner

Mutter gebracht. Als Rahel diese in der Küche sah und daraus einen leckeren Salat machen wollte, gab Lea sie ihr, aber nur um den Preis eines Besuchs Jakobs in ihrem Schlafzimmer. Was blieb der armen Rahel übrig? Sie willigte ein und schickte Jakob für die folgende Nacht zu Lea, die prompt wieder schwanger wurde. Zu guter Letzt aber hatte der Herr ein Einsehen mit Rahel, sodass auch sie schwanger wurde und einen Sohn bekam: den Josef.

Jakobs Flucht

Jakob hatte die zweiten sieben Jahre abgearbeitet und sogar noch einige Zeit drangehängt, sodass Laban ihn fragte, wie er dafür bezahlt werden wolle. Jakob meinte:

„Gib mir von deiner Herde nur die scheckigen Ziegen und die scheckigen und schwarzen Schafe und von denen, die geboren werden, will ich auch nur die schwarzen und die scheckigen Lämmer und die scheckigen Zicklein, damit bin ich zufrieden."

Laban gefiel dieser Vorschlag, denn scheckige Ziegen oder ein scheckiges oder schwarzes Schaf waren so selten wie ein bunter Hund und kamen nur alle Jubeljahre vor. Also wurden diese Sonderexemplare aussortiert und dem Jakob überlassen. Der aber hatte während der langen Zeit als Schafshirte die Mendel'schen Gesetze studiert und verstand es, die Schafe und die Ziegen so zu kreuzen, dass von nun an überwiegend scheckige Ziegen und Schafe geboren wurden. Das war für Jakob wie eine ganze Serie von Sechsern im Lotto und kam dem Laban nicht geheuer vor. Der ahnte, dass Jakob trickste, konnte es ihm aber nicht beweisen. Auf Labans Vorhalt, dass hier etwas nicht stimmen könne, sagte Jakob wie schon seinerzeit zu Isaak:

„Der Herr hat's mir gegeben."

Diesem Totschlagsargument hatte Laban nichts entgegenzusetzen. Nun aber traten seine Söhne auf den Plan, die natürlich auch mitbekamen, dass Jakobs Herde inzwischen weit größer war als die Labans und immer weiter anwuchs, während ihr potenzielles Erbe dahinschmolz wie ein Eisblock in der Sonne. Da merkte Jakob, dass es für ihn ungemütlich wurde und wohl ratsam war, schnellstens von hier wegzuziehen, am besten dahin, wo er hergekommen war.

Eines Nachts weckte Jakob alle Familienmitglieder, Knechte, Mägde, Sklaven und Viehtreiber und gab den Marschbefehl. In Windeseile wurden Kisten und Koffer gepackt und aufgeladen, dabei ließ Rahel heimlich Labans Hausgötzen mitgehen. Das waren geschnitzte Holzfiguren im Taschenformat, die Laban als Talismane dienten und ihm deshalb eine Menge bedeuteten. Rahel hatte diese Glücksbringer offenbar gerne für sich. (Manche meinen, dass mit den Hausgöttern ein Erbrecht verbunden war, das Rahel ihrem Sohn Josef sichern wollte. Vielleicht aber hatte ja der gute Laban die Figuren auch mit Gold oder Edelsteinen ausgestopft, also mit Kostbarkeiten, die er am Finanzamt vorbeimogeln wollte.) Der Zeitpunkt war günstig gewählt, denn Laban war mit seinen Leuten für ein paar Tage abwesend, um die Schafe zu scheren. Als er zurückkam und die leeren Räume und Ställe vorfand, trommelte er seine Söhne und Knechte zusammen und jagte Jakob nach. Was ihn auf die Palme brachte, war, dass seine beiden Töchter und Jakob nicht mehr da waren, aber noch mehr, dass seine geliebten Hausgötter weg waren. Nach sieben

Tagen war Jakob eingeholt und Laban machte ihm Vorhaltungen, was ihm einfiele, einfach so unangekündigt das Weite zu suchen und noch dazu die Götzen zu mopsen. Jakob, der von dem Diebstahl nichts wusste und an den Hausgöttern keinerlei Interesse hatte – der Materialwert war erkennbar gering und er selbst glaubte ja an den Herrn –, stellte er Laban anheim, alle Taschen zu durchsuchen. Das tat Laban denn auch, und als die Reihe an Rahel kam, die die Figuren in dem Sattel des Kamels versteckt hatte, auf dem sie saß, sagte sie, sie könne nicht absitzen, sie habe die Regel und sei unpässlich. Was für eine faule Ausrede! Aber Laban, dieser Einfaltspinsel, schluckte sie und fand somit nichts. Also versöhnte man sich und Laban musste ohne den Beistand seiner Hausidole wieder abziehen.

Obwohl seit der Flucht Jakobs aus Kanaan nun schon 20 Jahre vergangen waren, saß ihm noch immer die Angst vor seinem Bruder Esau im Nacken. Also schickte er dem Esau erst mal ein paar kleine Schafherden als vorauseilendes Gastgeschenk. Er selbst aber nahm seine nächsten Angehörigen, also seine zwölf Kinder (elf Söhne und Dina) und deren vier Mütter (seine beiden Ehefrauen und deren beide Sklavinnen), beiseite und verbrachte die Nacht abseits von der Herde. Bei einem Kontrollgang wurde er plötzlich von einem Mann angefallen, der ihn zum Ringkampf herausforderte. Nun war Jakob nicht mehr das Weichei von früher, sondern durchtrainiert, und Ringkampf im griechisch-römischen Stil war seine Spezialdisziplin. Aber der Angreifer war ebenbürtig, und so verging Stunde um Stunde ohne einen eindeutigen Punktsieger. Kurz vor Morgengrauen wurde es Jakob zu dumm. Regelwidrig klemmte er den Gegner mit einer Beinschere ein (wobei er sich selbst die Hüfte verrenkte) und nahm den Kopf des anderen in den Schwitzkasten. So trug der fast 100-jährige Jakob aus diesem Kampf zwar einen Hüftschaden davon, aber auch den Sieg durch technischen K.o. Der Gegner gab auf und outete sich als Engel des Herrn.

„Gratuliere“, sagte der Engel, „du hast den Kampf gegen den Herrn gewonnen. Wer das schafft, wird auch gegen die Menschen siegen. Deshalb sollst du von jetzt nicht mehr Jakob, sondern Israel heißen, das bedeutet ‚unbesiegbar‘.“

Tatsächlich bestätigte der Herr persönlich dem Jakob kurz darauf, dass dieser unter dem Namen Israel Stammvater eines Volkes sei, dem das Gelobte Land gegeben werde.

– Ist das nicht ein tolles Ding? Dass der Herr nicht irgendeine heroische Lichtgestalt, sondern ausgerechnet diesen Kleinkriminellen Jakob zum Ahnherrn seines Volkes bestimmt hat, diesen Trickser, Feilscher und Betrüger, macht ihn irgendwie sympathisch. Denn wenn das so ist, dann haben wir beide, lieber Leser, dann haben du und ich vielleicht auch eine Chance. –

Am nächsten Morgen kam Esau mit einer ganzen Kompanie von Verwandten und abhängig Beschäftigten an, aber statt loszuschlagen, begrüßte er Jakob (alias Israel) freudig, denn er hatte längst vergessen, weshalb er seinerzeit auf ihn sauer gewesen war. Was für ein Happy End!

Jakob etablierte sich in Kanaan, wo er aufgewachsen war, seine Herde wuchs und wuchs und auch Rahel wurde noch einmal schwanger. Bei ihrer Niederkunft aber kam es zu Komplikationen. Das Baby konnte gerettet werden und bekam den Namen Benjamin, aber Rahel starb im Kindsbett. Da konnten ihr auch Labans Hausgötzen nicht helfen. Nach Rahel starb auch ihr Schwiegervater Isaak, und zwar im gesegneten Alter von 180 Jahren.

Josef

Der aufmerksame Leser wird sich erinnern, dass Josef, das lang ersehnte Wunschkind Rahels und Jakobs, außer seinem kleinen Bruder Benjamin zehn Halbbrüder hatte. Alles wäre ganz normal verlaufen, wäre dieser Josef nicht so ein fürchterlicher Streber gewesen. Er war fleißig, aufmerksam, folgsam, in allen Dingen korrekt, so gar nicht wie sein Vater, der aber umso mehr Freude an ihm hatte. Negative menschliche Charaktereigenschaften, wie sie jeder bei sich kennt, schien dieser Musterknabe nicht zu besitzen – na ja, vielleicht war er ein bisschen eitel. Das konnte er aber auch sein, denn zu allem Überfluss sah er auch noch verdammt gut aus, was Vater Jakob dadurch unterstrich, dass er ihn mit einem eleganten, bunten Seidengewand einkleidete. Josefs Brüder mit ihren Durchschnittsgesichtern und ihren Alltagsklamotten starben fast vor Neid.

Als Josef gerade 17 Jahre alt geworden war, erzählte er eines Morgens seinen Brüdern mit unbekümmerter Naivität, er habe geträumt, sie alle hätten auf dem Feld Garben gebunden und seine Garbe habe gestanden wie eine Eins, aber die seiner Brüder seien in Richtung seiner Garbe eingeknickt, als wollten sie sich vor seiner verbeugen. Die Brüder fanden das gar nicht lustig. Kurz danach setzte Josef noch einen drauf und erzählte, er habe geträumt, dass sich die Sonne, der Mond und elf Sterne vor ihm verneigten. Das brachte bei den Brüdern das Fass zum Überlaufen und empörte nun auch Jakob, der den Traum respektlos fand wegen dessen leicht erkennbarer Bedeutung, dass Vater, Mutter und die elf Brüder vor Josef auf die Knie fielen.

Eines Tages, als die Brüder das Vieh auf die Weide getrieben hatten, schickte der Vater Josef los, um ihnen das Mittagessen zu bringen und zu kontrollieren, ob die Brüder keine Dummheiten machten. Als sie ihn von Weitem kommen sahen, sagten sie:

„Oh, da kommt ja unser Träumer!"

Und einer meinte:

„Kommt, Jungs, das ist die Gelegenheit. Wir murksen ihn ab, werfen ihn in eine Grube und sagen dem Vater, dass ihn ein Raubtier gefressen hat."

Die anderen waren begeistert. Aber Ruben, der Älteste von ihnen, fand das zu blutrünstig.

„Warum sollen wir uns an ihm die Hände schmutzig machen? Wenn wir ihn lebendig in die Grube werfen, kommt er da sowieso nicht mehr raus."

Das leuchtete ein. Also packten sie Josef, zogen ihm das schicke lange Seidenhemd aus und warfen ihn in einen ausgetrockneten Brunnen. Dann setzten sie sich gemeinsam unter einen Baum, um sich das von Josef mitgebrachte Mittagessen schmecken zu lassen. Unterdessen näherte sich eine Karawane von Kaufleuten mit Kamelen, die nach Ägypten wollten. Da kam einem der Brüder die zündende Idee:

„Mensch, Jungs, ich hab's. Wir wären ja schön blöd, wenn wir ihn da unten in dem Loch verrecken ließen. Wir können hier doch ein tolles Geschäft machen und ihn als Sklaven verkaufen."

Das überzeugte. Also zogen sie Josef wieder heraus und wegen seiner stattlichen, athletischen Erscheinung konnten sie einen guten Preis erzielen.

Dann tränkten sie Josefs Kaftan mit Ziegenblut und brachten ihn dem Vater, der die Geschichte mit dem Raubtier glaubte und untröstlich war. Josef aber wurde von den Kaufleuten in Ägypten verkauft, und zwar an Potifar, den Kommandeur der Leibwache des Pharao.

Potifar erkannte sehr bald, was für einen Glücksgriff er mit Josef getan hatte. Dieser Sklave war verständig und geschickt, vor allem aber vertrauenswürdig und diskret. So hatte Josef bald die Position des Majordomus, des obersten Hausdieners. Leider aber sah er so verführerisch gut aus, dass ihm die Frau des viel beschäftigten Potifar nachstellte. Manche meinen, Frau Potifar sei eine Nymphomanin gewesen. Andere mutmaßen, Herr Potifar als Kommandeur der Eunuchen sei selbst einer gewesen. Alles Unsinn, Frau Potifar war eine ganz normale Frau in einer ganz normalen Ehe. Als sie eines Tages mit Josef allein im Haus war, zog sie ihn in ihr Schlafzimmer.

„Komm, Josef, nimm mich! Ich bin so heiß auf dich, zeig mir, dass du ein Mann bist!"

Könnte es sein, dass der Hebräer Josef, der ägyptischen Sprache noch nicht hinreichend mächtig, den Sinn dieser Worte nicht verstand? Ausgeschlossen! Jeder noch so sprachunkundige Ausländer hätte begriffen: Dies war eine eindeutige, unverblümte Aufforderung zum Sex. Frau Potifar war nicht irgendeine, sie war eine äußerst gepflegte, attraktive Erscheinung, eine Frau, die man angesichts ihrer weiblichen Vorzüge nicht einfach von der Bettkante stößt. Josef aber, obschon Sohn eines Lebemannes, schien nichts gehört zu haben von den sogar wissenschaftlich erwiesenen positiven Wirkungen sexueller Kontakte auf Körper und Geist. Nein, der naive Josef bewies Haltung.

„Gott bewahre, Madame! Wie könnte ich denn – nach allem, was Ihr Herr Gemahl mir Gutes getan hat! Ich bin in diesem Haus Obersklave, so einen Job setzt man nicht aufs Spiel."

Wie kann man seine Chefin nur so kränken! Frau Potifar war außer sich. Aber sie gab ihm noch eine Chance:

„Sag, Josef, bist du schwul?"

„Keineswegs, Madame."

Chance vertan. Frau Potifar hatte ihm ein Hintertürchen geöffnet, durch das er hätte schlüpfen können; damit hätten beide ihr Gesicht und alles Übrige wahren können, aber nein, nicht einmal so eine kleine Notlüge brachte diese ehrliche Haut zustande.

Damit war für Frau Potifar klar: Die Zurückweisung des von ihr gönnerhaft Angebotenen war eine bewusste Provokation, die unflätige Missachtung ihrer weiblichen Reize. Was bildete sich dieser ungezogene Sklave nur ein? Sie packte ihn am Hemd, aber Josef entschlüpfte ihr und lief weg – unter Zurücklassung des Hemdes. Da schrie sie wie am Spieß und heulte dem herbeieilenden Wachpersonal vor:

„Dieser unverschämte Lümmel von Hausdiener hat versucht, mich zu vergewaltigen. Seht nur, er hatte sich schon halb ausgezogen, hier liegt sein Hemd."

Potifar wurde gerufen, vor dem sie weiter Geschrei machte:

„Wie konntest du nur so einen Sittenstrolch ins Haus holen? Ist man selbst in seinem eigenen Haus nicht mehr vor Sexualattacken sicher?"

Bestürzt verfügte Ehemann Potifar, den untreuen Diener auf der Stelle zu verhaften und einzulochen.

Immerhin hatte Josef Glück im Unglück. Der Gefängnisdirektor erkannte schnell seine Qualitäten und machte ihn zum Kalfaktor. Durch diese bevorzugte Stellung unter den Inhaftierten hatte Josef auch Zugang zu den politischen und prominenten Gefangenen im Hochsicherheitstrakt. Hier saß der kriminelle Geldadel, saßen Bankdirektoren und Fondsmanager, aber auch so bedeutende Persönlichkeiten wie der Mundschenk und der Bäcker des Pharao. Diese beiden, die verdächtigt wurden, der Gesundheit des Pharao nicht eben dienlich gewesen zu sein, hatten zeitgleich merkwürdige Träume, die Josef ihnen dahingehend deutete, dass nach drei Tagen der Mundschenk begnadigt, der Bäcker aber gehenkt würde. Kaum zu glauben, aber genau so kam es. Die Träumer hatten jeweils das Richtige vorausgeträumt. Der Mundschenk hatte bei seiner Entlassung noch versprochen, ein gutes Wort für Josef einzulegen, nur leider spielte ihm sein Gedächtnis einen Streich: Er vergaß Josef.

Zwei Jahre später war es Seine Hoheit der Pharao selbst, der akuten Traumdeutungsbedarf hatte. Denn in der Nacht hatte er sich im Traum am Nilufer stehen sehen, als sieben fette Kühe aus dem Wasser stiegen und auf der Weide grünes Gras fraßen, danach aber sieben total abgemagerte Kühe aus dem Wasser kamen, die die fetten Kühe auffraßen. Da wachte der Pharao auf, denn er konnte sich dieses große Fressen, zumal von Vegetariern und noch dazu gegenüber Artgenossen, nicht erklären. Als er wieder einschlief, träumte er erneut und sah auf einem Halm sieben dicke, volle Ähren und dann auf einem anderen Halm sieben dünne, leere Ähren. Da neigte sich der Halm mit den dünnen Ähren zu dem anderen und die dünnen Ähren verschlangen die dicken, ohne dabei selbst dick zu werden. Wieder erwachte der Pharao. Statt sich zu freuen, dass das Ganze nur ein Traum war, grübelte und grübelte er über den Sinn dieser nächtlichen Kurzfilme. Alle Seher und Wahrsager des Landes wurden gerufen, aber keiner hatte eine überzeugende Erklärung für diese geträumten Merkwürdigkeiten. Niemand konnte verstehen, dass der Pharao von Kühen und Ähren statt – wie sonst – von heißblütigen Haremsdamen oder von Pyramiden geträumt hatte. Da endlich fiel dem Mundschenk wieder der Josef ein und er erzählte dem Pharao von dessen treffsicherer Prognose vor zwei Jahren. Also holte man Josef her und der hatte prompt des Rätsels Lösung:

„Die sieben fetten Kühe stehen für die nächsten sieben Jahre. In denen wird das Land wirtschaftlich wachsen wie ein Tigerstaat. Aber auf diesen Aufschwung folgt die Wirtschaftskrise mit Auftragsrückgängen, Arbeitslosigkeit, Lebensmittelknappheit und Steuermindereinnahmen. Sieben Jahre wird es dauern, bis das Land aus der Talsohle wieder herauskommt."

Und Josef hatte gleich ein Konzept zur Krisenbewältigung:

„Damit es in der zweiten Phase nicht zu Hungersnot kommt, muss in den Jahren des Booms vorgesorgt und ein Teil des Ernteertrages eingelagert werden. Das muss gut und zentral organisiert werden, am besten von jemandem, der sich nicht korrumpieren lässt, denn bei einer so sensiblen Aufgabe ist die Korruptionsgefahr besonders groß."

Da schaute sich der Pharao in der Ministerriege um und fand niemanden, den er nicht für korrupt hielt. Deshalb entschied er:

„Wenn deine Analyse stimmt und der Aufschwung kommt, bist du ein wahrer Wirtschaftsweiser. Dann dürfte es für Einleitung und Lenkung der nötigen Vorsorgemaßnahmen keinen Besseren geben als dich."

Also wurde der 30-jährige Joseph Premierminister und rechte Hand des Pharao, ausgestattet mit allen Vollmachten, natürlich auch mit prunkvoller Amtstracht, goldener Amtskette und Dienstwagen. Das Urteil wegen versuchter Vergewaltigung wurde wegen Justizirrtums aufgehoben und Josef bekam Haftentschädigung. Einen kometenhafteren Aufstieg hat wohl kein Politiker je erlebt.

Für Josef war es natürlich ein Glücksfall, dass er zunächst das Positive, den Aufschwung, hatte voraussagen können und nicht gleich die Krise. Das Überbringen schlechter Nachrichten war ja gerade in Monarchien meist mit Lebensgefahr verbunden und eine ausgesprochene Mutprobe.

Ab sofort ließ Josef die Bauern Getreide anbauen, vereinnahmte ihre Produktionsüberschüsse als Steuerabgaben und lagerte diese – für Ratten und Ungeziefer unerreichbar – in großen Silos ein, die er als Erstes überall im Lande hatte bauen lassen und die unter strenger Bewachung standen. Für all diese Maßnahmen hatte ihm der Pharao absolut freie Hand gelassen, ja, der Pharao war von Josefs Wirtschaftskompetenz, seinem Organisationstalent und seiner Schaffenskraft so begeistert, dass er ihm sogar eine Braut aus der High Society vermittelte, die Tochter des obersten Priesters, die dem Josef während der fetten sieben Jahre zwei Söhne gebar. Für Josef war das wohl der Höhepunkt seiner Karriere: Der oberste Priester der ägyptischen Götter vermählte seine Tochter mit einem Ausländer anderen Glaubens! Spitze!

Josefs Familienpolitik

Die eigentliche Bewährungsprobe aber begann mit der konjunkturellen Wende, mit der Zeit verminderter Ernteerträge, den sieben mageren Jahren. Die Dürre herrschte nicht nur in Ägypten, sondern im ganzen Vorderen Orient. Selbst in der Küche des reichen Jakob wurden die Vorräte knapp. Da rief er seine Mischpoke zusammen und sprach zu seinen Söhnen:

„Wir haben nicht mehr viel zu beißen. Aber wie der Rundfunk meldet, geht es den Ägyptern prächtig; die haben Getreide in Hülle und Fülle. Also, was sitzt ihr hier faul herum? Macht euch auf die Socken, reist nach Ägypten und versucht, dort Weizen zu ergattern!"

Zehn seiner Söhne schickte er los, aber den elften, den Benjamin, behielt er bei sich.

„Es ist schon fürchterlich, dass ich meinen Josef verloren habe. Aber würde auch dem zweiten Sohn meiner geliebten Rahel etwas zustoßen, würde ich das nicht überleben."

Die Disposition über das staatlich rationierte Getreide überließ Josef keinem seiner Untergebenen, die nahm er im Interesse der Staatskasse höchstpersönlich vor. Als nun seine Brüder ankamen, fielen sie vor ihm nieder und küssten den Boden, ganz so, wie er es seinerzeit geträumt hatte. Da er die Bart- und Haartracht eines Ägypters angenommen hatte, erkannten sie ihn nicht. Er hatte sie natürlich sofort erkannt, stellte sich aber fremd und sprach ägyptisch, sodass ein Dolmetscher hinzugezogen werden musste. Mit strenger Miene fragte er:

„Na, woher seid ihr und was wollt ihr hier?"

„Wir sind aus Kanaan und möchten etwas Weizen kaufen."

„Ha, wer soll denn das glauben? Spione seid ihr, ein gut getarntes Expertenteam, das unser Rüstungsprogramm ausspionieren will, ihr seid durchschaut! Ihr sucht hier nicht Weizen, sondern Massenvernichtungswaffen."

„Aber nein, wir haben nur Weizen im Kopf! Man sieht es uns nicht an, aber wir alle sind Söhne eines einzigen Mannes, ein weiterer Bruder ist zu Hause geblieben und der zwölfte ist leider schon verstorben."

„Ich glaube euch kein Wort. Ihr seid Spione, mich könnt ihr nicht täuschen. Ab mit euch in den Knast!"

Nach drei Tagen ließ er sie vorführen und sprach etwas milder:

„Nach wie vor halte ich euch nicht für Brüder, sondern für Offiziere eines ausländischen Militärgeheimdienstes. Aber ich gebe euch eine Chance. Bringt mir euren jüngsten Bruder, dann will ich euch glauben. Aber bis dahin bleibt einer von euch als Bürge in Haft."

Also reisten nur neun der Brüder zurück, einer namens Simeon musste bleiben.

Josef aber hatte Anweisung gegeben, in die Getreidesäcke, mit denen ihre Esel beladen wurden, das Geld zu stecken, mit dem sie das Getreide bezahlt hatten. Als sie zu Hause abluden und die Säcke öffneten, fanden sie jeweils obenauf das Geld und fühlten sich wie ertappte Diebe.

Für den armen Jakob waren das alles Hiobsbotschaften.

„Erst habe ich meinen geliebten Sohn Josef verloren, dann habe ich zehn Söhne auf die Reise geschickt, und als sie zurückkamen, da waren's nur noch neun. Jetzt wollt ihr mir auch noch meinen über alles geliebten Benjamin wegnehmen – das ertrage ich nicht."

Da sagte Ruben zu Jakob:

„Papa, ich lege meine Hand ins Feuer, dass ihm nichts passiert. Und wenn doch, erwürge ich meine beiden kleinen Söhne."

„Das ist ein Wort! Akzeptiert! Aber in dem Fall ist mein Leben auch zu Ende."

So zogen die Brüder, als die Vorräte aufgebraucht waren, wieder nach Ägypten, diesmal mit Benjamin, mit Gastgeschenken, mit dem in den Säcken gefundenen Geld und mit noch mal so viel Geld, um weiteres Getreide zu kaufen. Als Josef sie mit Benjamin kommen sah, wies er seinen Protokollchef an, für diese Männer ein Bankett in der Residenz zu arrangieren. Als die Männer zur Residenz geführt wurden, bekamen sie es mit der Angst, denn sie glaubten, wegen des Geldes verhaftet zu werden. Vor dem Eingangsportal redeten sie auf den Protokollchef ein und beteuerten ihre Unschuld. Diplomatisch geschickt antwortete dieser:

„Fürchtet nur euren Gott."

Da waren sie halbwegs beruhigt und traten ein. Und nun folgt ein rührseliges, zuckersüßes Finale.

Simeon, der lange hatte im Kerker schmoren müssen, wurde hinzugeführt, und als Josef eintrat, waren alle zwölf Brüder an einer Tafel versammelt. Anwesend waren natürlich auch diverse hohe Beamte und Kabinettskollegen Josefs, aber die saßen an anderen Tischen, denn, so teilt die Bibel mit, für Ägypter war es ein Gräuel, mit Hebräern zusammen an einem Tisch zu essen. Das hatte wohl seinen Grund darin, dass in den Augen der zivilisierten Ägypter den Hebräern die nötige Esskultur fehlte. Die Hebräer legten offenbar mehr Wert auf die Reinheit ihrer Seele als auf die ihrer Körper.

Zunächst einmal erkundigte sich Josef nach dem Befinden seines Vaters und war glücklich zu hören, dass dieser noch lebte. Als er dann Benjamin betrachtete, konnte er die Maskerade nicht länger fortsetzen, rannte in seine Schlafkammer und heulte dort wie ein Schlosshund. Aber er fasste sich wieder, wusch sein Gesicht und kam – wieder ganz der Ministerpräsident – zurück an den Tisch, wo es bei Essen, Wein und einem Sklavinnentanz als Unterhaltungsprogramm allmählich recht entspannt zuging.

Bevor die Männer am nächsten Morgen mit gefüllten Getreidesäcken zur Rückreise aufbrachen, hatte Josef Anweisung gegeben, seinen Becher aus purem Sterling-Silber dem Benjamin in die Sacktasche zu stecken. Als die Männer das Stadttor gerade passiert hatten, ließ Josef ihnen nacheilen und ihnen erklären:

„Wie konntet ihr so niederträchtig sein, eine Wohltat mit einem Diebstahl zu entgelten?"

„Wieso Diebstahl? Wir sind ehrliche Leute!"

„Einige von euch vielleicht, aber einer ist ein Langfinger und hat den Silberbecher des Herrn Ministerpräsidenten gestohlen, ausgerechnet den Becher, der ihm lieb und teuer ist und aus dem er uns die Zukunft liest."

„Das kann nicht sein. Durchsucht uns doch, ihr werdet nichts finden."

„Wenn wir den Becher bei einem von euch finden, ist er verhaftet. Die anderen können weiterziehen."

„Einverstanden!"

Jeder legte seinen Sack ab und – welche Überraschung! – im Sack des Benjamin fand man den Becher. Das war ein Schock nicht nur für den jungen Benjamin, sondern mindestens ebenso für die Brüder. Allein ohne Benjamin nach Hause zu reisen, daran konnte kein Gedanke sein. Natürlich ging es zurück in die Hauptstadt und zur Residenz Josefs, der noch dort war. Sie fielen vor ihm auf die Knie, aber er sagte:

„Na, das war schön dämlich von euch, mich zu bestehlen. Ihr hättet doch wissen müssen, dass ich seherische Fähigkeiten habe, auch ohne Becher. Der Täter bleibt hier, die anderen können gehen."

Da ergriff einer der Brüder namens Juda das Wort und sagte:

„Herr Ministerpräsident, Sie sind ein großer, mächtiger Mann in diesem Staat, praktisch wie der Pharao, und ich als Ihr nichtswürdiger Knecht bitte Sie, mir nicht zu zürnen, wenn ich mir erlaube, hierzu etwas zu sagen. Sie haben uns nach unserem Vater gefragt und wir haben erzählt, dass er alt ist und unseren Youngster Benjamin bei sich behalten hat. Da haben Sie darauf bestanden, dass wir Benjamin herbringen, das haben wir getan. Unser Vater aber hat uns mit Benjamin nur ziehen lassen, weil wir uns dafür verbürgt haben, ihn wohlbehalten zurückzubringen. Denn Benjamin ist der zweite Sohn seiner Frau Rahel, deren erster Sohn Josef unserem Vater bereits genommen ist. Kehren wir ohne Benjamin zurück, ist ein Herzinfarkt unseres Vaters garantiert."

Da beendete der Ministerpräsident das Versteckspiel und outete sich als Josef – zum großen Schrecken seiner Brüder. Er aber schluchzte vor Rührung, umarmte sie und meinte:

„Nun habt mal kein schlechtes Gewissen, im Ergebnis war es ja gar nicht so schlecht, was ihr mit mir gemacht habt. Betrachtet es doch mal so: Ihr habt mich als Vorhut der Familie hierher geschickt und ich habe hier alles für euch vorbereitet. Jetzt könnt ihr und kann unser Vater hierher nachkommen, denn es sind noch fünf karge Jahre, die man in Kanaan darben muss, und hier habt ihr alles für euch zur Verfügung, Land, Haus, Wagen, Jacht und jede Menge zu essen. So, und von jetzt an wird unter Brüdern nicht mehr gezankt!"

Das alles berichteten die Brüder dem Jakob, und als der die schicken Wagen sah, die Josef mitgeschickt hatte, ließ er sich und seinen ganzen Clan – zu der Zeit waren es bereits 70 (in Worten: siebzig!) Kinder und Kindeskinder – mitsamt der Esel, Schafe, Frauen, Mägde und Knechte gern nach Ägypten kutschieren, wo er den Rest seines Lebens auf Kosten des Staates, an den er selbst nie Steuern gezahlt hatte, unbekümmert und gut versorgt verbrachte, bis er schließlich den Löffel abgab. Beerdigen aber ließ er sich – nach ägyptischer Handwerkskunst fachkundig einbalsamiert – in Kanaan. Jakobs Familie aber breitete sich in dem Landstrich nahe dem Nil immer weiter aus, auch nachdem Josef und seine Brüder längst verstorben waren.

Dina und Sichem

Es gibt noch eine Geschichte nachzutragen, die auf einem Nebengleis spielte. Aber da sie in der Bibel steht, ist sie ja wohl wichtig und soll nicht unterschlagen werden.

Wie berichtet, hatte Lea dem Jakob zuletzt ein Töchterchen geboren, und zwar mit dem Namen Dina. Zum Glück hatte die mit ihrer Mutter keinerlei Ähnlichkeit und wuchs zu einem auffallend hübschen Mädchen heran. Zu der Zeit wechselte Jakob den Wohnsitz und zog mit seinem Tross in das Land eines gewissen Hemor. Dessen Sohn Sichem verkaufte Jakob ein großes Stück Acker- und Weideland seines Vaters. So lernte Sichem die frühreife Dina (nach den Apokryphen soll sie knapp 13 Jahre alt gewesen sein) kennen und die beiden verliebten sich. Die Gefühle der beiden füreinander waren echt, beide machten schon Zukunftspläne. Aber heiratswillige Leute konnten damals nicht einfach zum Standesamt gehen. Erst mussten Verhandlungen geführt und Verträge geschlossen werden, und zwar zwischen den beiden Vätern. Also drängte Sichem seinen Vater Hemor, bei Jakob um Dina zu werben. Die Sondierungsgespräche begannen, die bilateralen Konsultationen zwischen den Familienoberhäuptern zogen sich hin, aber die jungen Leute waren ungeduldig und probten schon mal die eheliche Vereinigung. Als Jakob und seine Söhne davon erfuhren, war die Aufregung groß; die Herrschaften fühlten sich beleidigt. Da ging Hemor zu Jakob und bot ihm Freundschaft zwischen den Familien an.

„Unser Land sei euer Land. Ihr könnt euch hier ansiedeln, ausbreiten und Gewinne machen. So wie mein Sohn deine Tochter zur Frau begehrt, so können deine Söhne auch unsere Töchter ehelichen und bei uns wohnen."

Und Sichem fügte hinzu:

„Dina und ich lieben uns, wir haben ernste Absichten und wollen so schnell wie möglich heiraten. Sagt, was ihr haben wollt, Mitgift, Geschenke, Land, was immer ihr verlangt, bekommt ihr, aber gebt sie mir zur Frau."

Diese warmen Worte änderten nichts an der tiefen Kränkung, die Jakobs Söhne durch die vorzeitige Entjungferung ihrer Schwester empfanden, sie waren aber zu feige, das zu zeigen. Stattdessen sagten sie:

„Es gibt da ein kleines Hindernis. Wir können unsere Schwester nicht einem unbeschnittenen Mann geben."

Darauf Sichem:

„Kein Problem, das lässt sich ja ändern."

Und Hemor fügte hinzu:

„Nicht nur Sichem soll beschnitten werden, auch ich und alle Männer unserer Sippe. Dann unterscheidet uns nichts mehr und wir werden mit euch ein Volk. Dann können wir unsere Töchter einander verheiraten."

Der Vorschlag wurde von Jakob und seinen Söhnen begrüßt. So riefen Hemor und Sichem alle Männer der Stadt zusammen, wo sie natürlich einige Überzeugungsarbeit zu leisten hatten, aber als am Ende abgestimmt wurde, waren alle dafür. Daraufhin wurde in einer Großaktion ausnahmslos alles, was in der Stadt männlich war, beschnitten.

Am dritten Tag danach aber nahmen Simeon und Levi, zwei Brüder der Dina, ihre Schwerter, gingen in die Stadt und metzelten dort alle männlichen Personen nieder. Eine Gegenwehr fand praktisch nicht statt, da die Männer durch ihre Schmerzen aufgrund der Beschneidung gehandicapt waren. Die Brüder töteten auch Hemor und Sichem und holten ihre Schwester aus deren Haus. Was für ein Schock für die arme Dina! Danach kamen auch die anderen Söhne Jakobs, plünderten die Stadt und nahmen Schafe, Rinder, Esel, Frauen und Kinder mit sich. Als Jakob davon erfuhr, stellte er Simeon und Levi zur Rede:

„Seid ihr noch zu retten? Warum in drei Teufels Namen habt ihr das getan?"

„Sollten wir zusehen, dass sie unsere Schwester zur Hure machen? Sie haben unsere Ehre verletzt."

„Und deshalb begeht ihr Ehrenmord? Ihr seid ja schlimmer als die Taliban! Seht ihr nicht, was ihr mit *meiner* Ehre gemacht habt? Ich war hier ein geachteter Mann. Jetzt bin ich für alle in dieser Gegend ein stinkender Kojote."

Das hatte Jakob ganz richtig erkannt, und so musste er mit seinem ganzen Stamm die Gegend verlassen, um dem üblen Leumund zu entfliehen.

Die Moral: Prüfe immer erst das Umfeld, bevor du ein Mädchen entjungferst!

– Hat man in Fällen des Ehrenmords nicht automatisch das Familienoberhaupt als eigentlichen Urheber der Tat in Verdacht? Und zwar in aller Regel zu Recht? Hier aber, so sollen wir glauben, war alles ganz anders, sind zwei junge Burschen aus eigenem Antrieb losgezogen und haben in übersteigertem Fanatismus auf eigene Faust die männliche Bevölkerung eines ganzen Dorfs abgemurkst. Und selbst als anschließend alle anderen Brüder bei der Plünderung mitmachten, soll Vater Jakob davon noch nichts mitbekommen haben. Die Heilige Schrift stellt unseren Glauben manchmal wirklich auf eine harte Probe! Allerdings verständlich! Dass ein Stammvater des israelischen Volkes eine so schändliche Tat ersonnen haben könnte, das wäre denn doch zu arg. –

Judas Nachwuchs

Bevor ich die nächste Geschichte erzähle, muss ich dich fragen, liebe Leserin oder lieber Leser, ob du schon mal etwas vom Levirat gehört hast. Ja? Hast du? O. k., dann weißt du ja Bescheid. Wenn aber nicht, will ich es kurz erklären. Es handelt sich dabei nicht um eine Kommission der Söhne Levis, sondern um eine Art Entwicklungshilfe für den Stammbaum, und zwar in dem Fall, dass ein verheirateter Mann stirbt, ohne es geschafft zu haben, einen ehelichen Sohn zu zeugen. Nach israelitischer Tradition hatte dann der älteste Bruder des Verstorbenen, also der Schwager der Witwe (Levir = Schwager), die Aufgabe, sie zu heiraten und ihr männliche Nachkommen zu verschaffen. Der erste dieser Nachkommen (aber nur der erste!) galt dann als Sohn des Verstorbenen, erhielt dessen Namen und beerbte ihn. Es handelte sich also um eine posthume Leihvaterschaft. War der älteste Bruder zu der Schwagerehe nicht in der Lage, hatte der nächste Bruder die Pflicht oder – je nachdem – das Vergnügen. War der Bruder noch nicht heiratsfähig, musste sich die Witwe eben bis zu seiner Volljährigkeit gedulden.

Dazu nun die passende Geschichte aus der vorägyptischen Zeit der Israeliten. Juda, einer der Söhne Jakobs, hatte eine Kanaaniterin geheiratet, die ihm drei Söhne gebar, die hießen Ger, Onan und Sela. Ger, der älteste, heiratete eine Frau namens Tamar, war aber ein Bösewicht, sodass der Herr ihn zu sich rief. Da die kurze Ehe kinderlos geblieben war, forderte Juda seinen zweiten Sohn Onan auf, stellvertretend für den verstorbenen Ger der Tamar einen Sohn zu zeugen. Onan sagte sich, für ein Kind, das nicht meins, sondern das meines verstorbenen Bruders sein soll, gebe ich mein Sperma nicht her. Also praktizierte er den *coitus interruptus.* (Nur durch eine Fehldeutung des Bibeltextes wurde Onan zum begrifflichen Stammvater der Masturbierenden.) Der Herr, der nach Big-Brother-Manier genau zugeschaut und alles mit angesehen hatte, fand daran überhaupt keinen Gefallen. Dass Onan die Samenflüssigkeit nicht ihren bestimmungsgemäßen Weg hatte nehmen lassen, empfand er als unzulässigen Eingriff in die natürliche Ordnung, ja als widernatürlich, also ließ er auch den Onan sterben – ein Fall von Todesstrafe für Empfängnisverhütung. Nun hatte Tamar Anspruch darauf, dass ihr Sela, der nächste Sohn Judas, ein Kind machte, aber der war selbst noch eins. Also sprach Juda zu Tamar:

„Bleib in meinem Haus wohnen und warte, bis Sela herangereift ist. Dann soll er dir ein Kind zeugen."

So blieb Tamar bei Juda wohnen und half ihm im Haushalt. Juda aber dachte gar nicht daran, Sela für die Zeugungspflichterfüllung herzugeben, denn er wurde das Gefühl nicht los, dass es zwischen dem frühen Tod seiner beiden älteren Söhne und deren vorangegangener sexueller Vereinigung mit Tamar einen Kausalzusammenhang gegeben haben könne. Daher wollte er Sela nicht der Gefahr aussetzen, nach einem ungeschützten Verkehr mit Tamar ebenfalls zu sterben. Die Jahre vergingen, dann starb Judas Frau, sodass auch Juda Witwer wurde. Sela war inzwischen groß, aber Tamar wartete vergeblich darauf, dass Juda sein Versprechen einlöste.

Eines Tages begab sich Juda hinaus in die Berge, um die Schafe zu scheren. Da ging Tamar vor das Tor der Stadt, setzte sich an den Wegesrand und verhüllte ihr Gesicht mit einem Umhang. Das war nun kein Zeichen besonderer Keuschheit, eher für das Gegenteil, so taten es damals die Prostituierten. Da kam Juda vorbei, erkannte die Gelegenheit und fragte die vermeintliche Nutte:

„Wie viel kostet es?"

„Was bietest du mir?"

„Einen Ziegenbock."

„O. k., wo ist er?"

Dummerweise hatte Juda gerade keinen Ziegenbock dabei, also bat er um Aufschub.

„Bei mir gilt Vorkasse."

„Ich gebe dir mein Wort, das wiegt genauso schwer wie Bares."

„Dann gib mir ein Pfand. Ohne Pfand kein Vergnügen."

„Was willst du als Pfand?"

„Deinen Ring, deine Halskette und deinen Hirtenstab."

Sie bekam diese Dinge und er bekam, wonach ihn gelüstete. Aber leichtsinnig, wie Männer sind, verzichtete er auf Kondombenutzung, und so war es ein Volltreffer, Tamar kam zu ihrer ersten Schwangerschaft. Zu Hause legte Tamar wieder ihre Witwenkleidung an, und als Juda durch einen Freund den Ziegenbock schickte, um das Pfand auszulösen, war keine Prostituierte mehr zu finden. Nach drei Monaten aber wurde die Schwangerschaft Tamars offenbar und die Leute begannen zu schlussfolgern, Tamar sei fremdgegangen. Einen derartigen Fehltritt hatten nach damaligem Gewohnheitsrecht nicht nur Ehefrauen, sondern auch Witwen auf dem Scheiterhaufen zu bereuen, folglich ließ Juda einen solchen herrichten. Da zeigte ihm Tamar die drei Gegenstände, die sie von ihm als Pfand bekommen hatte, und Juda sah ein, dass Tamar in einem von ihm selbst verschuldeten Befruchtungsnotstand gehandelt hatte, da er ihr den Sela nicht zugeführt hatte. So war ihr Verhalten legitimiert – aber nur für das eine Mal. Weitere Schäferstündchen mit Tamar verkniff sich Juda also, ganz wie es sich gehörte.

Tamar brachte übrigens gleich zwei Söhne zur Welt. Damit es bei Zwillingen nicht nachher zu Verwechslungen oder auch nur zu Zweifeln darüber kam, wer der Erstgeborene war – eine entscheidende Frage wegen des ihm allein zustehenden Erbrechts –, pflegte man gleich bei der Geburt demjenigen, der als Erster das Licht der Welt erblickte, ein Bändchen um den Arm zu binden – zweifellos ein beachtlicher Fortschritt gegenüber einem Knoten im Taschentuch. Dieses Merk-Mittel erwies sich aber bei der Geburt der Zwillinge Tamars als untauglich. Der Sohn, der als

Erster die Hand herausstreckte und das Bändchen bekam, zog den Arm wieder zurück und heraus kam dann zuerst der Bruder. Die beiden hatten im letzten Moment eine intrauterine Rochade vollzogen.

Der junge Moses

In der Politik gibt es bekanntlich kein Dankeschön. Nachdem es in Ägypten zum wiederholten Male geheißen hatte: „Der Pharao ist tot, es lebe der Pharao", kam ein neuer auf den Thron, der im Geschichtsunterricht nicht aufgepasst hatte und nichts von Josef wusste. Aber er sah, dass die hebräischen Frauen viel gebärfreudiger waren als die ägyptischen und so der Ausländeranteil an der Bevölkerung rasant anstieg. Also dachte er:

„Die Fertilitätsquote dieser Frauen mit Migrationshintergrund ist erschreckend hoch. Man muss dieses Pack von der Couch herunterscheuchen."

Aufseher wurden eingesetzt, die die Hebräer von morgens bis abends schuften ließen wie Sklaven. Der Fruchtbarkeit der Geschundenen tat das allerdings keinen Abbruch. Da griff der Pharao zum nächstschärferen Mittel zur Eindämmung des Babybooms und wies die hebräischen Hebammen an:

„Schaut bei jeder Geburt, bei der ihr helft, zuerst auf die Genitalien des Babys. Ist es ein Junge, sollt ihr ihn töten; die Mädchen lasst leben."

Ja, so unlogisch war diese Differenzierung nicht, der weitsichtige Pharao dachte wohl an den nötigen Nachwuchs für seinen Harem. Der Auftrag zu dieser Art Geburtenkontrolle ging ins Leere, die Hebammen folgten ihrem Berufethos. Zur Rede gestellt, erklärten sie:

„Die hebräischen Frauen lassen sich nicht helfen wie die ägyptischen. Die sind hart im Nehmen und gebären ihre Kinder praktisch während der Arbeit. Wenn wir überhaupt gerufen werden und eintreffen, ist das Kind schon da."

Da war nichts zu machen. Aber wie sollte man der Bevölkerungsexplosion bei den Hebräern sonst begegnen? Der Pharao brauchte dringend Erfolge seiner Ausländerpolitik, anderenfalls drohte die ungebremste Überfremdung des Landes. Wie konnte man die demografische Entwicklung steuern? Gesetzlich verordnete Ein-Kind-Politik half nicht, Mittel wie Pille und Zwangssterilisation standen nicht zur Verfügung, also griff der Pharao zu einem uns heute etwas archaisch anmutenden Mittel: Per Ordre de Mufti wurden die Ägypter verpflichtet, alle männlichen hebräischen Kleinkinder in den Nil zu werfen, die weiblichen aber nicht. Man durfte hebräische Babys also nicht ungeprüft ersäufen.

Nun hatte eine Frau Levi einen Sohn zur Welt gebracht; den suchte sie zu verbergen. Während andere hebräische Mütter aus verständlichen Gründen die Nähe des Nils tunlichst mieden wie der Teufel das Weihwasser, baute Frau Levi am Nilufer aus Schilfrohr einen Kasten, verklebte ihn wasserdicht, legte das Baby hinein und setzte den Kasten ins Schilf. Die Schwester hatte von Weitem ein Auge auf den Kasten. Ausgerechnet an dieser Stelle des Nils ging die Tochter des Pharao baden und fand den Kasten mit dem Baby, das sie sofort als hebräisches Kind erkannte, da es beschnitten war. Diese ungezogene Tochter scherte sich einen Dreck um den Befehl ihres Vaters. Statt den Jungen ordnungsgemäß zu ertränken, ließ sie ihre Zofen nach einer hebräischen Amme Ausschau halten, und so bekam ausgerechnet die leibliche Mutter den Auftrag, das Kind zu stillen und aufzuziehen, natürlich gegen Unkostenerstattung und Zahlung von Erziehungsgeld. Dann nahm die Pharaostochter das Kind zu sich in den Palast und nannte es Moses, was bedeutet: aus dem Wasser gezogen.

Als Moses herangewachsen war, sah er eines Tages, wie ein Ägypter einen Hebräer schikanierte und schlug. Er schaute herum, und da er sich unbeobachtet glaubte, ging er mit Fäusten auf den Ägypter los. Mit einer gezielten langen Gerade in die Visage, gefolgt von einer gekonnten schweren Rechten ans Kinn und einem Handkantenschlag ins Genick, schaffte er es, dass der Typ umfiel, genauer gesagt: tot umfiel. Ob diese Aktion richtig oder falsch war, ist schwer zu sagen. Damals galten noch nicht die Zehn Gebote. Immerhin brachte er den Toten, wie es sich im Orient gehört, unter die Erde, bevor er sich entfernte.

Ein paar Tage später sah er einen Streit zwischen zwei Hebräern und schrie den Angreifer an:

„Was haust du deinen Landsmann? Glaubst du, du bist im Recht, nur weil du stärker bist?“

„Was mischst du dich denn ein? Willst du mich etwa auch umbringen, wie du den Ägypter umgebracht hast?“

Da erschrak Moses. Hatte es doch Augenzeugen gegeben? Oder hatte womöglich der Landsmann, dem er aus der Patsche geholfen hatte, geplaudert? Jedenfalls kursierte nun das Gerücht und es erreichte auch den Pharao, der darüber so aufgebracht war, dass er Todesurteil und Exekutionsbefehl in einem Atemzug aussprach. Durch den Buschfunk des Palastes informiert, konnte Moses gerade noch rechtzeitig entwischen und sich ins benachbarte Ausland absetzen. An einem Brunnen machte er sich ein Obdachlosenlager. Wie er dort so vor sich hin döste, kamen die sieben Töchter des ortsansässigen Priesters, um Wasser für die Schafe zu schöpfen. Aber die Hirten anderer Herden stießen sie weg. Wieder konnte es dieser Moses nicht lassen, sich einzumischen und Zivilcourage zu zeigen, hier mit dem Erfolg, dass die Töchter des Priesters mit dem Tränken der Schafe viel früher fertig waren als sonst. Das erzählten sie zu Hause, woraufhin der Vater meinte:

„Was denn, da hilft euch ein Fremder und ihr lasst ihn einfach da draußen? Los, holt ihn und ladet ihn in unser Haus ein!“

Da baten die Mädchen Moses ins Haus, zeigten ihm das Gästezimmer und machten ihm das Bett. Was für ein Situationswechsel für den jungen Mann! Eben noch Penner unter freiem Himmel, jetzt unter einem Dach mit sieben hübschen Jungfrauen, die ihm schöne Augen machten. So in etwa stellt sich mancher das Paradies vor. Aber da musste sich der impulsive Moses in Selbstbeherrschung üben, denn die jungen Ladys hatten einen sittenstrengen Priester zum Vater. Der merkte gleich, dass Moses nicht aus der Gosse kam. Die gute Bildung und die tadellosen Umgangsformen, die dieser dank der exzellenten Erziehung im Hause des Pharao mitbrachte, waren nicht zu übersehen, er sprach Ägyptisch und Hebräisch gleichermaßen fließend, kurz, so jemanden wie ihn wünschte sich jeder Vater zum Schwiegersohn. Kein Wunder also, dass sich bald darauf Moses von den sieben Töchtern die schönste aussuchen durfte; die heiratete er und machte er zur Mutter eines Sohnes.

Zur Entlastung seiner Schwägerinnen hütete nun Moses die Schafe, und so vergingen Jahre eines ganz normalen Familienlebens, wie es schien, nach dem Motto „... und sie lebten glücklich und zufrieden bis ans Ende ihrer Tage“, aber das wäre nicht spannend genug gewesen, um in die Bibel aufgenommen zu werden.

Moses Berufung

Eines Tages hatte Moses die Herde in Wüstennähe weit hinausgetrieben, als er auf einer Anhöhe aus einem Strauch oder Dornbusch eine Flamme lodern sah, ohne dass der Strauch verbrannte. War es eine Fata Morgana? Oder hatte er einen Sonnenstich? Nein, hinter dem Strauch hatte sich ein Engel des Herrn versteckt. Moses ging näher auf den Strauch zu, um das Phänomen zu untersuchen, als eine Stimme rief:

„Moses, Moses, hörst du mich?"

„Ja, hier! Wer ist denn da?"

„Der Name tut nichts zur Sache. Hier spricht der Gott deiner Vorfahren Abraham, Isaak und Jakob."

„Was soll ich tun?"

„Zuerst einmal sollst du deine Sandalen ausziehen. Da, wo du stehst, ist der Boden heilig. Und heiligen Boden betritt man nicht mit Schuhen, merk dir das!"

„Pardon! O. k., und nun?"

„Kommen wir zur Sache: Deinen Landsleuten in Ägypten geht es ziemlich dreckig. Die brauchen einen Anführer, der das Kommando übernimmt und sie nach Kanaan führt. Dort sollen mal Milch und Honig fließen, aber das wirst du nicht mehr erleben. Geh zum Pharao, kündige die Remigration an und beantrage eine Rückkehrbeihilfe. Alles klar?"

„Ja. Einen Moment noch: Was ist, wenn meine Leute gar nicht mitgehen wollen?"

„Du musst erst mal die Senioren überzeugen. Auf die hören dann schon die anderen."

„Und wie soll ich die Alten überzeugen?"

„Sag, es ist der Wille des Herrn."

„Und wenn sie mir nicht glauben?"

„Ich bringe dir ein paar Zaubertricks bei. Wenn du ihnen die vorführst, werden sie dir glauben. Was hast du da in deiner Hand?"

„Na, einen Hirtenstab."

„O. k., wirf ihn auf die Erde."

Das tat Moses und der Stab wurde zur Schlange.

„Jetzt pack die Schlange am Schwanz, aber verwechsele nicht Kopf und Schwanz, sonst hat sich das Mandat gleich erledigt."

Da griff Moses die Schlange am Schwanzende, und schon hatte er wieder seinen Hirtenstab in der Hand. Moses war beeindruckt.

„Jetzt steck deinen Arm ins Hemd und zieh ihn wieder raus."

Das tat Moses, da hatte er den Arm voller Ausschlag wie ein Leprakranker.

„Steck ihn noch mal ins Hemd."

Was für ein Glück, der Arm war wieder gesund.

„Wen das erste Kunststück nicht überzeugt, den überzeugt das zweite. Und für den, der dann noch zweifelt, schöpfe Wasser aus dem Nil und gieße es auf den Boden, dort wird es zu Blut werden."

„Einverstanden. Na, hoffentlich klappt das dann genauso wie hier bei der Generalprobe. Aber selbst wenn: Wie soll ich vor den Leuten Reden halten? Ich habe einen Sprachfehler, rhetorisch bin ich eine Niete."

„Jetzt reicht's mir aber langsam mit deinen vielen Einwendungen! Wenn du ins Stottern kommst, lass deinen Bruder Aaron sprechen. Der ist eloquent und spricht druckreif ohne Manuskript. Außerdem hat er ein kräftiges Organ und braucht kein Mikrofon. Aber den Inhalt musst du ihm vorsagen."

Damit war alles gesagt, Moses kehrte zurück zu seinem Schwiegervater und berichtete ihm von dem Gesicht, das er gehabt hatte. Da meinte dieser:

„Meiner Ansicht nach kannst du ohne Risiko nach Ägypten zurückkehren, denn der Haftbefehl gegen dich ist inzwischen verjährt. Also tu, was du tun musst."

Da setzte Moses Frau und Kind auf seinen bepackten Esel und machte sich auf in Richtung Ägypten. Abends in einer Herberge wurde er von einem Mann angefallen, dem man nicht ansah, dass es ein Engel des Herrn war. Aber die Frau des Moses schaltete schnell, denn blitzartig fiel ihr ein, dass sie vergessen hatten, den Sohn zu beschneiden. Also schnitt sie ihrem Sohn vor den Augen des Angreifers kurzerhand die Vorhaut ab, und schon ließ der Angreifer von Moses ab. Ja, wer wäre da nicht laufen gegangen, bei der mutigen Frau mit der langen Schere im Raum und dem wie am Spieß schreienden Kind?

In der Wüste, noch vor Erreichen der Zivilisation, traf Moses seinen Bruder Aaron, dem eine innere Eingebung das Kommen seines Bruders angekündigt hatte. Das war ein herzliches Wiedersehen und Moses berichtete haarklein von seiner Mission. Also wurde ein Seniorentreffen arrangiert und Aaron hielt eine bewegende Ansprache über den göttlichen Auftrag seines Bruders, woraufhin sich alle Anwesenden gläubig und dankbar verneigten.

Moses und Pharao

Die nächste Station war der Pharao. Aber der hatte nicht mehr wie sein Vorgänger die Sorge vor der Überfremdung Ägyptens, sondern schätzte die Hebräer als gut zu missbrauchende Billigarbeitskräfte. Eben erst hatte der von dem Pharao eingesetzte Rat der Weisen in seinem Jahresgutachten geurteilt:

„Die Steigerung der Produktionsleistung der Werktätigen mit Migrationshintergrund bei reduzierter Entlohnung erweist sich für das Bruttoinlandsprodukt als ausgesprochener Wachstumsbeschleuniger."

So meinte der Pharao zu Moses:

„Was faselst du hier von einem Auftrag des Herrn – ich kenne diesen Herrn nicht."

„Es ist ja auch nicht dein Herr, sondern der Herr der Hebräer, der Gott Israels. Keine Sorge, du wirst ihn kennenlernen. Wir wollen unsere Landsleute zu einem dreitägigen Opferfest zusammenrufen und den Auszug aus Ägypten vorbereiten. Deshalb beantragen wir für alle Hebräer drei Urlaubstage und die Ausreisegenehmigung."

„Was? Urlaubstage? Seid ihr noch bei Trost? Urlaub bedeutet Produktionsausfall, verminderte Staatseinnahmen und Schmälerung meines Luxus. Setzt den Leuten keine Flausen in den Kopf und haltet sie nicht von der Arbeit ab! Das Feiern werde ich ihnen schön austreiben. Und Ausreise kommt überhaupt nicht in Frage, Antrag abgelehnt!"

Der Pharao befahl den Aufsehern im ganzen Lande, die Schrauben fester anzuziehen und die Hebräer noch mehr zu schinden. Schließlich brauchte das Land Steine für den Wohnungsbau. (Die Pyramiden standen bereits!) Da gaben die Hebräer Moses und Aaron die Schuld dafür, dass der Pharao sie nun noch mehr drangsalierte. Moses beklagte sich darüber bei dem Herrn, der empfahl, erneut beim Pharao vorzusprechen und Überzeugungsarbeit mittels Zauberei zu leisten. Also gingen die beiden Brüder wieder zum Pharao und Aaron führte den Trick mit der Schlange vor. Da lachte der Pharao nur müde und ließ seine hauseigenen Zauberer kommen, die diesen Trick auch alle konnten. Aber die Schlange aus Aarons Stab verschlang die Schlangen der Zauberer, sodass diese keine Zauberstäbe mehr hatten. Für sie war es ein Glück, dass Aaron ihnen nicht noch etwas Wichtigeres weggezaubert hatte, aber nun jedenfalls hatten sie ihre männliche Zauberkraft verloren. Der Pharao verstand dieses Zeichen jedoch nicht oder wollte es nicht verstehen.

So half alles nichts, es musste eine neue Exit-Strategie her. Der Herr musste sich weitere Zeichen und Wunder einfallen lassen, um diesem Dickschädel von Pharao klarzumachen, dass es für ihn und sein Land allemal besser sei, die Hebräer ziehen zu lassen. Eigentlich hätte es ja gereicht, allein den Pharao zu piesacken, aber der

Herr zog es vor, das Volk der Ägypter insgesamt zu peinigen, damit sie ihrem Staatsoberhaupt entsprechend Druck machten. So gab es nun eine ganze Serie von Plagen, die über das Volk kamen und dazu dienen sollten, den Pharao weich zu kochen.

Zuerst färbte sich das Wasser des Nils für eine Woche rot wie Blut, aber das beeindruckte den Pharao nicht sonderlich. Dann fielen Schwärme von Fröschen ein und überdeckten das ganze Land. Kaum hatten die sich ausgetobt, lagen sie überall tot herum, sodass nun als dritte Plage die Mücken kamen. Die stachen nicht nur das Vieh, sondern auch die Menschen und mit Vorliebe die Ägypter. Als auch das nicht half, schickte der Herr dem Pharao und seinem Volk Flöhe, und da auch die bei ihm nichts ausrichten konnten, kam als Plage Nr. 5 die Rinderpest, die aber auch Pferde, Esel und Kamele befiel (also wohl nicht BSE, sondern vielleicht die Maul- und Klauenseuche) und alles Vieh vernichtete, allerdings nur in den Ställen der Ägypter; das Vieh der Hebräer blieb gesund, als wäre es zuvor heimlich geimpft worden. Als sechste Plage wurden die Menschen an Händen und im Gesicht mit Geschwüren übersät, auch der Pharao und seine Zauberer, aber Seine Hoheit juckte das nicht, der Mann blieb stur.

So war denn die siebte Plage fällig, und das waren Blitz, Donner und Hagel, aber so, dass das ägyptische Vieh – das es nach der fünfte Plage eigentlich schon gar nicht mehr gab – erschlagen und die Ernte vernichtet wurde, nur im Stadtviertel der Hebräer war schönes Wetter. Dann folgten die Heuschrecken, die das Land in Schwärmen überfielen und die kahl fraßen, was noch übrig war. Dagegen war die neunte Plage, eine dreitägige Finsternis, geradezu harmlos – neun Monate später stieg in Ägypten die Geburtenrate kurzzeitig sprunghaft an. Aber die zehnte Plage war ein Volltreffer und brachte den Durchbruch.

Der Herr sagte zu Moses:

„Was jetzt kommt, ist der Knaller. Das wird in der Geschichte so einmalig sein, dass ihr euren Kalender danach ausrichten sollt, das heißt: Dieser Monat soll ab sofort für euch der erste Monat des Jahres sein. In Erinnerung an dieses Ereignis sollt ihr jedes Jahr zu dieser Zeit ein Fest feiern, das Passahfest. Und jetzt sage ich genau, was zu tun ist, und du musst das deinen Landsleuten entsprechend einschärfen: Am zehnten Tag dieses Monats soll in jedem Haus von euch abends ein Lamm geschlachtet und gebraten werden, und mit dem Blut des Lamms sollt ihr die beiden Türpfosten und die Schwelle bestreichen. Und dann bleibt bis zum Morgen zu Hause, sonst tretet ihr noch auf die blutige Schwelle."

Das war noch nicht alles. Der Herr gab genaue Anweisung, welche Beilage es zu dem Lammbraten geben sollte und wie man sich zu kleiden hatte.

„Zu dem Braten esst ungesäuertes Brot und bitteren Kräutersalat! Esst so, als stündet ihr im Schnellimbiss, also in Ausgehklamotten und mit Schuhen an den Füßen, bereit, jeden Moment loszumarschieren."

Moses gab den Speiseplan, die Kleiderordnung und die Anordnung der Türpfostenbemalung an die Ältesten weiter und diese instruierten ihre Gemeinden. Am Abend des zehnten Tages befolgten alle minutiös die Anweisungen. Um Mitternacht passierte es dann, dass der Herr in jedem Haus, das keine rot gestrichenen Türpfosten hatte, den erstgeborenen Sohn der Familie tötete, auch im Palast des Pharao. Das war ein großes Geheule bei den Ägyptern im ganzen Land, denn es gab kein Haus, in dem nicht ein Toter lag. Noch in derselben Nacht ließ der Pharao Moses und Aaron kommen und sagte ihnen:

„Das Spiel ist aus, ich gebe auf. Euer Herr hat gewonnen, gratuliere. Macht also, dass ihr wegkommt, nehmt alles, was ihr habt, Sack und Pack, Esel, Kamele, Frauen und Mägde und geht zum Teufel."

Auszug aus Ägypten

Da gab Moses den Marschbefehl, der wie ein Lauffeuer durchs Land ging. Seine Landsleute, die so sehnsüchtig auf diesen Tag gewartet hatten, nahmen ihr bewegliches Hab und Gut, die verängstigten Ägypter halfen ihnen sogar beim Packen, um sie schleunigst loszuwerden. Da ließen sich die Hebräer von den Ägyptern noch deren Gold- und Silbersachen mitgeben, als Andenken an die erlittene Knechtschaft. Immerhin 430 Jahre hatte das hebräische Volk in Ägypten gelebt, war aber dort nie heimisch geworden. Eine mächtige Kolonne von 600.000 Mann (na, waren es vielleicht nicht doch eher nur 60.000 Mann?) nebst Kindern, Mägden, Knechten, Kamelen, Eseln und Vieh setzte sich in Bewegung. Da man weder Kompass noch Roadmap hatte, zeigte ihnen der Herr den Weg durch eine vorausschwebende Rauchsäule, so als ginge er mit einem mobilen Grillgerät voran, von dem Rauch aufstieg. Nachts loderte von dem vorausgeführten Gerät eine hohe Stichflamme, die leuchtete wie eine Feuersäule. Es war nämlich keine Zeit zu verschenken, Tag und Nacht wurde durchmarschiert, durch Wüste und über steiniges Gelände bis zum Roten Meer. Dort endlich durften sie Rast machen. Der lange Marsch war eine respektable physische Leistung, vor allem der Ältesten. Die Anführer waren zu dieser Zeit auch schon nicht mehr die Jüngsten, Moses mit seinen 80 Jahren und Aaron mit seinen 83 Jahren. Was sie nicht wussten: Bis zur Ankunft im Gelobten Land sollte es noch ganze 40 Jahre dauern!

– Das muss man sich mal klarmachen: 40 Jahre wandern die Israeliten durch die Wüste, um genug Milch und Honig zu haben. Heute streiken die Bauern gegen die Spottpreise, zu denen die Milch überall käuflich ist, und der Honig kommt manchem schon zu den Ohren raus. Was bis heute geblieben ist, ist das Murren, die allgemeine Unzufriedenheit über die wirtschaftlichen Verhältnisse. –

Zunächst aber hatten die Hebräer ganz andere Sorgen. Der Pharao hatte nämlich Wind davon bekommen, dass sie am Roten Meer hockten, in einer Gegend, die von Wüste umgeben war. Da sagte er – nach dem ersten Schmerz über den Verlust des ältesten Sohnes wieder im alten Denkschema – zu seinem obersten Heereskommandeur:

„General, ich muss ja einen Blackout gehabt haben, dass ich die Israeliten habe ziehen lassen. Jetzt fehlen uns die Zwangsarbeiter, unsere Bauprojekte kommen ins Stocken und neue Hilfsarbeiter sind teuer. Da gibt es doch nur eins: Wir holen sie uns zurück. Die sitzen am Roten Meer praktisch in der Falle. Also geben Sie Befehl zur Mobilmachung, wir jagen ihnen mit 600 Streitwagen und Kavallerie nach."

Als die Hebräer die ägyptischen Truppen von Weitem kommen sahen, brach Panik aus und sie schrien zu Moses:

„Hast du uns hierher geführt, damit wir hier draufgehen? Das hätten wir in Ägypten auch haben können, da hätten wir wenigstens ordentliche Gräber bekommen."

Moses meldete dies dem Herrn, der meinte:

„Ganz ruhig, Mann! Wozu habe ich dir einen Zauberstab geschenkt? Hebe ihn in Richtung Meer, damit es zurückweicht."

So geschah es, ein Ostwind kam auf, das Meer wich zurück und die Israeliten konnten da, wo eben noch Fische schwammen, auf festem Boden durch das Schilf waten. Die Rauchsäule hatte sich ans Ende der Kolonne begeben und so postiert, dass der aufsteigende Qualm den Ägyptern die Sicht auf die Israeliten nahm. Als nach Tages- und Nachtstunden alle Hebräer das Meer passiert und das andere Ufer erreicht hatten, kamen die Ägypter heran und folgten den frischen Spuren auf dem Meeresboden. Da hob Moses erneut den Zauberstab und nun war die Ebbe plötzlich vorbei, die Flutwellen brachen wie ein Tsunami herein und überspülten Wagen, Pferde und alle Männer des Pharao, die jämmerlich ertranken.

Die Israeliten jubelten und stimmten Lobgesänge an. Als sie davon müde und durstig waren, stellte sich das nächste Problem: Es gab kein Trinkwasser. Zu Hause am Nil, da hatten sie Wasser genug zu trinken, aber das Wasser hier im Roten Meer war ungenießbares Salzwasser. Also hieß es weiterwandern und Wasser suchen. Nach drei Tagen Wüstenwanderung war der Durst unerträglich, und schon begann es im Volk zu rumoren, da stießen sie auf Wasser. Die begeisterten Rufe verstummten aber schnell und die Freude schlug in Enttäuschung um; denn als die Ersten probierten, spuckten sie es gleich wieder aus, das Wasser war ungenießbar bitter. Da gab der Herr dem Moses den Tipp, Zweige eines nahe stehenden Baumes in das Wasser zu tunken. Das tat Moses, und schon schmeckte das Wasser wie süßer Tee, ein echter Durstlöscher.

Aber das war erst der Anfang der Wüstenwanderschaft. Wochen vergingen und die Wüste schien einfach kein Ende zu nehmen. Nun plagte vor allem der Hunger. Da lamentierten die Leute, wie gut es ihnen doch in Ägypten gegangen sei, da hätten sie doch immer an den Fleischtöpfen gesessen und genug Brot zu beißen gehabt. Schon formierte sich im Volk eine Protestbewegung, die in Sprechchören skandierte:

„Wir haben Hunger, Hunger, Hunger, … haben Durst!"

Da fragte Moses den Herrn, wo das Essen bleibt, und der antwortete:

„Es ist schon im Anflug."

Tatsächlich schickte ein himmlischer Scirocco am Abend Schwärme von Wachteln, die sich auf dem Feld niederließen und dort verendeten. Also gab es an diesem Abend für alle gegrillte Wachteln, eine Delikatesse. Am nächsten Morgen fanden sich auf dem Feld weiße Krumen, die schmeckten wie süße Semmel – so jedenfalls wird es behauptet. Weil die Leute nicht wussten, was das ist, nannten sie es Manna, was bedeutet: „Was ist das?“ (Ja, was war es denn nun? Die einen glauben, es seien Pilze gewesen, andere vermuten die Ausscheidung von Schildläusen. Wie auch immer: Das Zeug mit „Honigbrot“ zu umschreiben wäre wohl deplatzierter Euphemismus.) Moses befahl, davon nur so viel einzusammeln, wie man am selben Tag verzehren könne, aber nichts für den nächsten Tag aufzuheben. Na, einige haben's natürlich doch getan, aber am nächsten Tag waren Würmer drin, und was für Würmer gut ist, tut meistens dem Menschen nicht gut. Am sechsten Tag aber sollten alle für zwei Tage einsammeln, denn am folgenden Tag, dem Sabbat, kam kein Manna und das Eingesammelte war noch am Sabbat gut, es war kein einziger Wurm drin. So half Mutter Natur, den Feiertag des Herrn zu heiligen. In diesem Rhythmus gab es 40 Jahre lang für die Israeliten Manna zu essen.

Das größte Problem in der Wüste aber war immer wieder der leidige Wassermangel. Als sie an einem Ort ohne Wasserstelle lagerten, wurden die Leute gegenüber Moses rebellisch.

„Hast du uns in die Wüste geführt, damit wir hier elend verrecken? Unsere Kinder, unser Vieh, stehen kurz vor dem Abnippeln. Besorg uns Wasser, sonst vergessen wir uns noch.“

„Ich habe nur im Auftrag des Herrn gehandelt. Wenn euch was nicht passt, beschwert euch bei ihm.“

Aber so, wie Moses angeschrien wurde, schrie er nun zum Herrn:

„Siehst du nicht, was hier los ist? Die Leute sind kurz davor, mich zu steinigen!“

„Immer mit der Ruhe! Für was habe ich dir denn den Zauberstab gegeben? Geh zum nächsten Felsen dort und schlag kräftig dagegen, dann wird Wasser herausfließen.“

Genau so passierte es. In dem Felsen, oh Wunder, befand sich eine versteckte Quelle.

Auf dem langen Marsch zeigten sich noch Probleme ganz anderer Art, die Israeliten waren nicht die Einzigen, die durch die Wüste zogen. Einmal wurden sie von einem gewissen Amalek und seiner Horde angefallen und zum Kampf gezwungen. Auf Moses' Geheiß übernahm der junge Recke Josua das Kommando über die eilends gebildete Truppe. Moses stieg einen Hügel hinauf, und immer wenn er die Hand hob – und vielleicht das Victory-Zeichen machte –, hatten die Israeliten die Oberhand, ließ er die Hand sinken, gerieten sie in die Defensive. Da traten Aaron und Hur rechts und links neben Moses, setzten ihn auf einen Stein und stützten seine Arme, sodass die Hände bis zum Sonnenuntergang erhoben blieben. Dann war die Schlacht gewonnen. Sehr praktisch, so eine Sieg bringende erhobene Hand, die könnte mancher Fußballtrainer auf der Bank auch gebrauchen.

Am Berg Sinai

Im dritten Monat der Wüstenwanderung kamen sie an den Berg Sinai, womöglich den Berg, an dessen Fuß sich heute das Katharinenkloster befindet und wo der brennende Dornbusch zu dem jungen Moses gesprochen hatte. Hier machten sie Rast und Moses bestieg den immerhin mehr als 2200 Meter hohen Berg, um dem Herrn ganz nahe zu sein. Der Herr sprach zu Moses:

„In drei Tagen komme ich auf den Berg in einer Wolke. Zäune den Berg vorher ab, denn ich wünsche keine ungebetenen Besucher. Jeder Verstoß gegen das Zutrittsverbot endet tödlich. Bei einem lang gezogenen Ton sollen die Leute an den Berg herantreten, aber bitte in sauberer Kleidung."

Moses gab die Anweisungen an das Volk weiter.

„In drei Tagen wird der Herr auf den Berg herniederkommen. Also stellt euch darauf ein! Und habt die nächsten drei Tage keinen Sex!"

Eine Begründung für das Sexverbot gab er nicht. Da könnte man nun rätseln, ob es ihm darum ging, dass die Leute dem Herrn körperlich reinlich begegneten, oder ob er nur sichergehen wollte, dass niemand wegen häuslicher Beschäftigung die Show versäumte.

Die Absperrung wurde vorgenommen, schon zur Sicherheit der Leute. Am dritten Tag nun donnerte und blitzte es, eine dicke Wolke hüllte den Berg ein und ein langer Ton dröhnte wie aus einer Posaune. Eine mächtige, tiefe Stimme rief Moses herauf. Aber das mit dem Herantreten des Volkes klappte nicht. Die Sorge des Herrn, das Volk könnte aus Neugier versuchen, die Absperrung zu durchbrechen und hinaufzusteigen, um ihn zu sehen, erwies sich als gänzlich unbegründet. Das Beben des Berges und der Ausbruch von Rauch verschreckten das Volk so, dass es auseinanderstob und sich erst in gehöriger Entfernung wieder versammelte. Dort in Deckung riefen sie zu Moses:

„Hör zu, Moses, die Sache ist uns zu unheimlich. Diese dröhnende Stimme macht uns Angst und ist bei dem Donner sowieso kaum zu verstehen. Besser, du gehst hinauf zu dem Herrn und erklärst uns nachher alles. Auf dich wollen wir hören, denn zu dir haben wir mehr Vertrauen."

Da stieg Moses zum Herrn hinauf, und was er zu hören bekam, war eine lange Aufzählung von Verhaltensregeln, allen voran die Zehn Gebote, aber nicht nur die, auch eine Fülle von Rechtsvorschriften zur Bewältigung von Einzelkonflikten, darunter auch das bekannte Prinzip „Auge um Auge, Zahn um Zahn, Hand um Hand, Fuß um Fuß, Brand um Brand, Wunde um Wunde, Beule um Beule". (Dieser Grundsatz war rechtlicher Fortschritt und machte Schluss mit überzogener Rache, wie etwa: Tötest du einen meiner Brüder, töte ich zwei von deinen.) Kein Mensch hätte sich die vielen Bestimmungen des Zivil-, Straf- und Kirchenrechts auf Anhieb merken können, deshalb bat Moses den Herrn, das Wichtigste aufzuschreiben. 40 Tage und Nächte musste Moses oben auf dem Berg geduldig warten, bis der Herr auf zwei Steintafeln mit dem Finger die Zehn Gebote niedergeschrieben hatte, die hier aufzuzählen ich mir ersparen kann, weil sie ja jeder auswendig kennt, fatalerweise nur nicht befolgt.

Eins der Gebote aber muss ich erwähnen, nämlich das zehnte, wonach der Mann nicht das Weib seines Nächsten begehren soll. Da fällt auf, dass es kein Gebot gibt, das der Frau untersagt, den Mann ihrer Nächsten zu begehren. Für mich folgt daraus – aber bitte, ich kann mich täuschen –: Sie darf! Ich schreibe dies ausdrücklich für den Fall, dass eine vielleicht mich begehren sollte …

Aber Vorsicht! Ein Verstoß gegen das Gebot „Du sollst nicht ehebrechen", begangen durch eine Frau, ist weiß Gott kein Kavaliersdelikt. Für den so gelagerten Fall der Treulosigkeit hatte man, wie wir aus der Geschichte von Judas Schwiegertochter Tamar wissen, schon gewohnheitsrechtlich die passende Antwort parat: die öffentliche Hinrichtung – ob auf dem Scheiterhaufen oder per Steinigung, das war im Einzelfall nach Praktikabilitätsgesichtspunkten zu entscheiden. Diese Art der Bestrafung gefiel dem Herrn so gut, dass er sie in den Gesetzen, die Moses erhielt, auch gleich noch auf einen weiteren weiblichen Personenkreis anzuwenden vorschrieb: den der Zauberinnen (2. Mose 22, Vers 17). Hexen gehörten verbrannt, Zauberei ist nun mal Männersache. Auch auf Wahrsagerei stand die Todesstrafe (3. Mose 20, Verse 6 und 27). Die Voraussage der Zukunft war das exklusive Privileg von Propheten.

Die Hinrichtungsform der Steinigung als Mittel der Tötung aus der Distanz traf überwiegend Frauen, was vor allem darauf beruhte, dass nach damaliger Vorstellung grassierende Krankheiten das Ergebnis weiblicher Zauberei waren.

Dann gab es noch zahlreiche Bestimmungen in Ausführung der Zehn Gebote, darunter einige, von denen der Herr wird zugeben müssen, dass sie heute nicht mehr ganz zeitgemäß sind. Dazu ein paar Beispiele:

1. Einen Knaben, der sich trotz gehöriger Schläge als widerspenstig und ungehorsam erweist, soll man steinigen (5. Mose 21, Verse 18–21). – *Warum eigentlich hat der aus dem Amt getretene Augsburger Bischof Mixa abgestritten, ungezogene Heimkinder zum Zwecke geziemender Züchtigung ordentlich versohlt zu haben?* –
2. Wenn sich ein Mann eine zweite Frau nimmt, dann soll es der ersten nicht an Nahrung, Kleidung und der Erfüllung der ehelichen Pflichten fehlen. Leistet er diese drei Dinge nicht, dann kann die erste Frau ihn verlassen, ohne sich freikaufen zu müssen (2. Mose 21, Verse 10–11). Anders gesagt: Die lästig gewordene Frau kann dann gehen, ohne dem Mann noch eine Abwrackprämie zahlen zu müssen. – *Was waren das damals doch für goldene Zeiten für die Männerwelt!* –
3. Vorsätzliche und fahrlässige Tötung sind so geregelt: Wer einen Menschen

totschlägt, soll selbst des Todes sterben. Hat er aber nicht absichtlich getötet, sondern hat Gott es zugelassen, dass ihm die Hand ausgerutscht ist, dann wird Gott ihm einen Ort bestimmen, an dem er sich verstecken kann (2. Mose 21, Verse 12–13). – *Eine praktische Lösung.* –

4. Wenn sich zwei Männer streiten und einer den anderen krankenhausreif schlägt, dieser aber nicht stirbt, sondern wieder hochkommt und auf Krücken laufen kann, dann ist der Täter straffrei, aber er muss dem Verletzten den Verdienstausfall und die Arztkosten erstatten (2. Mose 21, Verse 18–19). – *Wem es also nicht so sehr aufs Geld ankam, der durfte straffrei zuschlagen, nur musste er eben darauf achten, dass er den anderen nicht tot-, sondern nur zum Krüppel schlug.* –
5. Stößt ein Ochse einen Mann oder eine Frau mit den Hörnern zu Tode, so ist der Eigentümer des Ochsen straffrei, aber verpflichtet, den Ochsen zu töten; des Ochsen Fleisch darf nicht gegessen werden. Unterlässt der Eigentümer dies und verletzt der Ochse wieder einen Mann oder eine Frau tödlich, so soll man den Ochsen töten und den Eigentümer auch (2. Mose 21, Verse 28–29). – *Eine Regelung, die man heutzutage gut auf Halter bissiger Hunde anwenden könnte.* –
6. Wer nachts einen Einbrecher fasst und tötet, ist straffrei. Wer dies am Tage tut, kommt vors Schwurgericht („Blutgericht“) (2. Mose 22, Verse 1–2). – *Eine pfiffige Regelung! Damit sollten die Langfinger wohl animiert werden, ihrem Handwerk am Tage nachzugehen, wenn die Polizeistreifen unterwegs waren und es leichter war, sie zu schnappen.* –
7. Wer eine Jungfrau verführt und mit ihr schläft, muss sie heiraten und ihr den ihr zustehenden Brautpreis („Morgengabe“) bezahlen. Weigert sich aber ihr Vater, in diese Ehe einzuwilligen, muss der Verführer ihr jedenfalls den verkehrsüblichen Brautpreis zahlen (2. Mose 22, Verse 15–16). – *Die Hochzeit ist das probate Mittel der Wiedergutmachung. Bei einer Ehe aus solchem Anlass ist eine Scheidung zeitlebens ausgeschlossen (5. Mose 22, Verse 28–29) – eine besonders harte Strafe.* –
8. Hat jemand in der Stadt Geschlechtsverkehr mit einem Mädchen, das mit einem anderen Mann verlobt ist, so sollen beide vor dem Stadttor gesteinigt werden; das Mädchen deshalb, weil es nicht laut um Hilfe geschrien hat. Findet der Geschlechtsverkehr aber draußen auf dem Feld statt, soll nur der Vergewaltiger sterben (5. Mose 22, Verse 23–27). – *Im letzteren Fall wird zugunsten der (anderweitig) Verlobten unterstellt, dass ihre Schreie nicht zu hören waren.* –
9. Du sollst ein Böcklein nicht in seiner Mutter Milch kochen! (2. Mose 23, Vers 19) – *Auf so was muss man erst mal kommen! Ich nehme an, dass du dich, lieber Leser, bei allem sonstigen Lebenswandel jedenfalls gegen dieses Gebot bisher*

nicht versündigt hast. Damals aber muss das ein Zauberritual gewesen sein, mit dem der Herr hier aufräumen wollte. –

Während heutige Rechtsordnungen die Gegenstände unterteilen in körperliche (Sachen) und unkörperliche (Rechte), bewegliche und unbewegliche, teilbare und unteilbare, kannten die Vorschriften, die Moses vom Herrn erhielt, nur eine Unterscheidung: rein oder unrein. Das betraf Menschen, Tiere und Sachen gleichermaßen. Bei dem Merkmal unrein wurde noch unterschieden zwischen dauerhaft unrein und vorübergehend unrein. Dazu ein Beispiel:

Bringt eine Frau einen Jungen zur Welt, ist sie eine Woche lang unrein. Gebiert sie ein Mädchen, ist sie zwei Wochen lang unrein (3. Mose 12, Verse 1–5). – *Unlogisch? Diskriminierend? Nein, durchaus nachvollziehbar! Es ist noch nicht lange her, da galt in Deutschland für den Zivildienst eine um mehrere Monate längere Dienstzeit als für den Wehrdienst. Der Gedanke ist hier wie da der gleiche: kürzere Zeit der Belastung für das, was für die Gesellschaft nützlicher erscheint. –*

Fleisch verendeter Tiere ist unrein und darf nicht gegessen werden. Aber man darf damit Geschäfte machen und es an Ausländer verkaufen (5. Mose 14, Vers 21).

Unrein waren übrigens alle Homosexuellen (3. Mose 20, Vers 13: Todesstrafe!), alle Skinheads (3. Mose 19, Vers 27), alle Menschen mit Tattoos oder Piercing (3. Mose 19, Vers 28). Todesstrafe stand auf Ehebruch und jede Art von Blutschande (3. Mose 20, Verse 10–21), auch auf Sex mit der Schwiegermutter (3. Mose 20, Vers 14). – *Ja, so antiquiert dachte der Herr damals. –*

Seit dem Tage, an dem Moses den Berg Sinai hinaufgestiegen war, wurde die Geduld des Volkes, das in gebührendem Abstand lagerte, auf eine harte Probe gestellt. Es vergingen Tage, es vergingen Wochen, ohne dass etwas passierte. So sagten sie sich:

„Wer weiß, warum Moses nicht herunterkommt! Womöglich hat ihn der Herr gleich für immer zu sich genommen. Womöglich hat uns nicht nur Moses, sondern auch der Herr für immer verlassen. Da können wir hier warten bis zum Sankt-Nimmerleins-Tag. – Oder könnte es sein, dass uns der Herr gekidnappt hat und nun seit Wochen mit Moses über Lösegeldzahlung oder ähnliche Opfer verhandelt?"

Deshalb wandten sie sich an Aaron und sagten:

„Wir sind in diese Wüste entführt worden! Jetzt brauchen wir einen Gott, der uns hier wieder rausführt, aber diesmal bitte schön einen Gott, den wir sehen und fühlen können."

Da ließ sich Aaron, dieser Waschlappen, erweichen und meinte:

„Na ja, ich könnte euch eine Skulptur formen. Eine Menschengestalt zu modellieren ist mir zu kompliziert, aber die Figur eines Kalbes bekäme ich wohl hin. Nur, dann sollte es schon ein Kalb aus Gold sein. Also reißt euren Frauen und Töchtern die Ohrringe, Halsketten und Armreife ab und bringt mir genug Gold, damit ich es einschmelzen und ein Kalb daraus gießen kann."

So wurde es gemacht und dem Aaron gelang ein so prächtiges goldenes Kalb, dass die Leute bei seiner Enthüllung begeistert klatschten. – *Dass Nachbarvölker ihren Gott Baal in der Form eines Stiers verehrten, war natürlich reiner Zufall.* – Aaron baute einen Altar, auf den er das Kalb stellte, und die Leute fingen an, dem goldenen Kalb echte Kälber zu opfern und es als ihr neues Idol anzubeten.

Der Herr hatte eben die letzte Vorschrift in die Steintafel geritzt und ihm tat schon der Finger weh, da sah er, dass das Volk unten Karneval feierte und um das Kalb herumtanzte, als wäre es eine Figur im Rosenmontagszug. Das erboste den Herrn, denn auf andere Götter war er mächtig eifersüchtig.

„Das ist ja wohl die Höhe", beklagte er sich bei Moses, „während ich mich bemühe, dein Volk Mores zu lehren, machen die sich einen anderen Gott! Was hast du mir da bloß für miese Leute angeschleppt? Na, die sollen sehen, wer hier der Herr ist: Auslöschen werde ich sie."

„Das würde ich nicht empfehlen", meinte der gute Moses, „sieh mal, du hast sie aus der starken Hand des Pharao befreit, das war doch ein Triumph! Wenn du sie jetzt umbringst, wer triumphiert dann? Na klar, der Pharao! Das wollen wir doch nicht! Im Übrigen erinnere dich bitte, dass du deinen gläubigen Dienern Abraham, Isaak und Jakob versprochen hast, ihre Nachkommen zu einem großen Volk zu machen. Wie soll denn das gehen, wenn du jetzt alle tötest?"

Die Argumentation hatte zweifellos etwas für sich, aber sie hatte auch etwas Schlitzohriges. Jedenfalls hatte sie Erfolg. Moses bekam die zwei Steintafeln, mit denen er mühsam den Abstieg begann. Der junge, kräftige Josua sah Moses kommen und half ihm beim Tragen. Aber als Moses auf halber Höhe mit eigenen Augen sah, wie seine Landsleute fröhlich singend um das Kalb herumsprangen, packte ihn so der Zorn, dass er die beiden Tafeln zerschmetterte. 40 Tage Arbeit des Herrn waren damit im Eimer.

Moses stellte Aaron zur Rede:

„Wie kommt diese goldene Bestie hierher?"

Aaron zuckte die Achseln.

„Das Ding war mit einem Mal da. Was weiß ich? Vielleicht hat es jemand vergessen oder man wollte uns eine Freude machen. Unserem Volk jedenfalls gefällt es."

Aber Moses wusste ja bereits vom Herrn, was passiert war, und las dem Leviten Aaron gehörig die Leviten. Er packte das Kalb, schmolz es ein, zermalmte es zu Pulver und gab den Leuten, die zuvor so ausgelassen gefeiert hatten, Palmwein zu trinken, in den er den Goldstaub verrührt hatte.

Dann stellte er sich vor das Lager und brüllte:

„Her zu mir, wer sich zum Herrn bekennt!"

Da kamen alle vom Stamm Levi. Das waren die Messdiener bei jeder Liturgie, die religiösen Fanatiker. Zu denen sagte er:

„Nehmt eure Schwerter, Krummsäbel oder was immer ihr habt, geht durchs Lager und tötet alle Saufbolde, die von dem Goldwein getrunken haben, egal ob Bruder, Freund oder Nachbar. Aber passt auf, dass ihr keinen vergesst!“

Da machten die Levis ganze Arbeit, und so starben 3000 Mann. Damit war klargestellt, welcher Gott anzubeten war.

Moses stieg wieder den Berg hinauf, meldete Vollzug und bat für die Sünde des Volkes um Vergebung. Die wurde gewährt, aber nun musste er neue Steintafeln beschaffen, und es dauerte noch mal 40 Tage und Nächte, da der Herr wie bei einer Strafarbeit in der Schule alles noch einmal aufschreiben musste. Als Moses dann mit den Tafeln herabstieg, leuchtete sein Kopf wie ein Lampion. Das störte so, dass er eine Decke über den Kopf ziehen musste. Wenn er in die Wolke stieg, um mit dem Herrn zu reden, nahm er die Decke ab, wenn er herauskam, zog er sie wieder über.

In der Wüste

Dann schließlich kam der Aufbruch vom Berg Sinai, am 20. Tag des zweiten Monats des zweiten Jahres seit dem Auszug aus Ägypten. Jetzt waren es 3000 Mann weniger, aber bei insgesamt 600.000 Mann machte die Hinrichtung der 3000 gerade mal 0,5 Prozent aus, ein minimaler Aderlass. Der Aufenthalt am Berg Sinai hatte sich dadurch verzögert, dass Moses eine zeltartige Hütte, die Stiftshütte, als heilige Stätte hatte bauen lassen, um dort mit dem Herrn zu kommunizieren. Entsprechend seiner Bedeutung war dies kein billiger Schuppen, sondern ein mobiler Mini-Tempel, ein zerlegbarer Holzbaumit Boden und Stützbalken aus edlem Akazienholz sowie Wänden aus Leinentüchern, wobei die Hölzer mit silbernen Haken, Klammern und Stangen zusammengehalten wurden und der Boden auf silbernen Füßen stand.

Das Volk durfte nur in den Vorhof, wo ein Brandopferaltar stand. In das Innere der Hütte, das Heilige, das mit einem goldverzierten Räucheraltar, wertvollen Teppichen und goldenen Leuchtern ausgestattet war, durften nur die Priester. Innerhalb des Innern nochmals durch einen Vorhang abgetrennt befand sich das Allerheiligste. In dieser Dunkelkammer wurde die Bundeslade aufbewahrt, ein mit Gold überzogener Kasten aus Akazienholz in den Maßen von etwa 133 x 80 x 80 cm, auf dem zwei Cherubim (geflügelte Himmelswesen) thronten. Wichtiger Inhalt dieser Truhe waren die beiden steinernen Gesetzestafeln.

Das ganze Volk hatte dafür Gold, Silber und Kostbarkeiten hergegeben, was immer man noch hatte. Nun musste dieses ideell und materiell hochwertige Gotteshaus mitsamt den Geräten und der Bundeslade mit auf die Reise. Transportfahrzeuge gab's nicht, hier waren starke Schultern gefragt. Wer dazu ausgesucht wurde, hatte keine leichte Aufgabe, aber eine ehrenvolle.

Angeführt von der Rauchsäule des Herrn, ging es so Schritt für Schritt voran, bis sie an einen Gebirgszug kamen, wo sie Rast machten. Der Herr bedeutete Moses:

„Wir sind fast da. Hinter diesen Bergen liegt es, das Gelobte Land."

Da bestimmte Moses zwölf Männer, von jedem israelitischen Stamm einen, darunter auch den kräftigen Josua und einen gewissen Kaleb, und schickte sie als Aufklärungspatrouille über die Berge. Nach 40 Tagen kamen die Kundschafter zurück, und zwar nicht nur mit Informationen, sondern bestückt mit einer übergroßen Weintraube, mit Feigen und Granatäpfeln, die sie drüben gepflückt hatten.

„Die gute Nachricht ist: Da drüben gibt es nicht nur Milch und Honig, sondern riesengroße, üppig wachsende Früchte wie diese. Die schlechte Nachricht: Auch die Menschen, die dort leben, sind riesengroß, außerdem gut bewaffnet. Gegen diese Hünen, diese Giganten, sind wir Winzlinge, armselige Heuschrecken."

Kaum hatten die Umstehenden das gehört, ging ein Jammern durch die Reihen, das sich zum Volkszorn steigerte.

„He, Moses, hast du uns dafür hierher geführt, dass wir hier abgemetzelt und unsere Frauen und Kinder missbraucht werden?“

Diesmal blieb es nicht bei bloßem Grummeln, die Protestler probten den Aufstand.

„Lasst uns einen neuen Anführer wählen, der uns nach Ägypten zurückführt. Verglichen mit hier ging's uns da ja fantastisch.“

Da schlugen sich Josua und Kaleb auf die Seite des bedrängten Moses und riefen der aufgebrachten Menge zu:

„Leute, ihr habt da was missverstanden. Die Kerle da drüben sehen zwar gefährlich aus und ernähren sich kalorienreicher als wir hier mit dem täglichen Manna, aber das heißt nicht, dass wir sie nicht schlagen können. Unsere Stärke ist unser Gottvertrauen, das ist schon die halbe Miete und bringt uns den Sieg. Wir werden sie vertilgen und fressen wie Brot.“

So richtig überzeugt hatten die beiden wohl nicht, denn die Meute wollte sie dafür steinigen.

Unterdessen nahm Moses in der heiligen Hütte Kontakt zum Herrn auf.

„Herr, das Volk beklagt sich bei mir.“

„Und ich beklage mich über das Volk. Das ist ja unglaublich, dass es nicht an mich glauben will. Und das nach all den Wundern, mit denen ich ihnen aus Ägypten herausgeholfen habe! Für was habe ich das alles gemacht, wenn sie jetzt wieder nach Ägypten zurückwollen? Pass auf, Moses, ich bin's leid. Ich schicke ihnen die Pest und lasse sie alle sterben. Und dich mache ich zum Stammvater eines neuen Volks, was meinst du?“

„Bitte nicht, Herr! Sieh mal, die Ägypter werden davon erfahren und dann werden sie sagen: ‚Das ist aber ein komischer Gott, den die Hebräer da hatten, erst holt er sie aus Ägypten heraus und verspricht ihnen ein anderes Land, dann lässt er sie in der Wüste sterben, weil er es nicht schafft, ihnen das Land zu besorgen; nur gut, dass unsere Götter so etwas nicht mit uns machen.‘“

Da kratzte sich der Herr am Kopf und meinte:

„Na gut, aber Strafe muss sein! Das Volk soll sein Gelobtes Land bekommen, aber von denen, die jetzt über 20 Jahre alt sind, wird keiner das Land betreten, außer Josua und Kaleb. Für jeden Tag, den die Kundschafter unterwegs waren, ein Jahr, also 40 Jahre wird es dauern, bis das Volk ins Gelobte Land kommt.“

Das musste der arme Moses nun dem Volk ausrichten, das die Botschaft gesenkten Hauptes zur Kenntnis nahm. Die Ersten, die dran glauben mussten, waren die Kundschafter, die durch ihren Bericht das Volk aufgebracht hatten, alle zwölf außer Josua und Kaleb. Wer weiß, was für einen Virus sich die zehn auf ihrem Erkundungstrip eingefangen hatten!

Geht man davon aus, dass von den 600.000 (aus Ägypten) ausgezogenen Israeliten rund ein Drittel zu den U21 gehörte, dann bedeutet das für die 40jährige

Wüstenwanderschaft insgesamt 400.000 Tote, 10.000 im Schnitt pro Jahr, fast 30 Trauerfälle pro Tag. So was hält natürlich auf.

Es dauerte nicht lange, da litt das Volk mal wieder unter akutem Wassermangel. Wenn die elementaren Dinge fehlen, sind alle guten Vorsätze vergessen; das Volk suchte sich wieder an Moses abzuarbeiten.

„Für was hast du uns aus Ägypten geführt, wenn wir hier in der Wüste elendig sterben müssen?"

Moses gab die Beschwerde weiter und der Herr trug ihm auf, mit dem Stab Wasser aus einem Felsen zu schlagen. Also versammelten Moses und Aaron das Volk vor dem Felsen und Moses bat das Publikum um große Aufmerksamkeit. Er hob den Arm, schlug mit dem Stock gegen den Felsen und, als nicht gleich Wasser kam, noch ein zweites Mal. Da schoss eine Fontäne heraus und das Volk konnte trinken.

Moses meinte:

„Na endlich! Das wurde aber auch Zeit!"

Der Herr aber sagte zu Moses:

„Weil du zweimal geschlagen und nicht darauf vertraut hast, dass ich das Wunder beim ersten Schlag vollbringe, sollst du das Gelobte Land nicht betreten, du nicht und Aaron auch nicht."

Der arme Aaron hatte gar nichts gemacht! Aber so ungerecht war die Strafe wieder nicht, denn er hatte ja damals das Goldene Kalb gegossen, das war noch nicht vergessen. So ließ der Herr Aaron denn auch bald sterben, was eine feierliche Beerdigung und 30 Tage Staatstrauer zur Folge hatte.

Die 40 Jahre in der Wüste waren keineswegs so langweilig, wie man meinen könnte. Die Israeliten zogen um das Gelobte Land herum wie die Katze um den heißen Brei oder wie ein Autofahrer ums Karree auf der Suche nach einer Parklücke. Ab und an kam es zu Gerangel, zu Kämpfen mit einheimischen Stämmen, was zu Siegen, gelegentlich aber auch zu Rückschlägen und Verlusten führte. Kaum weniger gefährlich aber war es, wenn sich die Israeliten mit einheimischen Stämmen so gut verstanden, dass eine Vermischung begann, verbunden gar mit der Akzeptanz dort üblicher religiöser Bräuche. Da verstand der Herr überhaupt keinen Spaß, er bestrafte das Volk mit Seuchen.

Einer der Israeliten ging gar so weit, eine Fürstentochter des heidnischen Stammes der Midianiter mit zu sich nach Hause zu bringen. Das störte einen Enkel des Priesters Aaron derart, dass er in der Nacht seinen Landsmann und die Midianiterin erdolchte. Zur Belohnung hierfür beendete der Herr die Seuche, an der bereits 24.000 Mann gestorben waren. Dann trug er Moses auf, gegen die Midianiter mobilzumachen, woraufhin 12.000 bewaffnete Israeliten über die Nachbarn herfielen und alles, was männlich war, töteten, und zwar einschließlich der fünf Könige, die es dort gab. Die Frauen, Kinder und alles Vieh nahmen sie mit, außerdem alle Wertsachen, dann fackelten sie die Häuser und Zeltdörfer ab. Moses war mit dem

Ergebnis nicht wirklich zufrieden, das Vorgehen war ihm nicht radikal genug. Er fragte seine Krieger:

„Warum habt ihr die Frauen leben lassen? Sind sie es nicht, die unsere jungen Männer verführt haben? Nun macht bitte ganze Arbeit und tötet alle männlichen Kinder und alle Frauen, soweit sie nicht noch Jungfrauen sind."

Die Krieger waren gehorsam, und für manche Frau war es ein Glück, wenn sie beweisen konnte, dass sie noch Jungfrau war. Immerhin 32.000 geprüfte Jungfrauen überlebten.

Von der Beute überließ Moses die Hälfte den Kriegern, die andere Hälfte wurde Volkseigentum. Von den erbeuteten 675.000 Schafen bekamen die Krieger also 337.500, abzüglich 675 (= 0,2%), die dem Herrn geopfert wurden. Nach dem gleichen Schema wurden auch Rinder und Esel aufgeteilt und schließlich auch die Jungfrauen: 16.000 bekamen die Krieger, abzüglich 32 für den Herrn. Die volkseigenen Stücke wurden unter den Stämmen aufgeteilt, wobei die Leviten, die Tempeldiener, je ein 50stel extra bekamen. Von dem geraubten Gold bekam der Herr in der Stiftshütte natürlich auch seinen Teil. Zum Glück ging die Beuteteilung zahlenmäßig perfekt auf. So kamen alle zu ihrem Recht.

Die Israeliten waren nun stärker, aber noch nicht stark genug, um in das Gelobte Land einzudringen. Da begannen einzelne ihrer Stämme, die das Wüstenleben satt hatten, schon im Ostjordanland mit dem Siedlungsbau. Damit hatten sie bereits ihren Teil des Kuchens.

Im elften Monat des 40. Jahrs trat Moses – mittlerweile 120 Jahre alt – vor sein Volk und rief:

„Leute, es ist so weit! Der Herr hat uns grünes Licht gegeben, ins Gelobte Land einzuziehen. Da wohnen zwar die Amoriter, Moabiter, Kanaaniter und andere, aber nicht mehr lange. Die müssen da jetzt weg, weil das Land uns versprochen ist. Nun seid nicht wieder solche Hosenscheißer wie damals, als ihr Angst vor den Giganten hattet, sondern traut dem Herrn endlich mal was zu. Geht hinüber ins Westjordanland, aber ohne mich, denn ich gehe vorher über den Jordan, das heißt, ich werde gerade nicht über den Jordan gehen, sondern vorher sterben. Statt meiner übernimmt Josua die Führung."

Der Herr führte Moses auf einen Berg, von dem man eine wunderschöne Aussicht über ganz Kanaan hatte, und Moses sagte:

„Kanaan sehen und dann sterben!"

Genau so kam es, Moses starb dort mutterseelenallein und niemand kennt sein Grab.

Josua

Neue Besen kehren gut. Kaum hatte Josua das Zepter übernommen, befahl er die Mobilmachung.

„So, Männer, macht euch bereit! In drei Tagen geht es los. Haltet Waffen und Proviant bereit! Frauen, Kinder und Vieh lassen wir diesseits des Jordan zurück."

Allen war klar: Jetzt wurde es ernst. Was ihnen bevorstand, war kein Spaziergang. Man trat mit denjenigen, die das Gelobte Land derzeit bevölkerten, in einen Verdrängungswettbewerb ein. Das würde, wusste man, nicht ohne Blutvergießen abgehen.

Zunächst schickte Josua zwei Spione los, die die Gegend jenseits des Jordan ausspähen sollten. Gegenstand des Interesses war vor allem Jericho, die nächst gelegene Stadt, die von hohen Mauern umgeben war. Die beiden gingen zum Stadttor hinein und schauten sich so auffällig um, dass die Geheimpolizei sie sofort ins Fadenkreuz nahm. Ahnungslos und unbekümmert kamen die beiden zum Haus einer stadtbekannten Frau namens Rahab, die sie zu sich hereinwinkte. Na, da es bereits Nacht war und es draußen nichts mehr zu erspähen gab, machten sich die beiden – einmal an der langen Leine gelassen – mit Eifer daran, bei der jungen Dame andere Dinge zu erkunden. Rahab stellte ihrerseits mit Kennerblick fest, dass es sich um Israeliten handelte. Die drei verstanden sich auf Anhieb.

„Endlich lerne ich mal zwei echte Israeliten kennen! Die ganze Stadt erzählt sich von euch ja wahre Wunderdinge. Man sagt, dass sich auf eurer Flucht aus Ägypten vor euch das Meer geteilt hat und ihr trockenen Fußes hindurchmarschiert seid. Die Leute hier haben einen Riesenschiss vor euch, weil der Herr mit euch Teufelskerlen ist. Bei mir seid ihr in guten Händen. Nachher könnt ihr oben auf dem Dachboden schlafen."

Inzwischen hatten die Polizisten dem König berichtet:

„Zwei israelitische Spione sind hier herumgestrichen und dann im Puff der Rahab abgestiegen."

„Köstlich! Da werden wir sie in flagranti erwischen!"

Die personifizierte Staatsgewalt pochte an Rahabs Tür.

„Sofort aufmachen!"

„Was ist denn los, so mitten in der Nacht?"

„Bei dir sind zwei Fremde abgestiegen, Leugnen ist zwecklos. Wo sind die Männer?"

„Ja, stimmt. Es waren zwei Ausländer hier, aber die brauchten nicht lange und sind schon weg. Wenn ihr mir nicht glaubt, könnt ihr mein Haus gerne durchsuchen. Ich glaube aber, sie sind schon zum Stadttor hinaus; wenn ihr euch beeilt, holt ihr sie vielleicht noch ein."

Rahab hatte die beiden im Dachstuhl versteckt und half ihnen, sich an der Stadtmauer abzuseilen, was möglich war, weil die Hauswand direkt auf der Mauer stand. Aus Dankbarkeit sagten die Männer:

„Wenn wir die Stadt erobern, wollen wir dich und deine Familie verschonen. Statt des Rotlichts knüpfe dieses rote Seil in dein Fenster, dann wissen unsere Leute Bescheid und tun euch nichts."

Am dritten Tag brachen Josuas Krieger auf. Als sie an den Jordan kamen und die Priester die Bundeslade vorantrugen, staute sich oberhalb des Flusslaufs das Wasser, als wäre dort eine Staumauer, sodass die Männer das Flussbett trockenen Fußes passieren konnten. Die Nachricht von diesem Wunder verbreitete sich in Windeseile und die Moabiter und Kanaaniter bekamen es vollends mit der Angst.

Die Stadt Jericho wurde von innen verriegelt, die Belagerung begann. Der Herr befahl Josua, die Krieger sollten an sechs Tagen jeweils einmal um die Stadt herumziehen, gefolgt von sieben Priestern mit Posaunen und den Trägern der Bundeslade, der Kiste mit den Zehn Geboten, dahinter das übrige Volk. Am siebten Tag sollten sie ruhen – sollte man denken, aber falsch gedacht! Man war auf Kriegszug und im Krieg gelten andere Spielregeln. Der siebte Tag war der Hauptarbeitstag!

„Am siebten Tag sollt ihr siebenmal um die Stadt gehen und die Priester sollen die Posaunen blasen. Nach einem lang gezogenen Posaunenton sollt ihr ein ohrenbetäubendes Kriegsgeschrei machen, dann werden die Mauern der Stadt fallen."

Wie befohlen wurde die ersten sechs Tage geprobt, am siebten Tag wurde es ernst. Siebenmal hintereinander um die ganze Stadt herummarschieren und das am Feiertag, na, ich wäre ja schon beim zweiten Mal groggy gewesen, aber diese Israeliten hatten nach 40 Jahren Wüstenwanderschaft Kondition. Sieben Runden, damit hatten sie sich gerade erst richtig aufgewärmt. Jetzt bliesen die Priester die Posaunen – mit einem so durchdringenden Sound, dass das Dröhnen selbst tausender Vuvuzelas dagegen nur wie leichtes Säuseln geklungen hätte. Krieger und Volk erhoben dazu ein Feldgeschrei, welches sich mit den Fanfaren der Posaunen zu einem fürchterlichen Getöse mischte, das nicht nur durch Mark und Bein der Jerichoer, sondern auch durch das Gestein der Mauern ging, die so erzitterten, dass sich die Fugen lösten und die Wände zusammenfielen. Da hatten die Jerichoer wohl am Zement gespart, ja, Pfusch am Bau rächt sich. (Manche meinen hingegen, der Herr habe dabei mit einem kleinen Erdbeben nachgeholfen, aber ganz so war es nicht: Das Erdbeben hatte es schon viel früher gegeben.)

Nun stürmten die Krieger von allen Seiten in die Stadt. Bezüglich der Beute hatte der Herr schon vorab klargestellt, dass diesmal nicht die Quotenregelung gelte wie etwa bei dem Sieg über die Midianiter, nein, die komplette Beute dieses Tages – vielleicht, weil es Sabbat war – hatte der Herr für sich allein reklamiert. So schickten die Krieger mit ihren Schwertern alles, was in der Stadt Leben hatte, Männer, Frauen, Kinder, Vieh, auf direktem Wege zum Herrn, außer allerdings Rahab, die gute Nutte, und ihre Familie, die ließen sie leben. Alle Wertsachen, besonders die aus Gold und Silber, wurden so, wie der Herr es sich ausbedungen hatte, in die Stiftshütte, die mobile Kapelle, gebracht. Einer allerdings mit Namen Achan hatte sich beim Plündern heimlich etwas unter den Nagel gerissen.

Als Nächstes wollte Josua die Festung der Bewohner von Ai einnehmen. Josuas Kundschafter sagten ihm, dass dafür 2000 bis 3000 Krieger reichten. Also schickte Josua ein entsprechendes Bataillon hinauf, zu seinem Schrecken aber schlugen die Männer von Ai die israelitische Übermacht in die Flucht. In der Niederlage wird man fromm, der eben noch so siegessichere Josua rief unterwürfig den Herrn an:

„Was ist los, Herr? Hältst du nicht mehr zu uns?"

„Warum sollte ich? Wir hatten einen Deal, dass die gesamte Beute von Jericho mir gehört, aber ich habe nicht alles bekommen. Durchsuche alle Hütten und Zelte deiner Leute und du wirst sehen, dass dort etwas von meiner Beute versteckt ist. Solange das nicht bei mir gelandet ist, könnt ihr keinen Blumentopf mehr gewinnen."

Ob das Gespräch wirklich so stattgefunden hat, wer weiß? Josua behauptete es jedenfalls und nahm es als Vorwand, von den Leviten, den Schatzhütern des Herrn, systematisch alle Behausungen der israelitischen Mannen durchsuchen zu lassen. Dabei stießen sie auf Achan, der dem Lügendetektor, dem bohrenden Blick der Inquisitoren, nicht standhielt und kleinlaut zugab, ein paar Andenken an den Stadtbesuch unter seiner Hütte verscharrt zu haben. Da fand man einen eleganten babylonischen Mantel, 200 Silberstücke und eine Stange aus Gold – Souvenirs eben. Die Leviten aber eiferten, er habe diese drei Dinge dem Herrn vorenthalten. Sie führten Achan, seine Söhne und Töchter sowie seine Ochsen, Esel und Schafe zu Josua, der als oberster Heeresführer zugleich auch oberster Richter war. Josuas Entscheidung war schnell getroffen, für dieses Eigentumsdelikt gab es nur eine Strafe: die Höchststrafe. Auf seinen Befehl steinigte das Volk Achan nebst Kindern und Vieh. Damit war reiner Tisch gemacht und der Herr versöhnt. – *Ja, auch Achans Ochsen, Esel und Schafe wurden in Sippenhaft genommen und mussten für die einsame Tat des Langfingers mitbüßen.* –

Prompt klappte es wieder mit dem Siegen. Diesmal ging man aber auch geschickter vor. Ein Trupp der Israeliten griff die Stadt Ai frontal an und wendete sich, als Gegenwehr erfolgte, zur Flucht, sodass die Ai-Krieger ihnen nachjagten. Daraufhin drang ein anderes israelitisches Bataillon, das im Hinterhalt gelauert hatte, durch das offene Stadttor in die Stadt ein, tötete die Einwohner und setzte die Stadt in Brand. Die in Richtung Wüste fliehenden Israeliten machten nun kehrt und schlugen auf die ihnen nachsetzenden Ai-Soldaten ein, die mit Schrecken ihre Stadt brennen sahen und keinen Zufluchtsort mehr hatten. So kamen alle von ihnen um. Der König von ihnen wurde gefangen genommen und als letzter noch Überlebender zu Josua geführt. Der duldete keine Ausnahme und ließ ihn am nächsten Baum aufhängen. Ja, konsequent war dieser Josua, bei ihm gab es keinen Prominentenbonus.

Na, wenigstens bekam der Verblichene ein ordentliches, halbwegs standesgemäßes Grab unter einem großen Steinhaufen am Stadttor.

Die Kunde von dem Schicksal, das die Bewohner von Jericho und Ai ereilt hatte, ging unter den Völkern in Kanaan herum wie ein Lauffeuer. Die Könige von sechs Volksstämmen arrangierten ad hoc ein Gipfeltreffen, in dem sie ein Militärbündnis beschlossen, um den Israeliten mit vereinten Streitkräften entgegenzutreten. Die Bürger der Stadt Gibeon aber gingen einen anderen Weg. Sie ahnten wohl, dass nach Jericho und Ai ihre Stadt die nächste sei, auf die es die Eindringliche abgesehen haben könnten, deshalb saß ihnen das Herz verständlicherweise in der Hose. Aber Not macht erfinderisch. Sie zogen sich ihre ältesten verschlissenen Klamotten und ausgelatschte, geflickte Sandalen an, packten trockenes, schimmeliges Brot und spröde alte Wasserschläuche ein und wanderten in einer Karawane zum Lager der Israeliten. Zu Josua sagten sie:

„Wir kommen von weit her und stehen auf dem Schlauch. Nehmt uns auf, wir wollen euch gerne dienen, denn wir haben nichts mehr zu verlieren."

Wohl weniger aus Mitgefühl als aus kühler Berechnung, dass man so billige und willige Hilfsarbeiter so schnell nicht wieder finden würde, schloss Josua mit ihnen einen Pakt: Danach stellten sich die Ankömmlinge und ihre Landsleute für jedwede Drecksarbeit zur Verfügung, vor allem für so verpönte Arbeiten wie Holzhacken und Wasserschleppen, natürlich ohne Tariflohn, dafür sollten sie am Leben gelassen werden und ausreichend zu essen bekommen. Dieser Deal schien Josua so vorteilhaft, dass er es versäumte, sich bei dem Herrn rückzuversichern. Drei Tage später erfuhr er, dass es Bewohner der Stadt Gibeon waren, die er als Nächstes anzugreifen gedachte. Da er aber nun vertraglich gebunden war und nach dem Grundsatz *pacta sunt servanda* (Nichtangriffspakte sind einzuhalten) lebte, verschonte er die Stadt. Die Bürger dankten es ihm und wurden zu treuen Holzhackern und Wasserträgern.

Inzwischen hatten die Könige von fünf Städten, darunter der von Jerusalem, von dem Ausscheren der Stadt Gibeon aus dem Bündnis gehört und belagerten nun ihrerseits mit den vereinigten Streitkräften die Stadt Gibeon. Da ließen die Gibeoner ein Notrufsignal ertönen und Josua setzte seine Truppe in Marsch. Mitten in der Nacht überrumpelten seine Leute die Belagerer, die in Panik die Flucht ergriffen. Die israelitischen Truppen jagten ihnen nach und erlegten eine Vielzahl von ihnen, die meisten der Fliehenden aber wurden von einem großen Hagel erschlagen, den der Herr vom Himmel schickte. Ja, das nennt man höhere Gewalt. Es war ein wahrer Blitzkrieg.

Damit auch der letzte der Angreifer noch geschnappt werden konnte, rief Josua vor versammeltem Volk:

„Sonne, stehe still zu Gibeon, und Mond im Tal Ajalon!"

Da stand die Sonne mittags still und es wollte nicht Nachmittag werden, während sich die verbündeten Könige wohl wünschten, es würde Abend oder die Preußen kämen. Der Stillstand der Sonne ist ausnahmsweise kein Wunder, weil ja die Sonne immer stillsteht und die Erde sich dreht, aber das konnte der gute Josua 3000 Jahre vor Galileo Galilei noch nicht wissen.

Nachdem auch der letzte feindliche Soldat aufgerieben war, blieben nur noch die fünf Könige übrig. Diese Feiglinge hatten sich in einer Höhle versteckt, wo die Israeliten sie aufspürten. Nachdem sich das ganze Volk Israel versammelt hatte, ließ Josua sie vorführen und zog nun eine große Show ab. Er ließ seine Generäle vortreten und ihre Füße auf die Hälse der am Boden liegenden Könige setzen. Nicht genug damit, die gedemütigten Könige wurden auch noch ausgepeitscht, bis sie endlich an fünf Bäume gehängt und von der irdischen Pein erlöst wurden.

In gleichem Stil wandten sich die Israeliten auch diversen weiteren kanaanitischen Stämmen zu, die durch ihr Dasein die Inbesitznahme des Gelobten Landes störten. Ein Stamm nach dem anderen wurde ausgerottet, und als Josua, nach all den Kämpfen in die Jahre gekommen, schließlich Bilanz zog, da hatte er 31 Stämme geschlagen und 31 Könige an Bäumen aufgehängt. Damit war auch die letzte Monarchie in Palästina beseitigt – eigentlich ein günstiger Zeitpunkt, um die Republik auszurufen. Dass Josua sonst noch etwas geleistet hätte, dass er wie sein großer Vorgänger Moses Rechtsvorschriften erlassen oder bedeutende Reden gehalten hätte, wird uns nicht berichtet. Wenn wir es recht sehen, hat er in seinen 110 Lebensjahren eigentlich nichts anderes gemacht, als Menschen abzuschlachten. Aber wie man sieht, konnte man damals auch so ein Bibelheld werden.

Zum Glück für die Nachbarn hat Josua nicht das Alter Methusalems erreicht, sonst hätte später gegen ihn selbst Alexander der Große ganz klein ausgesehen.

Die Richter

Tatsächlich hatten die Israeliten unter Josua um sich herum so gründlich aufgeräumt und sich so reichlich Platz verschafft, dass ihnen das Gelobte Land nun praktisch allein gehörte, und zwar lastenfrei. Sie teilten das Land unter ihren zwölf Stämmen auf, aus Nomaden wurden Siedler. Die Nachkommen jedes der zwölf Söhne Jakobs bildeten einen Stamm. Kam ein Stamm in wirtschaftliche Schwierigkeiten, halfen ihm die anderen mit Kreditbürgschaften und Finanzspritzen aus der Klemme. Wurde ein Stamm von außen angegriffen, kamen ihm die anderen Stämme militärisch zu Hilfe. Für solche Auseinandersetzungen brauchten sie einen Oberbefehlshaber, den nannten sie nicht Fürst oder König oder Máximo Líder, sondern Richter. Gerichtet werden sollten durch ihn nicht nur landesinterne Streitigkeiten, sondern vor allem die Feinde.

Ja, Feinde gab es genug, die hießen Kanaaniter, Hethiter, Amoriter, Moabiter, Midianiter, Pheresiter, Philister, Heviter und Jebusiter. Die benutzte der Herr abwechselnd, um die Israeliten zu bestrafen, wenn diese ihm untreu geworden waren. Und dazu hatte er leider immer mal wieder Anlass.

Es lebten auch Angehörige dieser fremden Völker im Gelobten Land selbst. Sie wurden geduldet, mussten dafür aber den Israeliten Miete zahlen. Die durften sie sich durch Hilfsarbeiten verdienen. So vertrug man sich, und so kam es gerade in Friedenszeiten zu Annäherungen, die der Herr mit Argusaugen beobachtete. Die neuen Generationen kannten die Geschichte vom Auszug aus Ägypten und den Verheißungen und Wundern des Herrn nur noch vom Hörensagen und waren dem unsichtbaren Herrn nicht mehr so eng verbunden wie ihre Vorfahren. Der heranwachsenden Jugend boten sich die vielen ausländischen Jungfrauen, deren Leben man bei den Eroberungen verschont hatte, als Heiratskandidatinnen geradezu an. In einer multikulturellen Gesellschaft kam es zu Mischehen, in die auch andere Götter eingeführt wurden. Das waren meist bunt bemalte Figuren, die aussahen wie Kinderspielzeug, aber von den Menschen voller Ehrfurcht angebetet wurden. Das konnte der Herr nun auf den Tod nicht leiden und es machte ihn vor Eifersucht rasend. Dann gab es bei anderen Göttern auch Bräuche, an denen besonders die Männer ihren Spaß hatten, wie Fruchtbarkeitsorgien. Angesichts solcher Attraktionen konnte man in seinem überlieferten Glauben schon wankend werden. Für den Herrn gab es da nur eins: Er beendete solche allzu intensiven Nachbarschaftsbeziehungen dadurch, dass er Israel in die Hände ausländischer Unterdrücker gab.

Zunächst bekam so der Syrerkönig die Oberhand über das Land, das er acht Jahre lang unterjochte. In der Not besannen sich die Israeliten wieder des Herrn und baten ihn um einen Befreier. Da erwählte der Herr einen gewissen Otniel zum Richter, also zum Anführer einer Streitmacht, und der befreite das Land, sodass 40 Jahre lang bis zu seinem Tod Ruhe herrschte.

Aber dann ging es wieder los, dass unsere Freunde es cool fanden, fremde Idole zu vergöttern. Diese farbenfrohen Fetische kamen mehr und mehr in Mode und machten einfach Lust darauf, es mal mit ihnen zu probieren. Da gab der Herr Israel in die Hände des fetten Moabiterkönigs Eglon. Unter dessen Zwangsherrschaft schrien die Israeliten zum Herrn, aber 18 Jahre lang stellte der sich taub. Dann endlich animierte er einen gewissen Ehud, sich zum Richter berufen zu fühlen. Ehud war Linkshänder und ersann ein ganz linkes Ding: Er sprach beim König Eglon vor, um ihm ein Geschenk der Israeliten zu überbringen. Der König erwartete sicherlich ein übliches Bestechungsgeschenk, mit dem sich die Israeliten Erleichterungen erkaufen wollten. Ehud hatte unter dem Gewand an der rechten Hüfte ein kurzes zweischneidiges Schwert verborgen, auf der linken Seite aber, wo jeder andere sein Schwert zu tragen pflegte, hatte er nichts, sodass die Wachen ihn für unbewaffnet hielten. Diese Leute kannten noch nicht die Nützlichkeit von Nacktscannern. Zu Eglon vorgelassen, sagte ihm Ehud, er habe ihm etwas Vertrauliches mitzuteilen. Der Fettwanst Eglon führte ihn in sein Privatkabinett, wo Ehud ihm als Gruß vom lieben Gott das Schwert so tief in den Leib stieß, dass das Fett selbst das Heft umschloss und Eglon es nicht mehr herausziehen konnte. Der Dicke sank zu Boden und sagte nicht mal mehr „piep“. Der wackere Ehud hatte damit als Richter und Henker in Personalunion fungiert, womit ein Gehalt eingespart werden konnte. Er verriegelte von innen die Tür, stieg durch das Fenster in die Vorhalle und ging gemessenen Schrittes an den Wachen vorbei hinaus. Als die Bediensteten merkten, dass die Tür abgeschlossen war, sagten sie sich:

„Wahrscheinlich hat Seine Majestät das stille Örtchen aufgesucht. Das kann dauern.“

Als es aber gar zu lange dauerte, öffneten sie die Tür mit Gewalt. Da lag ihr König lang ausgestreckt tot auf dem Boden. Zu diesem Zeitpunkt war Ehud schon bei den Seinen und blies die Posaune; das war das Signal für die Erhebung. Die Männer griffen zu den Waffen und schlugen 10.000 Moabiter so vernichtend, dass das Land 80 Jahre lang Ruhe hatte.

Debora

Dann passierte es wieder: Ungehorsam gegenüber dem Herrn und seinen Geboten bestrafte dieser mit feindlicher Unterdrückung, diesmal durch einen König der Kanaaniter und dessen General Sisera. Der war militärisch weit überlegen, denn er hatte 900 eiserne Streitwagen, die Israeliten dagegen verfügten über keinerlei Panzer und keine Kavallerie, sie hatten nur Schwerter und Posaunen. Die Folge waren 20 Jahre Knechtschaft, bis der Herr Debora auserkor, zur Abwechslung also mal eine Person weiblichen Geschlechts, der er sogar die Doppelrolle als Seherin und Richterin übertrug. Debora wies einen Recken namens Barak an, 10.000 Mann zu mobilisieren, um Sisera zu schlagen. Barak sagte zu ihr:

„Ich mache es, aber nur, wenn du mitkommst."

„Einverstanden. Dann aber wirst nicht du die Trophäe haben; Sisera wird in Frauenhand fallen."

O. k., dachte Barak, Sisera hat eiserne Wagen, aber ich habe eine Eiserne Lady. Barak hatte vor ihr einen Heidenrespekt.

Kaum hatte man Sisera gemeldet, dass Barak 10.000 Mann in den Bergen zusammengezogen habe, ließ er seine 900 Panzerwagen bereit machen und eilte mit diesen und all seinen Kriegern den Aufständischen entgegen. Als er gerade am Fuße des Berges anlangte, stürmte ihm Barak mit seinen Mannen von oben entgegen, sodass die Pferde scheuten und die Wagen umstürzten. Sisera floh zu Fuß, während alle seine Kämpfer vom Schwert der Israeliten fielen. Völlig erschöpft und außer Atem gelangte Sisera zur Hütte einer Frau Jael, die einem befreundeten Nachbarstamm angehörte. Sie sagte ihm:

„Komm herein! Hier bist du sicher."

Der total entkräftete Sisera legte sich auf den Boden und Jael deckte ihn mit einer Decke zu. Sisera japste:

„Wasser! Bitte gib mir Wasser!"

Jael nahm einen Milchkrug und gab ihm zu trinken.

„Nun geh an die Tür und pass auf! Wenn jemand kommt und fragt, sag, dass niemand hier ist!"

Jael ging an die Tür und Sisera war beruhigt. Als er eingeschlafen war, nahm Jael einen großen langen Nagel und einen Hammer, schlich sich zu Sisera, holte mit dem Hammer aus und schlug dem Sisera mit voller Wucht den Nagel in die Schläfe, sodass dieser durch den Kopf bis in den Boden drang. Sisera wachte nicht mehr auf. Ja, auch damals, so lässt uns die Bibel wissen, gab es schon talentierte Heimwerkerinnen.

So konnten die Israeliten schließlich das Joch der Kanaaniter abschütteln und dankten es dem Herrn. Dann herrschte 40 Jahre lang Frieden.

Gideon

Aber in der Folgezeit, man mag es kaum glauben, frönten die Israeliten doch wieder dem Götzenkult. Da ließ sie der Herr im Stich, als die Midianiter das Land überrannten. Die Israeliten mussten sich in die Berge flüchten und hausten dort in Höhlen. Wenn sie etwas anbauten, fielen die Midianiter wie Heuschrecken darüber her, zerstörten alles und ließen den Israeliten weder Getreide noch Vieh.

Eines Tages war ein gewisser Gideon vor dem Haus seines Vaters Joas gerade dabei, heimlich vor den Midianitern Weizen zu verstecken, als ein Engel des Herrn in Gestalt eines Fremden neben ihm auftauchte und sagte:

„Der Herr sei mit dir, du Held!"

„Der Herr? Meinst du den, der unser Volk aus Ägypten geführt hat? Wo ist denn der Herr? Wenn er da ist, warum lässt er das alles zu, was uns hier widerfährt?"

„Starke Worte! Diese Stärke zeige mal gegenüber den Midianitern! Ich bin sicher, wenn es einer schafft, die Midianiter zu schlagen, dann du."

„Was, ich? Wieso gerade ich? Siehst du nicht, dass ich hier im Haus meines Vaters das Küken bin?"

„Wie ich schon sagte: Der Herr ist mit dir!"

„Na, dafür will ich erst mal Beweise."

Als höflicher Gastgeber schlachtete Gideon ein Zicklein und bereitete es zu, dazu backte er ungesäuertes Brot und brachte das Fleisch nebst Brühe und Brot hinaus zu dem Fremden. Was für eine großzügige Gabe in diesen Notzeiten! Statt es sich schmecken zu lassen, sagte der Fremde:

„Leg Fleisch und Brot auf diesen Felsbrocken. Die Brühe gieß aus."

Gideon tat das. Da zog der Fremde einen Zauberstab hervor und berührte mit dessen Spitze Fleisch und Brot, woraufhin eine Stichflamme hochschoss, in der Fleisch und Brot verkohlten. Im gleichen Moment verschwand der Fremde. Da wusste Gideon, dass es ein Engel des Herrn gewesen war, denn wer sonst sollte damals in der Spitze seines Wanderstabs ein eingebautes Feuerzeug gehabt haben? Voller Anerkennung baute Gideon dem Herrn einen Altar.

In der folgenden Nacht empfing Gideon eine Weisung des Herrn:

„Nimm den stärksten Stier deines Vaters und zerstöre damit den Altar Baals, den dein Vater gebaut hat. Zerschlage auch das dabeistehende Ascherabild. Dann baue mir oben auf dem Felsen einen noch größeren Altar, mache darauf mit dem Holz des Ascherabildes ein schönes Feuer und opfere mir einen Stier aus dem Stall deines Vaters."

All das tat Gideon heimlich in der Nacht mithilfe von zehn Knechten. Als die Leute in der Stadt am nächsten Morgen den zerbrochenen Altar Baals und das Fehlen des Ascherabildes sahen, war die Aufregung groß. Und als sie erfuhren, dass es Gideon war, der Hand an das gelegt hatte, was ihnen heilig war, zogen sie zu seinem Vater Joas und verlangten die Herausgabe des Sohnes, da sie ihn steinigen wollten. Joas aber trat ganz cool vor die erregte Menge und sagte:

„He, Leute, warum so nervös? Was wollt ihr denn erreichen? Wollt ihr Baal helfen? Wenn Baal wirklich ein Gott ist, dann ist er stark genug, seine Rechte allein durchzusetzen und sich für den zerbrochenen Altar zu rächen, dann braucht er eure Hilfe nicht."

Das war einleuchtend.

Da nun die Midianiter wieder im Anmarsch waren, blies Gideon die Posaune, was für die Israeliten das Zeichen der Mobilmachung war. Bevor es aber losging, wollte Gideon vom Herrn noch ein paar Wunder als Beweis dafür, dass dieser wirklich ihn, Gideon, zum Freiheitskämpfer erkoren hatte. Deshalb stellte er dem Herrn eine Aufgabe:

„Ich lege heute Nacht draußen ein Lammfell auf den Boden. Ist morgens der Boden trocken, aber das Fell mit Tau benetzt, dann will ich glauben, dass du mich ausgewählt hast."

Tatsächlich war am Morgen der Boden trocken und das Fell so nass, dass beim Ausdrücken das Wasser eine Schale füllte. Doch Gideon hatte noch letzte Zweifel und sagte:

„Herr, nimm's mir nicht übel, aber ich hätte es gerne umgekehrt, dass also der Boden voll Tau und das Fell trocken ist."

Da sprühte der Herr über Nacht den Boden nass und ließ das Fell trocken. Damit hatte Gideon absolute Sicherheit. – *Man kann aus der Bibel nur lernen, dass, wer immer glaubt, einen göttlichen Auftrag zu haben, gut daran tut, sich das zunächst durch entsprechende wasserdichte Wunder bestätigen zu lassen.* –

Dem Aufruf Gideons mit der Posaune waren 32.000 Mann gefolgt, die sammelten sich zu einem großen Heerlager. Da sagte der Herr zu Gideon:

„Ihr seid zu viele! Wenn ihr siegt, werdet ihr am Ende sagen, ihr hättet aus eigener Kraft und ohne meine Hilfe gewonnen."

Da rief Gideon in die Menge:

„Wir brauchen euch nicht alle. Wer also nicht unbedingt mitmachen will oder wer Schiss hat, soll lieber wieder nach Hause gehen."

22.000 Mann kehrten um, 10.000 blieben. Da sagte der Herr zu Gideon:

„Es sind noch immer zu viele. Führe die Leute hinunter zum Wasser. Da sage ich dir, wen du aussortieren sollst."

Dort angekommen, sagte der Herr:

> „Lass die Leute trinken. Trenne diejenigen, die sich hinknien, um zu trinken, von denjenigen, die das Wasser in die Hand nehmen und aus der Hand lecken wie ein Hund."

Die ganz überwiegende Zahl gehörte zur ersten Gruppe. Aus der Hand leckten gerade mal 300 Mann. Da sagte der Herr:

„Die 300 Leute sollen deine Truppe bilden, die anderen lass gehen."

So begnügte sich Gideon mit den 300 Mann und teilte sie in drei Haufen à 100 auf. Jeder der 300 erhielt eine Posaune, leere Krüge und Fackeln. In der Nacht näherten sich die drei Gruppen von verschiedenen Seiten dem Lager der Midianiter. Da bliesen Gideon und seine 100 Mann die Posaunen und zerschlugen die Krüge, die anderen beiden Haufen taten das Gleiche. Mit einer Hand hielten sie die Posaune, mit der anderen die Fackel, außerdem riefen sie:

„Hier Schwert des Herrn und Gideons!"

Keine leichte Aufgabe, das alles zu koordinieren, die Halloween-Fackel zu tragen, die Krüge zu zerschlagen, Posaune zu blasen und gleichzeitig zu rufen, ein echtes Multitasking, aber sie managten das und es wirkte. Das Posaunengetöse rings um das Lager herum erschreckte die Midianiter so, dass sie schrien, sich gegenseitig abstachen und die Flucht ergriffen. Nun jagten von überall her auch die anderen Israeliten ihnen nach und töteten viele, darunter die Anführer.

Eine begehrte Beute waren die goldenen Stirnbänder, die die Soldaten der Midianiter trugen. Aber Gideon verlangte, dass alle die erbeuteten Stirnbänder auf eine Decke warfen, daraus machte er eine goldene Skulptur in Form eines Gewandes und stellte sie auf dem Marktplatz auf. Leider fand das Volk daran so großen Gefallen, dass es bald darauf begann, sie anzubeten. Was für unverbesserliche Ignoranten! Diese Israeliten haben es dem Herrn aber wirklich nicht leicht gemacht!

Abimelech

Gideon war übrigens nicht nur in den Armen, sondern auch in den Lenden kräftig. Er muss einen Harem von Frauen in der Größe einer ganzen Fußballmannschaft plus Ersatzspielerinnen gehabt haben, denn er zeugte ihnen sage und schreibe 70 Söhne, die Mädchen nicht gerechnet, und damit nicht genug, aus einem Seitensprung mit einer Dienstmagd hatte er noch einen Sohn namens Abimelech. Man möge sich vorstellen, was in diesem Haushalt los war beim gemeinsamen Frühstück und beim Mittagessen oder abends, wenn es hieß:

„Kinder, Zähne putzen und schlafen gehen!"

Aber es ging alles gut im Hause Gideon und 40 Jahre lang in ganz Israel, solange Gideon lebte. Dann aber ließen die Israeliten wieder den lieben Gott einen guten Mann sein und verehrten so falsche irdische Götter wie den Baal-Berit. So etwas führt, wie wir schon wissen, zu nichts Gutem.

Nach Gideons Tod war die Machtfrage nicht geklärt. Statt dass der Erstgeborene die Macht im Lande übernahm, versuchten sich die 70 Söhne in der gemeinsamen Ausübung der Herrschaft. Das konnte natürlich nicht funktionieren. Abimelech, den die 70 nicht als ihren Bruder anerkannten, ging in die Stadt, in der seine Mutter mit ihren anderen Söhnen lebte, und hetzte seine dortigen Brüder auf.

„Wollt ihr wirklich von einer Junta von 70 Leuten beherrscht werden? Ist es nicht besser für unser Land, wenn einer allein regiert?"

Da holten seine Brüder 70 Silberlinge (die Zahl 70 muss es dem Verfasser dieses Bibeltextes angetan haben) aus dem Opferstock des Baal-Berit und gaben sie dem Abimelech. Der heuerte mit diesem Geld des Gottesrivalen eine ganze Söldnertruppe an und überfiel damit die Residenz seines verstorbenen Vaters. Alle 70 Söhne Gideons ließ er nacheinander auf einem Stein köpfen, nein, nur 69, denn der jüngste Sohn namens Jotam schaffte es, sich zu verstecken und unentdeckt zu bleiben. Das Volk aber war von Abimelechs Machtbesessenheit so beeindruckt, dass es ihn rasch als König anerkannte.

Nach drei Jahren regte sich jedoch Widerstand. Jotam wagte es zwar nicht, den Herrscher Abimelech offen zu bekämpfen, aber er agitierte aus dem Untergrund heraus mit Propagandareden gegen ihn. Andere probten den Aufstand, aber Abimelechs Truppen schlugen ihn nieder, und als sich die Aufständischen in den Turm des Tempels des Baal-Berit flüchteten – also in das Haus des Gottes, aus dessen Kasse Abimelech sein Heer finanziert hatte –, ließ Abimelech Feuer legen, sodass mehr als 1000 Männer und Frauen verbrannten. In der nächsten Stadt hatten sich ebenfalls die Einwohner in einem Turm verschanzt, und auch hier wollte Abimelech die Holztür anzünden, da warf eine Frau von oben einen Mühlstein herunter, der Abimelechs Schädel zerbrach. Auf einem Stein hatte er 69 seiner Brüder getötet, durch einen Stein wurde sein Schädel zertrümmert – als gerechte Vergeltung des Herrn. Aber im Sterben schaffte es Abimelech, seinem Schicksal noch einen Schlenker zu versetzen und einem Söldner zu befehlen, ihn mit dem Schwert zu töten, denn man sollte von ihm nicht sagen, er sei von der Hand einer Frau getötet worden. Das geschah, und so war der Stein eben doch nicht die Todesursache; Abimelech hatte dem Herrn ein Schnippchen geschlagen – und die Soldatenehre gerettet.

Jeftah

Nach einiger Zeit aber beteten diese Holzköpfe von Israeliten wieder die fremden Holzgötter an, da ließ der Herr die Ammoniter über sie herrschen. Als sie sich wieder des Herrn besannen, sagte der ihnen:

„Was ruft ihr mich an? Schreit doch zu euren Götzen und lasst euch von denen helfen!“

Die Israeliten aber bestanden darauf, dass er ihnen helfen solle, und warfen die Götzen weg.

Nun hatte ein gewisser Gilead eine nach ihm benannte Stadt gegründet und mehrere Söhne gezeugt, von denen allerdings einer namens Jeftah nicht von Gileads Frau, sondern von einer Prostituierten geboren worden war. Kaum herangewachsen, stießen die ehelichen Söhne ihren Halbbruder Jeftah, den unwürdigen Bastard, aus dem Haus, da er nicht miterben sollte. Jeftah floh und scharte eine Horde bewaffneter Kerle um sich. Da nun das Heer der Ammoniter anrückte, traten die Stadtväter von Gilead an Jeftah heran und baten ihn unterwürfig, mit seiner Gang für die Stadt zu kämpfen. Jeftah, der Bandenchef, war ihr einziger Hoffnungsträger. Jeftah sagte:

„Nur unter einer Bedingung: Wenn ich gewinne, will ich euer Oberbefehlshaber und Richter sein.“

„Einverstanden! So wahr uns Gott helfe!“

Da schickte Jeftah Boten zu den Ammonitern und fragte:

„Was wollt ihr hier?“

„Wir sind ein Verband der Heimatvertriebenen und wollen unser Land zurückhaben. Ihr seid aus Ägypten hier eingedrungen und habt kein Recht, hier zu sein.“

„Kein Recht? Unsere Vorfahren haben vor 300 Jahren dieses Land erobert. Seitdem leben wir hier. Dies ist unsere Heimat!“

Da gab es keine Verständigung. Immerhin hatte hier zum ersten Mal ein israelitischer Anführer überhaupt versucht, mit einem Gegner zu verhandeln, statt gleich loszuschlagen. Aber nun musste das Schwert entscheiden, besser gesagt, musste der Herr entscheiden, wen er siegen und damit recht behalten lassen wollte. Vor dieser Entscheidung hatte Jeftah einen mächtigen Bammel. Um den Herrn auf seine Seite zu ziehen, fiel er auf die Knie und sprach ein Gelübde:

„Herr, wenn du mich siegen lässt, will ich dir die erste Person, die mir nach dem Sieg zur Begrüßung aus meinem Haus entgegenkommt, als Brandopfer spendieren.“

Da war klar, dass der Herr Jeftah den Sieg bescherte. Bei der glorreichen Rückkehr Jeftahs nach Hause lief ihm als Erste seine geliebte Tochter entgegen, die war sein Ein und Alles, denn er hatte sonst weder Sohn noch Tochter. Was für ein Schock für den armen Jeftah! Vor Kummer sank er zu Boden und zerriss sein Hemd. Ja, diesen Schmerz eines liebenden Vaters kann wohl jeder nachempfinden, nur fragt man sich, an wen sonst dieser Hurensohn bei seinem Gelübde wohl gedacht hatte, der ihm bei seiner Heimkehr entgegengehen würde. Seine Alte vielleicht? Ob ein solches Brandopfer dem Herrn geschmeckt hätte? Doch wohl kaum. Nach damaliger Überzeugung hatten der Herr und andere Götter nun mal eine Vorliebe für jungfräuliche Brandopfer. War es nicht eher so, dass Jeftah dem Herrn seine Tochter verhökert hat, so wie Dr. Faustus dem Teufel seine Seele?

Übrigens: Dass ein Vater sein einziges geliebtes Kind bewusst opfert, ist ein zentrales Thema der Bibel.

Jeftah gestand dem Mädchen, was er dem Herrn versprochen hatte. Da war sie absolut einsichtig.

„Ja, Papi, wer so etwas verspricht, muss es auch halten. Da ist nun mal nichts zu machen. Aber hast du auch versprochen, wann du das Opfer bringst?"

„Nicht genau."

„Na, wie wär's in zwei Monaten? Dann kann ich mit meinen Freundinnen noch so lange ausgehen."

„O. k., aber komm pünktlich nach Hause."

Was tat das arme Kind? Statt es die letzten 60 Tage ihres Lebens noch mal so richtig krachen zu lassen und durchzufeiern, ging sie mit ihren Freundinnen in die Berge, um ihre Jungfräulichkeit zu beweinen. Ja, hätte sie die nicht mehr gehabt, wäre ihr die Verkürzung ihres Lebens vermutlich erspart geblieben. Warum um Himmels willen hat sie nicht wenigstens versucht zu fliehen? Zwei Monate Vorsprung waren ja nicht gerade wenig. Aber nein, brav und artig kam dieses Kind rechtzeitig zu seiner Hinrichtung wieder heim und entging somit nicht – anders als seinerzeit Isaak – der mordenden Hand des gottesfürchtigen Vaters.

– Lieber Leser, wenn dein pubertierendes Töchterchen nachts wegbleibt und zwei Monate später nach Hause kommt und dir erzählt, es sei nichts weiter passiert, sie habe nur bei ihren Freundinnen gehockt und ihre Jungfräulichkeit beweint, glaub ihr nicht alles, aber lass sie leben! –

Der Herr scheint von diesem Opfer sehr angetan gewesen zu sein, denn er ließ Jeftah auch in der nächsten Schlacht siegen, und zwar einer Schlacht gegen die Ephraimiter, einen Bruderstamm. Diese Brüder hatten Jeftah bei seinem Kampf gegen die Ammoniter im Stich gelassen und damit den israelitischen Beistandspakt verletzt, also rechnete er nun mit ihnen ab. Die Geschlagenen flohen bis zum Jordan und versuchten hinüberzukommen. Die Männer Jeftahs griffen jeden und fragten ihn:

„Bist du ein Ephraimiter?"

„Nein."

„Dann sag: Schibbolet."

„Sibbolet."

Wer sich damit verriet, dass er kein „Sch" aussprechen konnte, war des Todes, insgesamt 42.000 Mann. Eine „söne Seiße" für diese Leute. Das war alles von Jeftah.

Danach kamen andere Richter, von denen einige sich nur durch ihre vielen Söhne und Töchter auszeichneten. So heißt es etwa von einem Abdon: „Der hatte 40 Söhne und 30 Enkel, die auf 70 Eselsfüllen ritten; er richtete Israel acht Jahre und starb und ward begraben ..." Mehr war von ihm nicht zu berichten als diese Bilanz seiner Lebensleistung. Aber was hat es mit den Eselsfüllen auf sich? Seht nur, will uns die Bibel sagen, zu welchem Wohlstand es die Israeliten im Gelobten Land inzwischen gebracht hatten! Da konnte es sich so ein Richter leisten, jedem seiner vielen Söhne und Enkel einen jungen Esel – heute würde man sagen: Mercedes S-Klasse – zu schenken!

Samson oder Simson

Wieder begannen die Menschen, unschöne Dinge zu tun, irdische Götter anzubeten und damit den Herrn zu missachten. Dessen Reaktion fiel diesmal noch härter aus als bei den Malen zuvor: Er zog seine schützende Hand von seinem Volk, als die Philister, ein besonders rabiater Volksstamm, das Land überfielen. Unsere Freunde mussten kapitulieren und sich von den Philistern knechten lassen, und zwar die Kleinigkeit von 40 Jahren, also genauso lange Zeit, wie ihre Vorfahren in der Wüste hatten Entbehrungen hinnehmen müssen.

Aber dann musste wieder ein Richter her, und das war diesmal ein wahrer Herkules. Der besaß so ungeheure Kräfte – Bärenstärke wäre schon untertrieben –, dass selbst die heutigen Leinwand-Superhelden gegen ihn absolut chancenlos gewesen wären. Die Rolle, die dieser Mann zu spielen hatte, war ihm schon in die Wiege gelegt, ja sogar schon in den Mutterleib. Seine Mutter war nämlich eigentlich unfruchtbar, aber der Herr fand sich bereit, ihren Kinderwunsch unter der Bedingung zu erfüllen, dass ihr Sohn ein Nasiräer, ein Gottgeweihter werde. Das Gelübde eines solchen Gottgeweihten verpflichtete unter anderem zum Verzicht auf den Konsum von Wein und auf jeden sonstigen Alkoholgenuss, ja sogar auf den Verzehr von Weintrauben und Rosinen. Bart und Haare durften nicht geschnitten – zum Glück aber wenigstens gewaschen – werden (4. Mose 6). – *Da die hebräische Schrift keine Vokale hat, kann man darüber streiten, ob er nun Simson oder Samson hieß, vielleicht nannten ihn die einen so, die anderen so.* –

Dieser Samson hatte bei all seiner Stärke eine große Schwäche, und das waren die schönen Frauen. Leider hatten damals nicht die Israeliten, sondern die Philister die schönsten Töchter. Kaum war Samson von seinem Elternhaus in den Bergen in die Philisterstadt Timna gekommen, verliebte er sich Hals über Kopf in so eine exotische Schönheit. Voller Feuer für seine Flamme lief er zurück zu seinen Eltern und erklärte:

„Mami, Papi, ich habe bei den Philistern die Frau meines Lebens gefunden, eine Schönheit, wie sie die Welt noch nicht gesehen hat. Die will ich heiraten, jetzt sofort."

„Das darf doch nicht wahr sein! Ausgerechnet eine von diesen ungehobelten Barbaren, diesen fürchterlichen Unterdrückern! Willst du dich nicht erst mal unter den Töchtern unseres Volkes umschauen? Da gibt es jede Menge attraktive Kandidatinnen, du wirst sehen."

Nein, alles Reden half nichts, der Junge war total verknallt und ließ nicht locker. Also blieb den Eltern nichts anderes übrig, als hinunter zu den Philistern zu gehen und für ihn um die Hand des Mädchens anzuhalten. Unterwegs wurde Samson von einem jungen Löwen angefallen, den zerriss er mit seinen bloßen Händen.

Samsons Eltern hatten von dem Vorfall gar nichts mitbekommen. Damit es nicht gar so unwahrscheinlich klingt, ist die Bibel ehrlich genug zuzugeben, dass es noch ein Jungtier war, aber immerhin! Seine unbändige Kraft bezog Samson nicht aus durchtrainierten Muskeln, sondern aus seiner Mähne, die länger war als die des Löwen. Die Urchristen, die von Kaiser Nero in der römischen Arena ausgewachsenen Löwen zum Fraß serviert wurden, haben sicher mit Wehmut an den Löwenbezwinger Samson gedacht – ihr Haar war leider viel zu kurz.

Ein paar Tage später kam Samson auf dem Heimweg an dem Löwenkadaver vorbei, da hatte sich inzwischen ein Bienenschwarm eingenistet. Samson nahm sich den Honig heraus und hatte den ganzen Weg lang Honig zu naschen, den Rest gab er seinen Eltern, die nicht weiter nach der Herkunft desselben fragten.

Tatsächlich kam es zur Hochzeit, und so ein Ereignis wussten die Philister zu feiern: Ganze sieben Tage dauerte das Fest. Die meiste Zeit davon verbrachten Männer und Frauen voneinander getrennt, Samson saß mit 30 Männern zusammen. Und was machte die Männerrunde? Wettspiele! Ein hoher Einsatz sorgte für einen Nervenkitzel, wie er durch Glücksspiele wie Pokern, Baccara oder Roulette kaum stärker hätte hervorgerufen werden können. Die 30 Männer wetteten, dass sie ein Rätsel, das Samson ihnen aufgab, erraten würden, und setzten darauf ihre Festtagsanzüge nebst zugehörigen Hemden. Und Samson? Er wettete 30 entsprechende Festtagsgewänder dagegen, also Sachen, die er gar nicht besaß, ganz so, wie heute mancher Börsenspekulant bei Leerverkäufen (naked short selling) mit Papieren wettet, die er gar nicht hat. Aber Samson war sich hundertprozentig sicher, dass sie sein Rätsel nicht lösen würden, das lautete:

„Vom Fresser kommt Speise, vom Starken kommt Süßes."

Die Hochzeitsgäste rätselten die ganze Woche vergeblich, dann schließlich, als sie ihre Felle wegschwimmen sahen, wurden sie ungehalten und nahmen sich die Braut zur Brust:

„Habt ihr uns hierher eingeladen, um uns arm zu machen? Los, lass dir von deinem Mann die Lösung sagen, sonst werden wir dich und euer Haus abfackeln!"

Das waren nun traurige Flitterwochen für Samson, denn seine Braut weinte die nächsten sieben Nächte ständig, weil er ihr die Auflösung des Rätsels nicht verraten wollte.

„Du hast mich nicht lieb, sonst würdest du mir sagen, wie die Lösung ist."

„Warum sollte ich das tun? Schließlich habe nicht einmal meinen Eltern davon erzählt."

Am siebten Tag endlich wurde er weich und offenbarte ihr, dass der Fresser der Löwe und das Süße der Honig war. Da hatte dieses Quatschmaul von Braut nichts Eiligeres zu tun, als es ihren Landsleuten zu verraten, und die präsentierten ihm stolz die Lösung. Nun steckte Samson in der Bredouille. Wie sollte er seine Wettschuld einlösen? Kurz entschlossen ging er in den Nachbarort Askalon, wo auch gerade eine

Feier stattfand, tötete dort 30 Festteilnehmer, nahm deren Gewänder an sich und brachte sie denen, die seine Rätselwette gewonnen hatten. 30 unschuldige Männer zu erschlagen war für ihn also nicht so schlimm, wie eine Wettschuld nicht zu begleichen – dies war eine Frage der Ehre!

Immerhin waren ihm Feierlaune und Lust zum Flittern vergangen, der Verrat durch seine junge Frau erboste ihn. Ohne Abschied verließ er sie und die ganze Gesellschaft und ging zurück zu seinem Elternhaus. Wochen später, als es Herbst wurde und sich sein Zorn gelegt hatte, nahm er einen jungen Ziegenbock unter den Arm, um seine Frau zu besuchen und mit ihr Versöhnung zu feiern. Aber ihr Vater ließ ihn nicht ein, sondern sagte:

„Wir dachten, du wolltest nichts mehr von ihr wissen. Da haben wir sie mit einem Freund verheiratet. Nimm's nicht so schwer, ich habe ja noch eine jüngere Tochter, die ist sogar noch schöner. Die kannst du statt ihrer haben."

Nein, für dieses Tauschgeschäft war Samson nicht zu haben. Er hatte von seinem Schwiegervater und der ganzen Philistergesellschaft genug und schwor ihnen Rache. Dann fing er einen Fuchs, nein, nicht nur einen, insgesamt 300 Füchse fing dieser Teufelskerl – er war offenbar nicht nur stark, sondern auch unglaublich fußflink –, band je zwei Füchse mit den Schwänzen zusammen, wobei er die zwei Schwänze jeweils mit einem Fidibus verknotete, sodass die Füchse mit dem brennenden Zünder wie wild umherliefen und die Weizengarben auf den Feldern anzündeten. Als die Philister herumfragten, wer das gemacht hatte, und als sie erfuhren, dass sich Samson damit dafür rächen wollte, dass ihm sein Schwiegervater die Frau genommen hatte, zogen sie nach Timna und verbrannten Samsons schöne Frau und ihren Vater mitsamt dem Haus. Offenbar gingen sie davon aus, dass damit Ordnung geschaffen und der Rechtsfriede wiederhergestellt sei. Das sah aber Samson ganz anders. Er nahm den Philistern den nunmehr endgültigen Verlust seiner geliebten Frau absolut übel und aus Rache brach er vielen von ihnen die Knochen. Dann zog er sich in die Berge zurück und lebte vergrämt in einer Felshöhle.

Nun waren es wiederum die Philister, die Rachedurst verspürten. Mit bewaffneten Einheiten belagerten sie deshalb den hebräischen Stamm Juda. Die Judäer fragten ängstlich:

„Was habt ihr vor?"

„Wir tun euch nichts, wenn ihr uns Samson bringt, denn mit ihm haben wir noch ein Hühnchen zu rupfen."

Da zogen die Judäer zur Höhle und erklärten Samson die Situation.

„Weißt du nicht, dass die Philister unsere Besatzer sind? Die machen uns zu Brei, wenn wir dich ihnen nicht in Stricken gebunden ausliefern."

„Wenn ihr mir versprecht, dass ihr mir nichts tut, könnt ihr mich binden und zu ihnen bringen."

„Versprochen!"

So banden sie ihn mit zwei starken Stricken und führten ihn ins Lager der Philister, die bei seinem Anblick in Freudengeschrei ausbrachen. Aber kaum hatten sich die Judäer davongemacht, konnte Samson die Stricke lösen, als wären sie weich wie Fäden eines geschmolzenen Käses. Mit den befreiten Händen ergriff er den erstbesten Gegenstand, den er herumliegen sah, einen Eselskinnbacken, und erschlug damit einen Philister nach dem anderen, insgesamt 1000 Mann. Damit war die Philistertruppe aufgerieben. Als niemand mehr muckste, warf er den Eselskinnbacken weg, betrachtete erschöpft die Haufen von Leichen und glaubte, sich gleich dazulegen zu müssen, also genau wie der erste Marathonläufer nach Verkündung des Sieges sterben zu müssen, denn er war völlig ausgetrocknet und seine Kehle brannte vor Durst. Da tat er das, was man in der Not zu tun pflegt, er rief den Herrn an und der ließ aus einer Steinspalte Wasser rinnen, sodass Samson trinken konnte und sich Körper und Geist wieder erholten. Welche Wohltat! Von da an war Samson 20 Jahre lang Richter der Israeliten.

– Bedauerlicherweise gibt es immer wieder Individuen, die nichts Besseres zu tun haben, als die biblischen Wahrheiten in Zweifel zu ziehen. Da wollen einige in Laborversuchen ermittelt haben, dass mit der Kinnlade eines Esels nicht mehr als 150 bis 175 Schläge von der Härte, wie sie zur Erledigung eines Menschen nötig ist, möglich sind, bevor sie zerbricht. Was soll denn das beweisen? Dass sich der gute Samson im Eifer des Gefechts verzählt hat? Dass die Kriegspropaganda, wie üblich, die Zahl der getöteten Feinde viel zu hoch angegeben hat? Natürlich gab es nach Samsons getaner Arbeit, die der Herr mit einem kleinen Wunder belohnte, keinen Schiedsrichter, keine Erbsenzähler. Aber wer weiß? Vielleicht hatten die Esel vor 3300 Jahren stabilere Kinnläden oder die Philister weichere Birnen.

Da fällt mir eben auf, dass die Liste der Schlaginstrumente, die Fluggäste nicht im Handgepäck mitführen dürfen, äußerst lückenhaft ist. Schlagringe, Gummiknüppel, Kubatons und Nunchakus sind verboten, nicht aber der Besitz eines Eselskinnbackens, eines seit mehr als 3000 Jahren bekannten besonders gefährlichen Mordinstruments. –

20 Jahre waren vergangen, da ging Samson in die Stadt Gaza, die von den Philistern, den damaligen Vorläufern der Hamas, beherrscht wurde. Es waren keine politischen Absichten, die ihn dort hinführten, nein, dieser Abstecher hatte rein private Gründe: Einziger Zweck war der Besuch einer dort ansässigen Prostituierten. Vielleicht hatte er gemeint, dort inkognito verkehren zu können, aber irgendeiner erkannte ihn doch und machte den Stadtvätern Meldung. Da kamen die Philister überein, ihn am Morgen nach dem Verlassen des Bordells zu töten. Sie verschlossen das Stadttor und legten sich auf die Lauer. Aber schon um Mitternacht kam Samson verrichteter Dinge heraus, und als er das Stadttor verschlossen fand, lieferte er einen überzeugen-

den Beweis dafür, dass er sich zuvor kräftemäßig keineswegs verausgabt hatte. Mit bloßen Händen hob er die beiden Flügel des Tors samt Pfosten aus der Verankerung und trug sie auf seinen Schultern den nächsten Berg hinauf. Das machte solchen Eindruck, dass niemand es wagte, ihn dabei zu stören.

Es ist eigenartig, aber von Samson erzählt uns die Bibel hauptsächlich Frauengeschichten. Das Merkwürdige dabei ist, dass seine Leidenschaft ausgerechnet immer für feindliche Frauen entbrannte. Die waren aber auch so was von attraktiv! Mit ihren dunklen Rehaugen, ihrem verführerischen Blick, ihrem lockenden Mund und ihrer Heißblütigkeit passten sie genau in sein Beuteschema. Die nächste Angebetete hieß Delila, eine rassige Schönheit wie aus Tausendundeiner Nacht. Bei deren Anblick war Samson ganz hin und weg und er ließ sich von ihr bezirzen. Aber diese Geliebte war auch eine Liebhaberin des Geldes, wie es ja seit den biblischen Zeiten alle Frauen sind. Delila bekam Besuch von den fünf Fürsten der Philister, die ihr sagten:

„Da hast du ja einen dicken Fisch an der Angel!"

„Wieso, habe ich mir einen Millionär geangelt?"

„Viel besser! Du selbst kannst Millionärin werden!"

„Und wie?"

„Indem wir zusammenlegen und jeder von uns 200.000 gibt."

„Aber wofür?"

„Du brauchst nur herauszufinden, wodurch Samson seine außergewöhnliche Kraft hat – und die Million gehört dir!"

Die außergewöhnliche Kraft, die nötig gewesen wäre, diesem Angebot zu widerstehen, besaß Delila jedenfalls nicht. Als Samson beim nächsten Date in ihren Armen lag, flüsterte sie ihm zwischen heißen Küssen ins Ohr:

„Wollen wir es mal anders machen als immer in der Missionarsstellung? Was mich jetzt so richtig geil machen würde, sind Fesselspiele."

„Na gut, und wer fesselt wen?"

„Ich will dich fesseln, aber Lust habe ich nur dann, wenn du so gefesselt bist, dass du dich nicht losmachen kannst. Also sag mir, wie ich dich fesseln muss, damit du dich nicht befreien kannst."

„Dazu brauchst du sieben feuchte Hanfseile. Wenn du mich damit fesselst, bin ich dein Gefangener."

Die Philister hatten an der Wand gehorcht und ließen eiligst sieben feuchte Hanfseile kommen, die sie ihr gaben. Als sie ihn damit festgebunden hatte, rief sie:

„Samson, steh auf, die Philister sind da!"

Da zerriss er die Seile, sodass sie rochen wie eine versengte Schnur. Enttäuscht sagte sie zu ihm:

„Du Gauner, du hast mich angelogen. Nun sag mir, wie kann ich dich wirklich binden?"

„Ach, ich hatte vergessen, dir zu sagen: Die Stricke müssen nagelneu sein, nur dann funktioniert es.“

Nun besorgten die Philister, die gelauscht hatten, der Delila absolut neue Stricke und sie fesselte ihn damit. Dann rief sie wieder:

„Samson, schnell, die Philister!“

Wieder zerriss er in spontanem Reflex die Stricke, sodass sie wie Fäden von seinen Armen herabhingen. Da meinte sie:

„So geht das nicht, Samson, du reißt dich ja immer wieder los! Was können wir denn tun, damit du nicht mehr loskommst?“

„Entschuldigung, Liebes, es ist mir ja selbst peinlich, aber ich kann nichts dagegen machen, dass meine Arme so reagieren. Jetzt sage ich dir eine andere Methode: Du musst meine sieben langen Lockensträhnen zu einem Zopf flechten und den Zopf ans Bett nageln, dann komme ich bestimmt nicht mehr los.“

Da flocht sie ihm den Zopf und nagelte ihn, er hielt still und sie gab ihr Bestes. Als er eingeschlafen war, schreckte sie ihn auf mit dem Ruf „Die Philister!“, woraufhin er hochfuhr und die Nägel durch das ganze Zimmer flogen. Delila klagte:

„Du Lügenbold! Zum dritten Mal hast du mich an der Nase herumgeführt!“

Eine Million Silberlinge, eben noch zum Greifen nahe, rückten damit in weite Ferne. Nun griff Delila zur schärfsten Waffe einer Frau: Sie trat in den Sexstreik. All die nächsten Tage und Nächte zeigte sie Samson die kalte Schulter. Wenn er sie im Bett umschmeichelte und bat:

„Komm, Schätzchen, sei wieder gut zu mir“,

sagte sie schmollend:

„Du liebst mich ja gar nicht. Immerzu belügst du mich und treibst nur dein Spiel mit mir. Wie kann ich mit so einem Menschen zusammen sein? Ich wünsche mir wahre Liebe, die von Offenheit und Ehrlichkeit geprägt ist, in der es keine Geheimnisse zwischen den Partnern gibt. Wenn du es ehrlich mit mir meinst, beweise mir das, indem du mir sagst, woher du deine Kraft beziehst. Und du musst mir schwören, dass dies die Wahrheit ist.“

Von ehrlicher Liebe redete dieses falsche Aas, dabei galt ihre Liebe doch nur den Silberlingen, dem Judaslohn, dem Geld für den Verrat. Und Samson, der Löwenbezwinger, wurde Opfer dieser Hyäne.

„O. k., mein Täubchen, ich werde es dir sagen, aber das muss ganz unter uns bleiben. Versprochen?“

„Großes Ehrenwort!“

„Also, diese langen Strähnen hier habe ich, weil mein Haar seit meiner Geburt niemals geschnitten worden ist. Es ist nicht so, dass ich immer ein Hippie sein wollte, der Grund ist, dass meine Mutter schon vor meiner Geburt dem Herrn versprochen hat, dass ich ein Nasiräer sein werde. Eine der Bedingungen dafür, dass der Herr einem Nasiräer besondere Kraft verleiht, ist, dass seine Haare niemals geschnitten werden. Würde mir das Haar geschoren, wäre ich nicht stärker als jeder andere Mensch auch."

Damit war es heraus und Delila belohnte Samson für diesen Beweis seiner aufrichtigen Liebe. Kaum aber war er eingeschlafen, schickte sie einen Boten zu den Philisterfürsten mit der Nachricht:

„Kommt noch einmal her, diesmal lohnt es sich bestimmt! Das Geheimnis ist gelüftet, er hat es mir offenbart. Vergesst nicht, das Geld mitzubringen!"

Schnell waren die fünf Fürsten zur Stelle und Delila kassierte bar. Dann nahm sie Samsons Kopf in ihren Schoß und ließ seine sieben langen Locken abschneiden. Als sie rief: „Die Philister!", und Samson erwachte, kam er nicht hoch, denn sie hielt seinen Kopf fest eingeklemmt. Da packten ihn die Philister und stachen ihm die Augen aus. Ihn gleich zu töten war ihnen wohl zu human erschienen, sie wollten ihn noch leiden sehen und öffentlich zur Schau stellen wie einen gebändigten King Kong.

Sie brachten ihn nach Gaza und sperrten ihn in das dortige Stadtgefängnis. An Ketten an eine Mühle gebunden, musste dieser Mann ohne Augenlicht Tag für Tag Korn mahlen. Eintönig ging die Zeit dahin und niemand scherte sich darum, dass ihm allmählich die Haare wieder nachwuchsen.

Dann kam das größte Ereignis des Jahres, ein religiöses Fest, das die Philister aber nicht für den Herrn, sondern für Dagon, ihren eigenen Gott, begingen. Den bejubelten und feierten sie überschwänglich, weil er ihnen Samson in die Hände gegeben hatte, der ihnen so übel mitgespielt hatte. Eine riesige Festgemeinde, zu der auch die Fürsten gehörten, versammelte sich im Kongressgebäude, dem größten Haus der Stadt. Der überfüllte Festsaal reichte nicht aus, alle Menschen aufzunehmen, gut 3000 Menschen lauschten dem Festprogramm oben auf dem Flachdach. Da kam den Fürsten die Idee, zur Belustigung der Leute Samson vorzuführen und ihn zu zwingen, vor ihnen den Hampelmann zu machen. Also holte man ihn her und stellte ihn auf die Tanzfläche zwischen den Säulen, die das Haus trugen. Samson sagte zu dem Jungen, der ihn führte:

„Ich fühle mich so schwach, ich muss mich irgendwo anlehnen; führ mich an eine der Säulen!"

Das tat der Junge und Samson ertastete rechts die eine Säule und links die andere, dann rief er den Herrn an und bat:

„Oh Herr, ich bitte dich, gib mir die Kraft für ein einmaliges Comeback, damit ich mich an den Philistern für den Verlust meiner Augen rächen kann."

Dann fasste er die eine Säule, neigte sich vor und stemmte sich – vermutlich mit den Füßen – gegen die andere, und zwar mit solcher Kraft, dass die Säulen nachgaben und die Decke einstürzte. Alle Leute im Saal und auch die auf dem Dach kamen zu Tode, einschließlich der Fürsten, insgesamt mehr Philister, als Samson zeit seines Lebens getötet hatte. Er selbst wurde von den Gesteinsmassen natürlich auch erschlagen, das hatte er, obschon blind, vorausgesehen und in Kauf genommen – als erster Selbstmordattentäter der Geschichte.

Ob Samson hier wirklich vom Herrn seine alte übermenschliche Kraft zurückbekommen hatte, wer weiß? Schließlich hatte ja in der Zeit von noch nicht einmal einem Jahr sein Haar unmöglich schon wieder auf die alte Länge nachwachsen können. Eher könnte das tägliche Mahlen seine Muskeln gestärkt haben. Ich glaube ja, die Katastrophe wäre auch dann passiert, wenn anstelle von Samson einer von uns beiden, lieber Leser, dort an den Säulen gerüttelt hätte. Eine Dachterrasse, deren Boden damals ja nicht aus Stahl und Beton bestand, sondern mit Holz, Steinen und Mörtel gebaut war und auf der rund 3000 Leute dicht gedrängt standen oder gar herumsprangen, brauchte keine große Nachhilfe von unten, um einzustürzen.

Aber was für ein Ausmaß der Katastrophe war das! Man bedenke, dass allein auf dem Dach mehr Menschen standen und zu Tode stürzten, als bei dem Anschlag auf die Twin Towers des World Trade Center am 11. September 2001 insgesamt ums Leben kamen. Außerdem aber befanden sich ja unten im Saal noch einmal so viel Menschen, die von der herabstürzenden Decke begraben wurden. Aus Sicht des Samson war die Aktion also ein voller Erfolg – allerdings wohl doch nicht ganz, denn die Person, der seine Rache ja eigentlich primär hätte gelten müssen, war wohl nicht unter den Festgästen, nämlich Delila. Sie war keine Philisterin, sondern gehörte zu einem anderen feindlichen Volksstamm. So konnte sie von dem Geld des Verrats bis zu ihrem Lebensende ein mondänes Luxusleben führen, aber darüber schweigt die Bibel.

Irgendwie wird man das Gefühl nicht los, dass der Schreiber der biblischen Geschichte über die große Zahl derer, die bei dem Einsturz des Gebäudes zu Tode kamen, eine klammheimliche Freude empfunden hat. Dabei waren es doch bei Gott nicht nur Krieger, sondern bestimmt auch viele Frauen und Kinder, die der Feier mehr oder weniger andächtig lauschend beigewohnt hatten. Hätte man da nicht ein bisschen Mitleid haben sollen? Nein! Die Israeliten sahen das einfach so: Entweder die oder wir. Aber nicht nur das. Zugleich hieß es immer auch: Entweder deren Gott oder unser Jahwe. Und damit spielte die Partie automatisch in einer viel höheren Liga.

Ruth

Die nächste Bibelgeschichte handelt ausnahmsweise mal nicht vom Abschlachten Andersgläubiger, sondern von Ruth, der Frau, von der die berühmten Worte stammen:

„Wo du hingehst, da will ich auch hingehen; wo du bleibst, da bleibe ich auch. Dein Volk ist mein Volk und dein Gott ist mein Gott. Wo du stirbst, da sterbe ich auch, da will ich auch begraben werden. Der Herr tue mir dies und das, der Tod muss mich und dich scheiden."

Diese hehren Worte sagen sich Brautleute gerne vor dem Traualtar – um sich dann doch nicht daran zu halten. Aber weißt du, lieber Leser, zu wem Ruth diese Worte gesagt hat? Zu ihrem Bräutigam? Zu ihrem Ehemann? Keine Spur! Ob du's glaubst oder nicht, diese anrührenden Worte sprach sie – zu ihrer Schwiegermutter! Ja! Wirklich! Kein Witz! Das Treuegelübde galt niemand anders als ausgerechnet der Schwiegermutter! Das allein ist schon so sensationell, dass es die Aufnahme in die Bibel verdient hat. Aber erst mal der Reihe nach:

In Bethlehem im Gebiet des Stammes Juda lebte ein Mann mit seiner Frau. Nein, es ist noch nicht Weihnachten, das waren nicht Joseph und Maria, sondern Elimelech und Noomi oder Naemi. Es herrschte dort eine Wirtschaftkrise mit hoher Arbeitslosigkeit, deshalb zogen die Eheleute zusammen mit ihren beiden Söhnen ins Land der Moabiter. Dort starb Elimelech, woran auch immer. Die Söhne wuchsen heran und heirateten hübsche Moabiterinnen, die eine hieß Orpa, die andere Ruth. Aber auch für diese beiden Paare dauerte das Eheglück nicht lange, beide Söhne Noomis starben kurz nacheinander. *– Ja, gestorben wird auch in dieser Geschichte reichlich, aber wenigstens mal auf natürlichem Wege.* – Übrig blieben also Noomi und ihre beiden Schwiegertöchter Orpa und Ruth, nun alle drei kinderlose Witwen. Da entschloss sich Noomi, wieder in ihre Heimat Juda zurückzukehren, wo sich die Wirtschaftslage inzwischen gebessert hatte; die beiden Schwiegertöchter begleiteten sie. Aber unterwegs wurde Noomi nachdenklich und sagte zu den beiden jungen Moabiterinnen:

„Hört zu, ihr beiden, wenn ihr mit mir geht, kommt ihr in ein fremdes Land und ich weiß, was es heißt, im Ausland zu leben. Ich kenne meine Pappenheimer, bei denen rangiert eine Moabiterin gesellschaftlich auf der untersten Stufe. Für euch ist es besser, wenn ihr zurück in eure Elternhäuser geht und neu heiratet. Ihr seid jung und attraktiv und findet bestimmt einen Mann aus eurem Volk, der zu euch passt. Nach den Bräuchen, die bei uns herrschen, müsstet ihr warten, bis euch jeweils ein Schwager geboren ist, der euch später heiraten könnte, aber da ich Witwe bin, ist selbst das ausgeschlossen. Also bitte, meine Töchter, kehrt um! Ich kann euch das nicht antun, dass ihr mit mir mitkommt und in meinem Land versauert."

Da weinten die beiden Schwiegertöchter sehr. Orpa ließ sich überzeugen, küsste ihre Schwiegermutter und machte sich auf den Rückweg. Ruth aber sagte:

„Versuch nicht weiter, mir einzureden, dass ich dich verlassen soll! Wo du hingehst, da will ich auch hingehen ..."

Was für eine tolle Frau muss Noomi gewesen sein, dass Ruth solche Worte fand, aber was für ein bewundernswerter Entschluss war das auch von ihrer Seite!

So kamen die beiden Frauen in Bethlehem an, die eine Spätheimkehrerin, die andere mittellose Einwanderin ohne Papiere. Nun war es gerade Erntezeit und Ruth fragte die Schnitter auf dem Feld, ob es ihr erlaubt sei, hinter ihnen herzugehen und abgefallene Ähren aufzulesen. Man ließ es zu und Ruth sammelte vom frühen Morgen bis zur Dunkelheit in gebückter Haltung einzelne Ähren. Ja, die gute Ruth war nicht nur hübsch und sexy, sondern auch fleißig und bescheiden, aber außerdem, wie wir wissen, eine treue Seele.

Die Schnitter arbeiteten für einen Boss namens Boas, einen wohlhabenden Gutsbesitzer. Als der die junge Ruth auf seinem Feld bei ihrer mühsamen Aktion Eichhörnchen sah, fragte er einen seiner Arbeiter:

„Wer ist dieses junge Aschenputtel?"

„Das ist die Schwiegertochter der Noomi. Sie ist Moabiterin und hat ihre Schwiegermutter hierher begleitet. Sie hat um Erlaubnis gebeten, hier Ähren einzusammeln, und ist nun den ganzen helllichten Tag auf dem Feld."

Da nahm Boas sie beiseite und sagte ihr:

„Du kannst hier gerne Ähren auflesen, so lange und so viel du willst. Ich habe meine Arbeiter angewiesen, dass sie dich dulden, aber dass dir keiner zu nahe kommt. Halte dich an meine Feldarbeiterinnen. In der Pause kannst du mit meinen Leuten zusammen essen und trinken. Aber untersteh dich, zum Acker eines anderen zu gehen. Du bist nirgends so gut aufgehoben wie hier."

„Danke, mein Herr, aber womit habe ich diese Gnade verdient?"

„Ich habe mir sagen lassen, dass du nach deines Mannes Tod Vater, Mutter und Vaterland verlassen hast, um deine Schwiegermutter nicht allein zu lassen, und dass du sogar ihren Glauben an den Herrn, den Gott Israels, angenommen hast. Das soll der Herr dir belohnen."

Zur Mittagszeit aß Boas mit seinen Knechten an einem Tisch, und als Ruth eintrat, winkte er sie zu sich heran.

„Komm, setz dich her, hier ist noch Platz. Lang zu, es ist genug da für alle."

Er versorgte sie eigenhändig und sah zu, dass sie satt wurde und auch noch etwas übrig behielt. Seinen Schnittern sagte er:

„Lasst ruhig mal unauffällig ein paar volle Ähren fallen, damit sie was Ordentliches zum Auflesen findet, und stört sie nicht dabei!"

Als Ruth am Abend zu Noomi nach Hause kam, staunte die nicht schlecht über das üppige Sammelergebnis und fragte:

„Wo hast du denn so reichlich auflesen können?“

„Na, auf dem Feld von Boas.“

„Boas? Na so was! Weißt du, wer das ist? Der Mann ist ein Krösus. Und das Allerbeste: Er ist ein Verwandter meines verstorbenen Mannes und zu dessen Erbe berufen. Womöglich hat er dazu das Levirat zu erfüllen.“

„Das Levirat? Was ist das?“

Nun musste die gute Noomi der Ruth das erklären, was du, lieber Leser, ja schon aus dem Kapitel über Judas Nachwuchs kennst.

„Wer einen männlichen Verwandten beerben will, dessen Ehe kinderlos ist, muss die Witwe heiraten und ihr einen Sohn zeugen, der dem Verstorbenen zugerechnet wird. Eigentlich wäre ich diese Witwe, aber da ich in meinem Alter nicht mehr Mutter werden kann, bist du es, meine Kleine, die geheiratet werden muss. Ist das nicht fantastisch? Also hör zu, wir müssen da ganz diplomatisch vorgehen. Geh du erst einmal weiter bei ihm Ähren sammeln, als wüsstest du von nichts. Wenn die Ernte vorbei ist, sehen wir weiter.“

Beflissen folgte Ruth dem Ratschlag ihrer klugen Schwiegermutter. Die hatte am Ende der Erntezeit einen weiteren guten Tipp:

„Pass auf, ich habe erfahren, dass Boas heute Abend auf der Tenne arbeiten will. Dann wird er dort auch übernachten. Also bade und parfümiere dich, zieh dein Ausgehkleid an und geh zur Tenne, aber zeig dich nicht. Wenn Boas gegessen, getrunken und sich schlafen gelegt hat, schleich dich zu ihm und leg dich zu seinen Füßen. Was du dann zu machen hast, wird er dir schon sagen.“

Ruth befolgte diese Anweisungen peinlichst genau und sah am Abend heimlich zu, wie Boas sich nach dem Essen auf einen Kornhaufen legte und einschlief. Dann schlüpfte sie am Fußende unter seine Decke. Um Mitternacht wachte Boas auf und erschrak nicht schlecht, als er einen warmen Körper an seinen Füßen spürte.

„Heiliger Strohsack! Wer ist da?“

„Keine Angst, Meister Boas, ich bin kein Nachtgespenst. Ich bin deine Magd Ruth.“

„Was in aller Welt machst du hier?“

„Ich wärme deine Füße, damit du merkst, dass dir Ruth guttut.“

„Sehr liebenswürdig, aber wieso?“

„Ehrlich gesagt, ich komme auf Empfehlung meiner Schwiegermutter Noomi. Sie hat mir gesagt, dass du als Verwandter ihres verstorbenen Ehemanns Elimelech dazu berufen bist, dessen Erbe anzutreten und mit mir die Leviratsehe einzugehen. Also bin ich da, ganz zu deiner Verfügung.“

„Da hast du vollkommen richtig gehandelt, mein Kind. Komm, lass dich umarmen. Wie ich sehe, bist du nicht nur hübsch, sondern auch gescheit. Ich habe dich beobachtet, du hast nicht nach den jungen Burschen geschaut, diesen Grünschnäbeln, sondern weißt die Qualitäten eines älteren Mannes zu schätzen. Geld macht zwar nicht glücklich, aber es ist doch besser, man hat es, als wenn es einem fehlt, nicht wahr? Aber was die Leviratsehe betrifft, da hat sich die gute Noomi verrechnet. Ich bin nämlich in der Reihenfolge der Erbberechtigten nicht der nächste Verwandte deines Schwiegervaters Elimelech, sondern da ist noch einer vor mir. Wir wollen ihn morgen fragen, ob er dich nimmt. Wenn er nicht will, werde ich dich heiraten, so wahr mir Gotte helfe. Bis dahin: Gute Nacht!"

Damit legte er sich schlafen und Ruth ruhte wieder zu seinen Füßen. Nein, es gab in dieser Nacht keinen Sex – so jedenfalls steht es geschrieben, also wollen wir's mal glauben.

Am nächsten Morgen passte Boas den vor ihm rangierenden Erbberechtigten auf dessen Weg ab und führte ihn zu den Ältesten des Ortes.

„Wir haben etwas Ernstes zu besprechen. Noomi, die Witwe des Elimelech, bietet dessen Grundstück zur Übernahme an und du hast als Erster Erbe das Vorkaufsrecht. Willst du es kaufen?"

„Ja."

„Nur gibt es da noch eine kleine Zusatzklausel. Der Erwerber übernimmt nicht nur das Grundstück, sondern per Leviratsehe auch die Witwe Ruth mit der Verpflichtung, ihr einen Sohn zu zeugen."

„Einen Sohn, der dann das Grundstück erbt? Nein danke, ich verzichte."

„So, Leute, ihr seid alle Zeugen, dass er verzichtet hat. Damit bin nun ich am Drücker. Ich erkläre hiermit feierlich, dass ich das Grundstück samt Leviratspflicht übernehme und Ruth heirate, um Elimelech einen Erben zu verschaffen."

So geschah es. Ruth schlief von nun an nicht mehr nur zu Boas Füßen und gebar einen Sohn, den sie Obed nannten. Dessen Sohn Isai ist der Vater des späteren Königs David.

Samuel

Wir springen nun aber nicht von Ruth zu ihrem Urenkel David, denn zwischendurch sind auch noch wichtige Dinge passiert.

Da begegnen wir Samuel, einem Mann, der wie seinerzeit Samson ein Nasiräer ist, also kraft religiösen Gelübdes ungeschnittenes Haar trägt, wobei er sich aber weniger durch übermenschliche körperliche als durch geistige Kräfte auszeichnet. Und wie ist er dazu gekommen? Du wirst sagen: Das hatten wir doch schon! Wieder ist es die Mutter, der der Gottesdiener seine Rolle verdankt. Auch hier hat sich eine Frau gemeinsam mit ihrem Mann jahrelang intensiv vergeblich um Nachwuchs bemüht, bis sie schließlich dem Herrn verspricht, im Falle ihrer Erlösung von der Schmach der Kinderlosigkeit den Sohn in die Klosterschule zu geben. Und siehe da: bums! Mit einem Mal klappt's. Also wächst Samuel gewissermaßen als junger Mönch bei dem Hohepriester und Richter Eli auf. Für Priester galt aber damals kein Zölibat, obwohl – im Falle Eli wäre es vielleicht besser gewesen, wenn doch; denn seine zwei Söhne waren ziemlich missratene Früchtchen. Deshalb beschloss der Herr, dass keiner dieser beiden, sondern Samuel dem Eli als oberster Geistlicher und Richter nachfolgen solle. Und was der Herr beschließt, das passiert auch.

Die Lage im Land war zu der Zeit alles andere als rosig. Die Vorfahren der Israelis lebten in einer Dauerfehde mit den Vorfahren der Palästinenser, den Philistern. Diese waren so dreist, ins Land einzufallen und die Bundeslade, das Allerheiligste der Israeliten, zu entführen. Elis Söhne kamen bei dem Kampf ums Leben. Da aber wusste sich der Herr schon selbst zu rächen und schlug die Philister mit Seuchen und Tod, sodass sie, um seinen Zorn von sich abzuwenden, den heiligen Schrein unter Hinzufügung von goldenen Mäusen und anderen Kleinoden zu den Israeliten zurückschickten. Von da an herrschte, solange Samuel Richter war, Friede mit den Philistern.

Samuel war weniger das weltliche als das geistliche Oberhaupt der Israeliten. Zu damaligen Zeiten war es äußerst selten geworden, dass der Herr direkt zu einem Menschen sprach, bei Samuel machte er eine Ausnahme. Samuel predigte darüber seinem Volk und es verehrte ihn als Propheten.

Doch wieder begegnen wir schon Bekanntem: Wie zuvor der alte Eli, so beging auch der in die Jahre gekommene Samuel den Fehler, sich in der Ausübung des Richteramts von seinen beiden Söhnen vertreten zu lassen. Samuels Söhne waren nicht die Bohne besser als die Elis. Bei ihnen bekam in Rechtsstreitigkeiten nicht derjenige recht, der das Gesetz auf seiner Seite hatte, sondern der, der ihnen am meisten dafür bezahlte, mit anderen Worten: Sie ließen sich bestechen und beugten das Recht. Da machte sich allgemeiner Unmut breit, das Volk verlangte nach radikalen Reformen. Jetzt ging es nicht mehr nur darum, einen anderen Richter zu installieren, jetzt hieß es in Protestversammlungen und Aufrufen an Samuel:

„Schluss mit diesen chaotischen Verhältnissen! Unser ganzes System ist Murks. Wir brauchen einen Regenten mit zentralen Machtbefugnissen, wir wollen einen König! Alle Völker ringsherum haben Könige, warum nicht wir? Soll lieber ein König über uns bestimmen als solche korrupten Richter!"

Samuel antwortete:

„Ist nicht der Herr euer König?"

Aber der Herr sprach zu ihm:

„Lass gut sein, Samuel! Das Volk soll bekommen, was es verlangt. Aber die Verfassung samt Ausführungsgesetzen schreibst du!"

Da sagte Samuel dem Volk:

„Ihr wollt einen König? O. k., der Herr gibt seinen Segen dazu. Aber ihr werdet euch umgucken! Ihr habt ja keine Ahnung, was für Privilegien sich so ein König herausnimmt. Der König wird eure Söhne zum Militärdienst einziehen. Der König wird sich eure Töchter zu Diensten machen, und zwar zu allen! Der König wird euch für ihn schuften lassen. Wollt ihr das?"

„Ja!"

„Der König wird die stattlichsten Häuser, die prächtigsten Gärten und die bestgelegenen Weinberge konfiszieren und für sich beanspruchen. Wollt ihr das?"

„Ja!"

„Und natürlich müsst ihr ihm Steuern zahlen, und zwar nicht zu knapp! Wollt ihr das?"

„Ja!"

„Also gut, wenn ihr meint … Aber wenn der König erst mal inthronisiert ist und es euch später leidtut, dann gibt es kein Zurück mehr!"

Das Volk blieb stur bei seiner Forderung nach Einführung der Monarchie. Man stellte sich vor, wie schön es doch wäre, einen König zu haben, der sich um die Staatsgeschäfte kümmern müsste, während man sich selbst den angenehmeren Dingen des Lebens widmen könnte.

Das Tollste aber war: Selbst auf die Auswahl des Königs verzichtete das Volk. Diese Entscheidung überließ man dem guten Samuel beziehungsweise dem lieben Gott.

Nun hatte ein reicher Gutsbesitzer namens Kis einen Sohn Saul, der von schöner, athletischer Gestalt war und alle anderen um Haupteslänge überragte. Diesen schickte er zusammen mit einem Knecht auf die Suche nach zwei entlaufenen Eselinnen. Nach vergeblichem Suchen kamen die beiden in einen Ort, in dem es hieß, dass dort ein Seher zu Gast sei. Da schlug der Knecht vor, den Seher nach den beiden Eselinnen zu befragen. Dieser Seher war natürlich Samuel. Der Herr hatte Samuel schon tags zuvor den Besuch Sauls angekündigt und ihm gesagt:

„Der Typ, der morgen Mittag zu dir kommt und dich nach dem Seher fragt, der soll Israels König sein."

Als nun Saul, der keine Ahnung hatte, wer Samuel war, diesen aus dem Haus treten sah, fragte er ihn:

„Verzeihung, kannst du mir sagen, wo der Seher zu finden ist?"

„Der Seher? Na, der bin ich. Deshalb weiß ich auch, wer du bist. Um die Eselinnen, die du suchst, mach dir keine Gedanken, die sind schon gefunden. Ich habe dich erwartet und schon das Mittagessen vorbereiten lassen, du bist mein Gast."

Saul wurde von Samuel mit köstlichen Leckerbissen bewirtet und erfuhr von ihm bei einem anschließenden Spaziergang, dass er König von Israel werden solle. Samuel meinte:

„Sag mal deinem Knecht, er soll ein Stück vorausgehen."

Als beide allein waren, zog Samuel ein Ölfläschchen aus der Tasche, stellte sich auf die Zehenspitzen, goss dem langen Saul Öl auf den Kopf und küsste ihn. Damit war Saul zum König gesalbt. – *Na, ich weiß nicht, wie ich reagieren würde, wenn mir jemand unvermittelt Öl auf den Kopf gießt, Saul jedenfalls hat es über sich ergehen lassen, vielleicht gefiel es ihm sogar. Es fühlt sich ja auch heute so mancher junge Mann mit öligem Haar als King.* –

Obwohl damit das Ergebnis schon feststand, wurde dem Volk bei der nächsten Versammlung aller Stämme ein Losverfahren vorgeführt, wobei das Los zufällig auf den Stamm Benjamin fiel, zu dem Saul gehörte, sodann auf das Geschlecht, dem er angehörte, und dann auf ihn selbst. Saul, so sollen wir glauben, wurde ohne die geringsten eigenen Ambitionen und ohne einen einzigen Wahlkampfauftritt zum König erkoren. Ja, um dies zu unterstreichen, berichtet die Bibel, dass sich der Mann während des Losverfahrens vor Scham in einem Geräteschuppen versteckt hatte, also völlig abgetaucht war. Von dort wurde er als Gewinner der Lotterie hervorgeholt und als König Saul der Erste präsentiert; da ließ das Volk ihn hochleben. Natürlich gab es, wie immer, auch ein paar Nörgler, aber als bald darauf Saul seine erste Schlacht gegen die Ammoniter siegreich geschlagen hatte, feierten ihn alle.

Dieser Sieg und weitere Siege waren das Produkt einer praktischen Arbeitsteilung zweier Männer: Saul, der König, führte die Kriege, und Samuel, der Mann mit dem direkten Draht zum Herrn, erklärte Saul, wie er dabei vorzugehen habe. Das funktionierte aber nur und konnte nur funktionieren, solange sich König Saul strikt an die ihm übermittelten himmlischen Anweisungen hielt. Doch genau da haperte es.

Wieder einmal hatten sich die Philister zum Kampf gegen die Israeliten gerüstet und 30.000 Wagen, 6000 Reiter und Soldaten wie Sand am Meer mobilisiert. Saul hatte daraufhin zu den Waffen gerufen, aber gerade mal 3000 Mann zusammenbekommen, von denen 2000 mit ihm und 1000 mit seinem Sohn Jonathan zogen. Samuel hatte Saul aufgetragen:

„Warte sieben Tage ab, bis ich zu euch komme und dem Herrn das Dank- und Brandopfer zelebriere. Dann wird schon alles gut gehen."

Angesichts der erdrückenden Übermacht der feindlichen Stellungen bekamen es aber nun viele der erschienenen hebräischen Krieger mit der Angst zu tun und verdrückten sich. Sauls Truppe verkleinerte sich von Tag zu Tag, bis schließlich nur noch 600 Mann da waren. Da beschloss Saul, nicht länger auf Samuel zu warten, sondern die Zeremonie des Dank- und Brandopfers selbst in die Hand zu nehmen.

Kaum hatte er sie vollendet, kam Samuel hinzu, und als er von Sauls eigenmächtigem Vorgehen erfuhr, sagte er ihm:

„Das war sehr dumm von dir. Schade, aus dir hätte ein großer König werden können, aber so wird es nichts mit einer langen Amtszeit. Der Herr wird sich statt deiner einen anderen König erwählen."

Da war es schon ein wahres Wunder, dass es den Israeliten trotz aller ungünstigen Vorzeichen gelang, die Philister in die Flucht zu schlagen. Aber statt aus seinem Fehler zu lernen, trat Saul bei der nächsten Schlacht schon wieder ins Fettnäpfchen.

Samuel sagte zu Saul:

„Der Herr lässt dir Folgendes ausrichten: Ich habe mit den Amalekitern noch eine Rechnung offen. Die sind meinem Volk damals auf der Wüstenwanderung in die Quere gekommen. Also sei so gut, die Amalekiter zu überfallen und alles zu töten, was Beine hat, Mann und Weib, Kinder und Säuglinge, Ochsen und Schafe, Kamele und Esel."

Saul machte sich sofort an die Arbeit, versammelte sein Heer und schlug die Amalekiter vernichtend. Die Amalekiter waren aber offenbar ganz talentierte Viehzüchter, in ihren Ställen fanden sich wahre Prachtexemplare von Rindern und Schafen. Da meinten Sauls Leute, dass es doch ein Jammer wäre, sie abzustechen; also gab Saul Order, sie mitnehmen. Außerdem ließ er Agag, den König der Amalekiter, festnehmen und nicht gleich abschlachten, man kannte sich schließlich von König zu König.

Da sagte der Herr dem Samuel nachts im Traum:

„Wie ich sehe, war es ein grober Fehler von mir, Saul zum König zu machen. Der Mann hat wieder nicht gehorcht!"

Am nächsten Morgen eilte Samuel schnurstracks zu dem Hügel, auf dem Saul sein Siegesbanner aufgesteckt hatte. Saul empfing ihn mit den Worten:

„Melde gehorsamst: Auftrag ausgeführt!"

„So? Wieso höre ich dann so ein Blöken von Schafen und ein Brüllen von Rindern?"

„Ach, das! Ja, das war so: Die Leute meinten, man solle diese prächtigen Zuchterfolge der Amalekiter doch lieber verschonen, da habe ich es ihnen erlaubt."

„Aha, Volkes Stimme ist dir also wichtiger als Gottes Stimme? So was nennt man Populismus!"

„Aber ich habe das Vieh doch nur verschont, um es dem Herrn zu opfern!"

„Faule Ausrede! Glaubst du wirklich, dem Herrn sei ein Opfer lieber als Gehorsam? Dein Ungehorsam wird dich deinen Job kosten! Schließlich warst du schon einmal abgemahnt."

Samuel sprach's und wandte sich zum Gehen um. Da erkannte Saul die Tragweite seines Fehlverhaltens. Er hängte sich verzweifelt an Samuels Rockschöße, sodass der Stoff zerriss. Aber dieser Kniefall, dieser Gang nach Canossa half ihm nicht mehr. Samuel sagte:

„Genauso wie diesen Stoff hast du dein Königreich zerrissen. Der Herr will mit dir nichts mehr zu tun haben und ich auch nicht. Ich will dich nie mehr wiedersehen."

Dann ließ Samuel den König Agag vorführen, nahm ein Schwert und haute ihn in Stücke. Danach verließ er den Ort wortlos und sah Saul tatsächlich nie wieder.

Was für ein starker Auftritt! Die Wucht der Worte und der Schläge dieses hochbetagten Gottesmannes war nicht von schlechten Eltern. Dieser Prophet verstand sich nicht nur auf die Zwiesprache mit dem Herrn, sondern offensichtlich auch ganz gut auf den Umgang mit dem Schwert.

Was aus den Ochsen und Schafen der Amalekiter geworden ist, erfahren wir nicht. Ob man sie auch zerstückelt hat, ob man sie dem Herrn geopfert oder aber verschont hat, bleibt offen. Was immer man tat, es war jetzt eh zu spät. Aber warum nur hatte man sie nicht behalten und für die weitere Zucht verwenden dürfen? Was die Amalekiter einst den Hebräern angetan hatten, war ja wohl am wenigsten die Schuld der Ochsen und Esel. So jedenfalls könnte man denken, aber darum ging es gar nicht. Man dachte nicht in Kategorien von Schuld und Unschuld. Erinnern wir uns, was wir bei Moses gelernt haben: Rein oder unrein, das ist hier die Frage! Ebendarum wurde auch nach der Schlacht von Jericho für die Veruntreuung von Beutestücken der Täter Achan nicht allein, sondern samt Frau, Kindern, Ochsen, Eseln und Schafen gesteinigt; durch seine Tat waren sie alle kontaminiert.

Der junge David

Saul hatte sich nicht als Idealbesetzung für den Königsstuhl entpuppt, so viel stand fest. Immerhin nahm der Herr diese Fehlbesetzung auf seine Kappe und sagte zu Samuel:

„Nach Lage der Dinge müssen wir uns einen neuen König ausgucken und ich weiß auch schon, wen. Ich bin sicher: Diesmal habe ich ein besseres Händchen. Geh nach Bethlehem zu dem Mann Isai. Einer seiner Söhne soll es werden, der, den ich dir zeigen werde. Den sollst du zum König salben."

„Aber Herr, wie soll das gehen? Wenn König Saul davon erfährt, macht er mich einen Kopf kürzer!"

„Na, du musst natürlich verheimlichen, was du vorhast. Nimm ein kleines Kalb mit und sag, du kämst in der Absicht, mir ein Opfer zu bringen. Aber vergiss dein Ölfläschchen nicht!"

So ging also Samuel mit einem Kalb nach Bethlehem. Sein Erscheinen dort versetzte die Dorfältesten in höchste Aufregung. Sie überprüften in Gedanken ihre Sündenregister, traten auf ihn zu und fragten:

„Ehrwürdiger Samuel, was haben wir verbrochen, dass du uns aufsuchst?"

„Keine Sorge, meine Herren, alles in Ordnung. Ich komme nur, um dem Herrn von hier aus ein Opfer zu bringen. Ihr seid alle eingeladen."

Dann besuchte er Isai und bat ihn, ihm seine Söhne vorzustellen. Der erste wurde hereingerufen, ein gut aussehender, hoch aufgeschossener Bursche, und Samuel dachte: Das muss er sein. Aber der Herr flüsterte ihm zu:

„Nein, der ist es nicht."

So wurde einer nach dem anderen hereingebeten, einer schöner als der andere, insgesamt sieben an der Zahl, aber jedes Mal sagte der Herr:

„Nein, der nicht."

Da fragte Samuel den Isai:

„Hast du nicht noch einen Sohn?"

„Ja, das ist der jüngste, der hütet die Schafe."

„Lass ihn holen, wir fangen erst an, wenn alle komplett versammelt sind."

Dann trat der junge David ein, sonnengebräunt und in Arbeitskleidung, und der Herr flüsterte Samuel zu:

„Das ist er, das ist er! Los, salbe ihn zum König!"

Da zückte Samuel sein Fläschchen und goss dem David das Öl in die Haare. Davids Brüder schauten irritiert zu; sie begriffen nicht, was sich hier abspielte. Aber David wurde vom Geist des Herrn erfasst.

Von König Saul dagegen wich der Geist des Herrn, stattdessen plagten ihn nun böse Geister, die er nicht verscheuchen konnte und die ihm schlaflose Nächte bereiteten. Da sagten sich die Leute am Hof:

„Die schlechte Laune des Königs ist unerträglich. Vielleicht kann man ihn mit Musik aufheitern. Kennt nicht jemand irgendeinen Typ, der Zither oder Harfe spielen kann?“

„Ja, in Bethlehem der David, der ist ein Supertalent.“

Also holte man David an den Hof, und tatsächlich: Sobald David in die Saiten schlug, war Saul in bester Stimmung. Saul engagierte David als Hofmusikant und machte ihn zu seinem Leibburschen.

Saul hatte aber auch allen Grund, missmutig zu sein, denn wieder einmal machten die Philister mobil. Richtig, jetzt kommt die Geschichte von dem Riesen Goliath, die jeder kennt, aber macht nichts, ich erzähle sie trotzdem.

Zu der Zeit wusste David wohl selbst nicht genau, wo er hingehörte. Mal musizierte er im Königspalast, sodass Sauls böse Geister Reißaus nahmen, mal hütete er zu Hause die Schafe. Schon in frühen Jahren war er ein typischer Berufspendler. Drei seiner Brüder waren dem Ruf zu den Waffen gefolgt. Ihre Truppe lagerte auf einem Hügel, der dem feindlichen Heereslager gegenüberlag. Jede Seite wartete darauf, dass die andere zum Angriff blasen und ins Tal stürmen würde. Schon seit 40 Tagen stand oder lag man sich so kampfbereit gegenüber. Da sagte Isai zu seinem Sohn David:

„Nimm diese zehn Butterbrote und bring sie deinen Brüdern ins Lager. Die müssen ja mächtigen Kohldampf haben. Und diese zehn Käse sind für den Kommandeur; es kann nie schaden, sich mit den Vorgesetzten gut zu stellen.“

Entsprechend bepackt suchte David die Truppe auf. Als er gerade seine Brüder entdeckt und versorgt hatte, trat auf der anderen Seite ein Dreimetermann in voller Rüstung vor. Es blinkte sein Helm und schepperte sein Panzerhemd, das allein ein Gewicht von 287 Kilogramm hatte. Der Mann rief mit mächtiger Stimme zu den Mannen Sauls hinüber:

„Wozu wollen wir uns hier alle die Köpfe einschlagen? Es reicht doch, wenn einer von euch gegen mich kämpft. Verliere ich, kapitulieren die Philister. Gewinne ich, dann müsst ihr die Waffen strecken, und dann gnade euch Gott.“

Eigentlich ein ganz vernünftiger Vorschlag, den dieser verhinderte Basketballspieler da machte. Nach diesem Muster hätte so mancher Krieg ohne viel Blutvergießen ausgetragen werden können. Die Crux war nur, dass es bei den Israeliten keinen Mann von auch nur annähernd gleicher Statur gab. Selbst der Zweimetermann Saul hatte vor diesem Riesen Goliath das Fracksausen. Er zog es vor, anderen Mut zu machen und sie mit verlockenden Angeboten zu animieren:

„Wer es schafft, diesen Kerl zu besiegen, den mache ich zum Millionär! Und ich übernehme vom Haus seines Vaters die Hypothek! Außerdem gebe ich ihm meine süße Tochter Michal zur Frau!“

Da hätte sicher mancher der Soldaten gern den einen oder anderen Teil des Preises – oder aber auch den ganzen – für sich gehabt, aber keine Hand hob sich. David hatte Goliaths Worte gehört und meinte:

„Was ist los, Leute, lasst ihr euch von diesem Großmaul provozieren? Glaubt denn dieser unbeschnittene Typ tatsächlich, das Heer des lebendigen Gottes ungestraft verhöhnen zu können? Dem werd' ich's zeigen!"

Da führte man David zu Saul, aber der meinte:

„Was? Du willst kämpfen? Soll das ein Witz sein? Das hier sind keine Bundesjugendspiele. Hast du dir den Mann da mal angesehen? Der ist Profi, ein voll ausgebildeter Berufssoldat. Und du? Ein pubertierender Teenager und noch gar nicht waffenfähig."

„Aber ich habe schon Löwen und Bären erlegt, wenn sie meiner Schafherde zu nahe gekommen waren. Dann werde ich doch wohl mit dem Typ da auch fertig werden."

„Na ja, dann zeig mal, wie du dich als Soldat so machst!"

Saul ließ David einen Helm aufsetzen, ein Panzerhemd anlegen und ein Schwert umgürten, aber da kam David ins Stolpern. Nein, das war nichts für ihn. Also nahm man alles wieder ab und David begnügte sich mit seinem Hirtenstab, ein paar flachen Kieselsteinen, die er sich in seine Hirtentasche steckte, und seiner Steinschleuder. So trat er Goliath gegenüber, der bei seinem Anblick regelrecht beleidigt war. Was ist das für eine Unverschämtheit der Israeliten, mir so einen Knirps zu schicken, dachte er, der ist doch nicht satisfaktionsfähig.

„Bin ich ein Hund, dass du mich mit einem Stock empfängst?"

„Genau! Du bist nur ein Kläffer! Du kommst hier an mit Schwert, Spieß und Schild, das brauche ich alles nicht. Denn meine Waffe ist der Herr Zebaoth und die ist stärker als dein ganzes Arsenal. Tut mir ja leid für dich!"

Erbost stapfte Goliath ihm entgegen, der Fight hatte begonnen. David nahm seelenruhig einen Stein aus seiner Hirtentasche und legte ihn in seine Schleuder. Er konnte aber nicht einfach abziehen wie bei einer heutigen Schleuder mit Gummizug, nein, Gummi gab's damals noch nicht. Die Schleuder war nichts weiter als ein Streifen aus Wolle oder Leder. Die beiden Enden des Streifens hielt David zwischen seinen Fingern, dann ließ er die Schleuder mit dem Stein über seinem Kopf kreisen und im passenden Moment ließ er eines der beiden Enden los, sodass der Stein nach vorne schnellte und – zass – Goliaths Stirn traf und tief in diese eindrang. Ja, Davids Fingerfertigkeit beschränkte sich offensichtlich nicht nur aufs Zitherspielen. Goliath brach zusammen – sei es wegen des Steins im Schädel, sei es unter der Last seiner Rüstung – und fiel vornüber mit dem Gesicht gen Boden. Da David selbst keine Waffe hatte, zog er Goliaths riesiges Schwert aus der Scheide, holte aus und hieb ihm den Kopf ab mit einer Leichtigkeit, als würde er Petersilie schneiden. Stolz wie ein Rumpelstilzchen zeigte er seine Trophäe allseits herum. Das war ein Schock für die Philister und sie flohen in Panik.

Davids Heldentat löste bei den Israeliten einen regelrechten Hype aus, ein Star war geboren. Vor allem die jungen Mädchen schwärmten von ihrem Idol, tanzten auf den Straßen und sangen:

„Saul hat 1000 Mann getötet, aber David 10.000 Mann."

König Saul, der das hörte, war nicht amüsiert, nein, es machte ihn vor Eifersucht rasend.

„Was fällt denn den Leuten ein? Wieso er 10.000 und ich nur 1000?"

Als ihm David wieder einmal heitere Stücke auf der Gitarre vorspielte, ließ sich Sauls Gemüt diesmal nicht besänftigen. In seinem Jähzorn packte Saul einen Spieß und schleuderte ihn David entgegen, aber David schaffte es zweimal reaktionsschnell, dem herannahenden Geschoss auszuweichen. Er spielte weiter, als wäre nichts gewesen, blieb aber hoch konzentriert. Nach Ende dieser Vorstellung sagte sich Saul:

„Ich habe mich selbst nicht mehr in der Gewalt. Dieser David muss aus meiner Umgebung verschwinden, sonst vergesse ich mich noch und werde zum Killer. Da ist es besser, wenn die Philister das statt meiner erledigen."

Er ernannte David zum Kommandeur über eine Einheit von 1000 Mann und spekulierte darauf, dass der militärisch unerfahrene David Fehler begehen werde. Aber David handelte in allem klug und geschickt und kam nicht zu Schaden. Da sagte ihm Saul:

„Führ du nur ordentlich Krieg gegen die Philister! Zur Belohnung kannst du meine älteste Tochter Merab zur Frau bekommen."

Als David tatsächlich erfolgreich gekämpft und Anspruch auf die Vermählung mit Merab hatte, verheiratete Saul sie schnell mit einem anderen Kandidaten. Nun hatte aber Saul eine weitere Tochter mit Namen Michal, die war ausgesprochen hübsch und sexy und total verknallt in David. Als Saul davon erfuhr, ließ er über seine Gefolgsleute streuen, er sei bereit, David die süße Michal zur Frau zu geben. David meinte:

„Wie soll denn ich einfacher Mann Schwiegersohn des Königs werden können? Ich hätte doch gar nicht das Geld für eine angemessene Morgengabe."

Saul ließ ihm ausrichten:

„Ich will kein Geld als Morgengabe, sondern nur 100 Vorhäute der Philister."

Fast könnte man meinen, Saul habe die Idee gehabt, den ungehobelten Nachbarn auf unsanfte Weise ein Stück israelitischer Lebensart zu vermitteln. Aber David verstand das Ansinnen des Königs schon richtig. Er überfiel mit seinen Mannen das Lager der Philister und tötete 200 von ihnen. Anschließend sprach er bei Saul vor und legte ihm 200 frisch geschnittene Vorhäute auf den Schreibtisch. Saul biss sich auf die Lippen, denn das hatte er nicht erwartet. Aber nach Empfang dieser delikaten Morgengabe konnte er nicht anders, als im Gegenzuge David die Hand Michals zu geben, die Hand und alles andere. Die Kleine war glücklich und liebte David.

Davids Erfolge hatten seine Popularität noch gesteigert, deshalb stand für Saul fest: Der Mann muss weg. Im engsten Kreise seiner Gefolgsleute, zu denen auch sein Sohn Jonathan gehörte, gab Saul den Befehl, David zu töten, wo immer man seiner habhaft werde. Nur, Pech für Vater Saul: Sowohl sein Sohn Jonathan als auch seine Tochter Michal standen ganz aufseiten Davids, informierten ihn und halfen ihm zu entkommen.

Davids Flucht war eine wahre Odyssee mit vielen Stationen und Abenteuern. Aber immer wieder war ihm Saul auf den Fersen. Ganz schutzlos war David nicht, denn etliche Anhänger gesellten sich ihm zu, sodass er bald eine Truppe von 400 Mann mit sich führte, mit der er auch manche Schlachten schlug. Einmal lagerte er mit seinen Leuten im Innern einer Höhle, als Saul auf der Suche nach ihm mit einem Trupp von 3000 Mann vorbeikam. Beim Anblick der leer erscheinenden Höhle rief Saul zu seinen Leuten:

„Halt! Wartet mal einen Moment! Ich muss mal dort hingehen, wo der Kaiser zu Fuß hingeht."

In der Höhle verrichtete Saul sein Geschäft, ohne in der Dunkelheit David und dessen Leute zu bemerken. (Was für eine tolle Leistung der 400 Leute Davids, jeglichen Hustenreiz zu unterdrücken!) David schlich sich von hinten an seinen Schwiegervater an und schnitt ihm unbemerkt einen Zipfel vom Umhang ab. Als Saul sich entfernt hatte, rief David ihm nach:

„He, König Saul, sieh mal, wer hier ist, und schau mal, was ich hier habe! Du hast hier nicht nur einen Haufen zurückgelassen, sondern auch diesen Zipfel von deinem Mantel. Statt dir den abzuschneiden, hätte ich dich mit Leichtigkeit erschlagen können. Dies nur, damit du siehst, dass ich dir jedenfalls nichts Böses will."

Da sah Saul, dass er sich gegenüber David eine Blöße gegeben hatte, und zog beschämt ab. Viel geholfen hat es David aber nicht, denn bald darauf nahm Saul die Verfolgung wieder auf. Es plagte Saul, dass ihm Samuel geweissagt hatte, dass seine Herrschaft bald enden und David neuer König werden würde, zumal sich Samuels Prophezeiungen bisher immer als richtig erwiesen hatten. Eigentlich hätte sich Saul ja sagen können, dass im Hinblick darauf seine Versuche ganz zwecklos seien, durch die Tötung Davids dem Eintritt der Prophezeiung zuvorzukommen, aber zu dieser Logik war er nicht fähig.

Also musste David weiter auf der Hut sein und sich zeitweilig sogar in Feindesland etablieren. Dann aber musste Saul sein Hobby, David zu verfolgen, aufgeben, denn es wurde ernst: Die Philister griffen Israel an. Und diesmal zog Israel den Kürzeren; Saul und drei seiner Söhne, darunter auch Davids Freund Jonathan, fielen in der Schlacht.

König David

Bald darauf schaffte es David, zunächst König über den Südteil des Landes, das Gebiet des Stammes Juda, zu werden, sieben Jahre später schließlich über ganz Israel, natürlich unter Einsatz militärischer Mittel. Aber die Bibel erzählt uns nicht nur von Davids Erfolgen bei Waffengängen, sondern auch von seinen Frauengeschichten und seinen diesbezüglichen Erfolgen.

Mit Davids Frau Michal hätte es eine glückliche Ehe werden können, wäre da nicht ihr Vater Saul gewesen. Nachdem Michal ihrem Mann zur Flucht aus dem Palast verholfen und ihn damit vor der Ermordung durch ihren Vater gerettet hatte, verheiratete dieser sie zur Strafe mit einem seiner Günstlinge. David tröstete sich darüber hinweg, indem er auf seiner Flucht – so viel Zeit musste sein – zum Ausgleich gleich zwei Frauen heiratete. Aber das war erst der Anfang. In seiner Zeit als König von Juda kamen vier weitere Frauen hinzu, jedenfalls hatte er in dieser Phase bereits von sechs Frauen Kinder, genauer gesagt: Söhne.

Im nördlichen Israel hatte währenddessen ein Sohn Sauls namens Isboset (oder Isch-Boschet) die Macht übernommen. Dessen General Abner hatte ein Verhältnis mit der Konkubine des verstorbenen Königs Saul begonnen, was Sohn Isboset als Respektlosigkeit geißelte. Gekränkt durch diese Demütigung, beschloss Abner, die Fronten zu wechseln und mit dem Heer zu David überzulaufen. Heimlich ließ er David signalisieren, er wolle ihn an seinem Sitz in Hebron aufsuchen und mit ihm verhandeln. David telegrafierte zurück:

„Wir können gerne verhandeln und paktieren, aber nur unter einer Bedingung: dass du mir meine Frau Michal mitbringst. Schließlich habe ich für sie mit über 100 Vorhäuten der Philister bezahlt. Wenn nicht, wirst du mich nicht mal zu sehen bekommen."

Daraufhin ließ Abner Michal aus ihrem Haus holen. Ihr neuer Ehemann lief jammernd hinterher. Da herrschte ihn Abner an:

„Zieh Leine! Verpiss dich!"

Dem armen Mann blieb nichts anderes übrig, als mit eingezogenem Schwanz abzudrehen. So bekam David seine geliebte erste Frau zurück.

Isboset wurde ermordet und David – bereits seit sieben Jahren König von Juda – wurde König von ganz Israel, was er 33 Jahre lang blieb. Darüber hinaus gelang ihm die feindliche Übernahme der Stadt Jerusalem, die bis dahin nicht zu Israel gehörte. Er machte sie zur Hauptstadt Israels und gab ihr den Beinamen „Stadt Davids". In der Zeit nahm er weitere Ehefrauen und Konkubinen, die ihm noch mehr Söhne und Töchter schenkten.

Man sollte meinen, das müsste reichen, aber eines Tages fand sein Appetit neue Nahrung. Vom Dach seines Königspalastes in Jerusalem aus sah David, wie gegenüber eine junge Frau im Pool ihres Hauses nackt badete. Was für ein verführerisch schöner Körper! Wie konnte eine Frau nur so sexy sein! Ob sie spürte, dass sie vom König beobachtet wurde? Sie zog ihn mit ihrer Vorstellung in ihren Bann, der Anblick ließ ihm keine Ruhe mehr. Er fragte seine Bediensteten:

„Wer ist die junge Lady gegenüber?"

„Das ist Bathseba, die Ehefrau des Uria."

Nun hatte David bestimmt schon mal was vom siebten Gebot (jüdischer Zählweise), dem Verbot des Ehebruchs, gehört, aber das war jetzt kein Thema – schon gar nicht das zehnte Gebot, gegen das er bereits verstieß. Er ließ die frisch gebadete Frau in seinen Palast holen und führte sie in sein Schlafgemach, wo sie sich durchaus aufgeschlossen zeigte für einen Seitensprung (hierauf stand für eine Frau immerhin die Todesstrafe!), sogar ohne Kondom. Gut, bei ihr konnte man's verstehen; ihr Mann stand als Berufssoldat an der Front und sie war sexuell ausgehungert. Aber er …

Die Affäre blieb nicht ohne Folgen. Nicht lange danach bekam er von ihr ein Briefchen mit dem Text, den so mancher Mann fürchtet: „Überraschung: Ich bin schwanger!"

Nun musste gehandelt werden. Abtreibung kam nicht in Frage. David schickte ein Telegramm an den Heeresführer Joab:

„Lass den Soldaten Uria zu mir kommen!"

Uria erschien.

„Mein König hat mich herzitiert?"

„Ja, richtig, ich wollte mal wissen, wie es so läuft an der Front. Und da du gerade hier bist, mach mal einen Tag Urlaub und besuch deine Frau."

Uria aber verbrachte die Nacht draußen vor dem Palast bei der Leibgarde, denn es war Soldaten verboten, in Zeiten militärischer Auseinandersetzungen mit ihren Frauen zu verkehren. Dabei hätte er es nach Hause ja wahrlich nicht weit gehabt. Als David das erfuhr, ließ er Uria kommen und sagte ihm:

„Ich mache mir Sorgen um dich. Du hattest eine weite Reise, aber wie ich höre, hast du draußen geschlafen und nicht bei deiner Frau."

„Soll ich mich mit meiner Frau vergnügen, während meine Kameraden an der Front ihr Leben riskieren? So etwas mache ich nicht."

Der Mann hatte Berufsethos, es war zu dumm. Nun musste eine andere Lösung gefunden werden. David schrieb einen Brief an Joab und gab ihn Uria mit. Uria übergab dem General auftragsgemäß das Kuvert und damit sein eigenes Todesurteil. Der Brief lautete:

„Stell Uria in die vorderste Schlachtreihe, und zwar dort, wo am härtesten gekämpft wird. Er soll im Kampf fallen."

Es kam, wie es – nach Davids Willen – kommen sollte, wodurch David auch gegen das sechste Gebot, das Tötungsverbot, verstieß. Die nunmehrige Witwe

Bathseba trauerte pflichtgemäß, aber zeitlich komprimiert, denn schon läuteten die Hochzeitsglocken und König David hatte eine weitere Ehefrau. Bald darauf wurde er Vater einer vermeintlichen Frühgeburt.

Es kamen Besucher, um David zur Vaterschaft zu gratulieren. Da erschien auch der Seher Nathan und erzählte David von folgendem Fall:

„Ein reicher Mann hatte viele Schafe und Rinder, sein Nachbar war arm und hatte nur ein einziges Schaf, das er hegte und pflegte, eigenhändig fütterte und sogar wie ein Kleinkind in seinem Schoß schlafen ließ. Nun bekam der Reiche Besuch und wollte seinen Gast bewirten, dafür aber keins seiner eigenen Schafe hergeben, also nahm er dem Nachbarn dessen Schaf weg, schlachtete es und bereitete dem Gast damit ein Mahl. Wie findest du das?"

David war empört und rief:

„Wer ist das Schwein? Ich bringe ihn um! Wer so etwas tut, muss sterben!"

„Der Mann bist du! Hat dir nicht der Herr Macht und Reichtum beschert wie keinem anderen und hast du nicht bereits Frauen en masse? Aber was machst du? Einem redlichen Mann, der seine Frau über alles liebt, setzt du zuerst Hörner auf und dann schickst du ihn in den Tod. Um die Frau des anderen zu besitzen, gehst du sogar über Leichen! Pfui! Was so ein Mensch verdient hat, hast du ja gerade selber gesagt."

„Oh Gott, ich habe gesündigt."

„Na schön, da du bereust, ist dir deine Sünde vergeben. Doch zur Strafe soll der Säugling, dessen Entstehung die Ursache für den Tod des braven Soldaten Uria war, sterben, mag er selbst noch so unschuldig sein."

So kam es. Keine sieben Tage später starb das Kind, das Bathseba dem David geboren hatte.

Nun hatte David reichlich damit zu tun, Bathseba zu trösten. Er schlief mit ihr, sodass sie wieder schwanger wurde und wieder einen Sohn bekam. Dieser Knabe blieb am Leben und war kein anderer als der spätere König Salomo. Die Erziehung dieses Jünglings übernahm der Prophet Nathan.

Davids Nachwuchs

Natürlich kann uns die Bibel nicht alle Ereignisse aus der Zeit der 40-jährigen Regentschaft Davids berichten, sondern nur die wirklich bedeutsamen. Und dazu gehörte das Folgende:

Unter den vielen Kindern Davids stachen besonders diejenigen an Schönheit hervor, die ihm eine Königstochter namens Maacha geboren hatte, nämlich der Sohn Absalom und die Tochter Tamar. Die herangereifte Tamar war so ungemein hübsch, dass Amnon, einer ihrer Halbbrüder, sich in sie verguckte und sich vor Sehnsucht nach ihr verzehrte. Sie war aber auch ein so süßes Ding, zum Anbeißen, dabei brav und keusch, was sein Verlangen nur noch steigerte. Seine Gedanken kreisten immer nur um sie, er konnte kaum noch schlafen, essen und trinken. Das fiel seinem Vetter Jonadab auf, der ihn fragte:

„Was ist nur los mit dir? Du magerst ja immer mehr ab. Geht es dir nicht gut?

Da zog ihn Amnon ins Vertrauen.

„Was mich am meisten fertig macht, ist, dass ich nicht weiß, wie ich an sie herankommen kann."

Der clevere Jonadab meinte:

„Weißt du, was ich täte? Ich würde mich krank stellen. Leg dich ins Bett, und wenn dich dein Vater besucht, bitte ihn, dass deine Schwester Tamar dir einen Kuchen backt und eigenhändig bringt. Sag ihm, dass es dir dann bestimmt wieder besser gehen werde."

Genau so machte es Amnon und genau so kam es. Auf Bitten des Königs brachte Tamar dem Amnon frisch gebackenen Kuchen, aber als sie diesen auf den Tisch stellen wollte, sagte Amnon:

„Komm her und gib mir den Kuchen ans Bett. Und ihr, die Bediensteten, verlasst bitte den Raum!"

Kaum war er mit ihr allein und sie mit dem Kuchen an seiner Seite, ergriff er ihre Hand und meinte:

„Komm, Schwesterchen, schlaf mit mir!"

„Nicht doch! So geht das nicht. Es wäre für mich eine Schande! Mach bitte keine Dummheit! Wenn du mich wirklich willst, dann bitte den König um meine Hand. Er wird sie dir sicher geben, denn er kann ja schlecht sagen, die Verbindung sei nicht standesgemäß."

So lange wollte Amnon nun aber nicht warten, denn er hatte jetzt Lust auf sie. Also fiel er über sie her, brach ihren Widerstand mit Gewalt, zog sie aus und vernaschte sie – arme kleine Tamar. Kaum aber hatte er fertig, da schlugen seine Gefühle ins Gegenteil um; statt Liebe verspürte er plötzlich Abneigung, ja Abscheu.

„Los, raus mit dir, hau ab!“

„Bitte, Amnon, schick mich jetzt nicht weg! Wenn du mich jetzt rauswirfst, ist das für mich schlimmer als das, was du mir gerade angetan hast.“

Er hörte nicht auf sie und rief seinen Diener herein.

„Jag sie hinaus und schließ die Tür hinter ihr zu!“

Der Diener gehorchte. So hinausgetrieben, schrie Tamar laut. Sie streute sich Asche aufs Haupt und zerriss ihr buntes Kleid. Solche bunten Kleider trugen die Töchter des Königs, die noch Jungfrauen waren. Absalom, ihr Bruder, hörte die Schreie und nahm seine völlig verzweifelte, verstörte, entehrte und gedemütigte Schwester in die Arme. Sie berichtete ihm unter Tränen, was geschehen war, und er versuchte, sie zu trösten.

„Was dir passiert ist, ist schlimm, aber immerhin war der Täter kein Fremder, sondern dein Halbbruder. Das Ganze hat sich innerhalb der königlichen Familie abgespielt und innerhalb der Familie sollte man das regeln. Auf keinen Fall darf es einen öffentlichen Skandal geben. Das Beste wird sein, du wohnst von nun an in meinem Haus und redest nicht mehr über den Vorfall.“

Dennoch erfuhr auch König David von der Geschichte. Er wurde zornig, ließ es aber dabei bewenden. Weder Absalom noch David sprachen Amnon auf die Sache an.

Zwei Jahre vergingen, da lud Absalom alle Kinder des Königs zu einem Fest auf seine Sommerranch und alle kamen, auch Amnon, um dessen Erscheinen Absalom den König ausdrücklich gebeten hatte. Wieso den König? Waren auch die Söhne längst erwachsen, so hatte doch immer noch der Vater das Sagen, wer wohin ausging – so war das damals, jedenfalls am Königshof. Auf dem Fest ging es feuchtfröhlich zu und Absalom hatte seinen Dienern gesagt:

„Kümmert euch besonders um Amnon! Gebt ihm ordentlich Wein zu trinken, tankt ihn voll, und wenn ich es euch sage, schlagt ihn tot! Keine Sorge, euch kann nichts passieren, denn ihr handelt auf meinen Befehl. Also, nur zu!“

Die braven Diener erwiesen sich als gehorsame Befehlsempfänger, und schon war Amnon nicht mehr unter den Lebenden. Als das die anderen sahen, sprangen sie auf ihre Maultiere und flohen. Noch bevor sie zu Hause ankamen, erreichte den König die Meldung, dass Absalom alle Kinder Davids getötet habe. Da erhob sich David, zerriss seine Kleider und warf sich auf die Erde. – *Nun mag man denken: Schade um die schönen königlichen Gewänder, aber das Zerreißen der eigenen Garderobe war damals eine durchaus übliche Demonstration schweren Leides über hereinbrechendes Unglück wie den Verlust von Vieh oder von nahen Angehörigen. Natürlich gab es diesen Brauch eher in wärmeren Gefilden, jedenfalls war er bei den Eskimos völlig unbekannt.* –

Dann aber traf Jonadab als erster Augenzeuge ein und erklärte:

„Mein König, was Euch berichtet wurde, ist eine Falschmeldung. Es ist nicht wahr, dass alle Eure Söhne getötet wurden. Nur Amnon ist tot, alle anderen leben und erfreuen sich bester Gesundheit. Na, ist das nicht eine gute Nachricht? Ist doch super, oder? Und das mit Amnon war eben die Rache für die Schmach, die er Tamar zugefügt hatte."

Damit war eigentlich wieder alles im Lot, aber nicht für Absalom. Denn der wusste, dass nach dem geltenden Prinzip der Blutrache er nun an der Reihe war, also floh er, und zwar zu seinem Großvater mütterlicherseits, dem König zu Gessur in Syrien. Israel war für ihn ab sofort No-Go-Area.

Als so drei Jahre ins Land gegangen waren, war es Davids General Joab, der diesen überredete, den Gedanken der Blutrache fallen zu lassen und Absalom wieder bei sich aufzunehmen. Joab selbst holte Absalom von Gessur ab und brachte ihn nach Jerusalem, wo Absalom wieder in sein Haus zog. Aber erst musste weitere Zeit vergehen, in der dem Absalom drei Söhne geboren wurden, bis sich König David bereit fand, Absalom zu empfangen und ihm zu vergeben.

Nun aber begann der schöne Absalom, sich schicke Wagen bauen zu lassen, edle Rosse anzuspannen und eine Kohorte von 50 Mann als Geleitschutz um sich zu scharen. Für das Volk war dieser Königssohn mit dem langen wallenden Haar wegen seiner stattlichen Erscheinung ein Idol. Er führte die Beliebtheitsskala an und verstand es, sich seine Popularität zunutze zu machen und das Volk zu manipulieren. Immer mehr Leute schlossen sich ihm an, bis er es schließlich wagte, sich zum König zu Hebron ausrufen zu lassen. Von dort zog er mit einem Heer Richtung Jerusalem. Für David wurde die Situation brenzlig, er zog es vor, aus Jerusalem zu fliehen. Als Absalom dort eintraf, ließ er sich als König feiern. Zum Zeichen seiner Macht besuchte er – für alles Volk sichtbar – die Maitressen seines Vaters David. Dies war freilich eine ziemlich zeitraubende Beschäftigung. Wäre er stattdessen David gleich nachgejagt, hätte er ihn vermutlich vernichtend geschlagen. Sein Zeitvertreib mit den Favoritinnen aber verschaffte Vater David eine Atempause, die dieser dazu nutzte, sein Heer neu ordnen. Schließlich kam es zum Showdown, zum militärischen Aufeinandertreffen beider Heere. David hatte Joab eingeschärft, dass Absalom nichts angetan werden dürfe.

Während der Schlacht ritt Absalom unter einer Eiche lang, wobei sich sein langes Haar in den Ästen verfing, sodass er im Baum hängen blieb. Ein Soldat Davids meldete dies dem General Joab. Der fragte:

„Und? Hast du ihn getötet?"

„Selbst für 1000 Silberlinge hätte ich das nicht getan, weil König David es untersagt hat."

Da meinte Joab:

„Dummes Geschwätz!"

Er ging hin, nahm drei Spieße und stieß sie Absalom ins Herz. Joabs Waffenträger gaben Absalom den Rest. Damit war die Schlacht entschieden. Als David vom Tod Absaloms erfuhr, war er untröstlich, weinte und rief immer wieder:

„Oh Absalom, mein Sohn Absalom, mein Sohn, mein Sohn!“

Ja, David hatte ein Herz für Kinder, ein liebendes Vaterherz. Da sagte Joab zu ihm:

„Mein König, Schluss mit der Sentimentalität! Sonst könnte man gar meinen, Euch sei es lieber, Absalom wäre am Leben und wir alle, die wir für Euch gekämpft haben, wären tot!“

So holte er David wieder zurück auf den Boden der Tatsachen. Aber dieser Bürgerkrieg, dieser Kampf gegen den eigenen Abkömmling, hatte David mehr zugesetzt als alle Kämpfe gegen die Philister oder sonstige unbequeme Nachbarn.

Ja, sentimental konnte dieser David sein, das zeigen die mehr als 70 Psalme, die er komponiert und getextet hat und die rund die Hälfte des Psalters der Bibel ausmachen. Klassischer Inhalt dieser an den Herrn gerichteten Hymnen sind Lob, Bitte und Dank, aber dabei verstand sich David vor allem auf die erste Kategorie, auf das Lob des Herrn, natürlich nicht ganz ohne Eigennutz. In einer so nur im Orient anzutreffenden blumigen Sprache wird der Herr mit immer wieder neuen Bildern über den grünen Klee gelobt, wird ihm geschmeichelt, dass es nur so trieft. Triumphierend gelobt wird er natürlich besonders nach einem militärischen Sieg, da klingt dann auch schon mal Schadenfreude über das Schicksal der Feinde durch. Dann wieder jammert David, ihm stünde das Wasser bis zum Hals – passend komponiert für die Gebeutelten der Wirtschaftskrise.

Vielsagend sind Verse des alt gewordenen David:

„Verwirf mich nicht in meinem Alter; verlass mich nicht, wenn ich schwach werde. Denn meine Feinde reden wider mich, und die auf meine Seele lauern, beraten sich miteinander und sprechen: ‚Gott hat ihn verlassen; jagt nach und ergreift ihn, denn da ist kein Erretter.‘“ (Psalm 71, 9–11)

Das klingt ganz so, als wollten ihn seine Angehörigen gegen seinen Willen in irgendein obskures Pflegeheim stecken.

Das allzu menschliche Verhältnis Davids zum Herrn drückt die folgende Stelle aus:

„Zu dir, Herr, rief ich und zum Herrn flehte ich: Was ist nütze an meinem Blut, wenn ich zur Grube fahre? Wird dir auch der Staub danken und deine Treue verkünden?“ (Psalm 30, 9–10)

Das heißt ja wohl nichts anderes als:

„Weil ich dich, Herr, so schön lobe, lass mich noch ein bisschen länger leben!“

Alt geworden, hatte David ein Problem: Er fror. Selbst dicke Bettdecken konnten daran nichts ändern, und elektrische Heizdecken gab’s noch nicht. Da hielten seine Bediensteten Ausschau im ganzen Lande nach einer besonders schönen Jungfrau und fanden die heißblütige Abisag, die legten sie nachts an seine Seite. Ja, lieber Leser, so möchtest du wohl auch gerne nachts aufgewärmt werden, aber *quod licet Jovi, non licet bovi*. Außerdem war alles ganz harmlos, es gab keinen Sex. Dabei hätte sie schon gewollt, dabei hätte auch er gewollt, aber er hat nicht mehr gekonnt. Man stelle sich vor: Dieser Mann, der in früheren Jahren zusätzlich zu seiner Sammlung von Ehefrauen nicht ohne zahlreiche Nebenfrauen auskommen zu können glaubte, musste nun, da sich der heiße Körper einer schönen Jungfrau an den seinen schmiegte, die traurige Feststellung machen: Nichts geht mehr – rien ne va plus. Alles Streicheln und Kneten half nichts; mangels Viagra beschränkte sich die Rolle der süßen Abisag auf die Funktion einer Wärmflasche.

Salomo

Bei dem hochbetagten David arbeiteten wohl auch die grauen Zellen nicht mehr ganz so wie in besten Zeiten, jedenfalls meinte Adonia, sein ältester lebender Sohn, sich alsbald um die Thronfolge kümmern zu müssen. Ähnlich wie sein nicht mehr lebender Halbbruder Absalom war auch Adonia ein besonders schöner junger Mann, geradezu ein Adonis. Verständlicherweise war er im Volk beliebt, besonders bei der weiblichen Bevölkerung. Aber das genügte ihm nicht, er war nämlich nicht nur eitel, sondern auch machtgierig. So hielt er den Zeitpunkt für gekommen, auf schnellem Wege vollendete Tatsachen zu schaffen. Mit dem Geld seines Vaters scharte er ein paar Dutzend gedungene Leibgardisten, eine Art Privatarmee, um sich, verständigte sich mit General Joab und lud alle seine Brüder außer Salomo zu einem Opferfest ein, bei dem er sich von einem Priester zum neuen König ausrufen ließ.

Mit Joab als Verbündetem sah er sich in starker Position, wenngleich sich nicht alle Militärs auf seine Seite ziehen ließen. Vor allem aber hatte er die Rechnung ohne den Propheten Nathan gemacht. Der schickte Bathseba, die Mutter Salomos, zu dem alten David, der gar nichts davon wusste, dass bereits ein neuer König installiert wurde. Bathseba sagte ihm:

„Mein Herr, es ist schon lange her und vielleicht hast du es vergessen, aber darf ich dich daran erinnern, dass du mir vor Jahren bei allem, was dir heilig ist, geschworen hast, dass unser Sohn Salomo dein Nachfolger werden soll? Wie kann es dann sein, dass jetzt Adonia die Königskrone trägt?“

„Adonia? Das ist ja wohl die Höhe! Meinen Segen hat er dafür nicht! Was ich geschworen habe, gilt!“

„Danke, mein Herr, König David. Mehr wollte ich gar nicht. Ich wünsche dir ewiges Glück.“

Da ließ David seinen Priester und den Propheten Nathan kommen und sagte:

„Könnt ihr mir einen Gefallen tun? Bitte salbt meinen Sohn Salomo zum neuen König und posaunt es anschließend hinaus. Ruft: ‚Hoch lebe König Salomo!‘ – Noch Fragen?“

Nein, es war alles klar und wurde genau so gemacht. Damit hatte das Volk schon wieder einen Grund zum Feiern.

Als die Gäste an Adonias Festtafel den Jubel des Volkes aus der Innenstadt hörten und erfuhren, dass Salomo von David auf dessen Thron gesetzt wurde, verdrückten sich alle schnell. Adonia selbst sah sich gescheitert und unterwarf sich Salomo.

Nach Davids Tod machte Adonia seiner Tante Bathseba, der Mutter des Königs, die Aufwartung. Sie fragte:

„Kommst du in guter oder in böser Absicht?“

„Natürlich in guter. Sicher, hättest du dich nicht bei meinem Vater beklagt und für deinen Sohn Salomo eingesetzt, wäre ich jetzt der König von Israel. Aber das ist vergessen, Schwamm drüber. Ich komme nur mit einer einzigen kleinen Bitte: Könntest du beim König ein gutes Wort dafür einlegen, dass er mir Abisag zur Frau gibt?"

Die gute Bathseba tat ihm den Gefallen, aber Salomo bekam die Sache in den falschen Hals. Vielleicht dachte er: Wer weiß, wenn der schöne Adonia die schöne Abisag heiratet, wird das für die Leute ein Traumpaar. Das Volk wird das Promi-Paar anhimmeln, das geht zu Lasten meiner Popularität. Vielleicht aber dachte er auch: Hat denn dieser Adonia immer noch nicht genug? Hat er sich mit der Usurpation der Königskrone nicht schon einmal die Finger verbrannt? Dass er jetzt ausgerechnet die zur Frau haben will, die dem König David gedient und nachts den Körper gewärmt hat, ist eine Majestätsbeleidigung. Jetzt reicht's.

So gab er Befehl, Adonia zu töten, was prompt erledigt wurde. Dann war da noch die Causa Joab. Der Mann hatte seine Verdienste. Er hatte König David stets die Treue gehalten und für ihn zuletzt gegen Absalom gekämpft. Aber diesmal hatte er sich auf die falsche Seite geschlagen. Das war ein Fehler. Den würde er nun, da Salomo König war, bestimmt nicht wieder begehen, dafür war er zu sehr Opportunist. Aber was, wenn doch? Salomo beschloss, auf Nummer sicher zu gehen und Joab ins Jenseits zu schicken. Joab floh zur Hütte des Herrn und suchte Zuflucht am Altar, wo eigentlich Asylrecht herrschte, aber Salomo dachte: Wer nicht freiwillig herauskommt, hat sein Asylrecht verwirkt – und ließ Joab dort töten. Damit war Salomos Macht gefestigt und er konnte es sich gönnen, fromm zu werden.

Eines Nachts träumte er, dass Gott zu ihm sagte: „Du darfst dir etwas wünschen. Was willst du haben?" Das war keine leichte Frage, denn eigentlich hatte er ja schon alles. Aber da fiel ihm ein, was er noch gebrauchen könnte.

„Herr, gib mir den nötigen Verstand, dieses Volk von Schwerenötern richtig zu führen."

Wenn es auch nur ein Traum war, irgendwie zeigte er Wirkung. Eines Tages kamen zwei Prostituierte zu ihm mit einem Kind und einem Problem. Die eine trat vor und sagte:

„Mein König, diese Frau und ich wohnen allein in einem Haus. Vor ein paar Tagen habe ich einen Sohn geboren und drei Tage später hat auch sie einen Sohn geboren. In der Nacht hat sie sich im Bett herumgewälzt und ihren Säugling erstickt. Dann hat sie das tote Kind genommen und es gegen meinen Sohn ausgetauscht. Als ich morgens aufgewacht bin, hatte ich den kalten Leichnam neben mir, aber ich habe an kleinen Merkmalen gesehen, dass es nicht mein Kind, sondern das ihre war."

Da rief die andere:

„Mein Kind lebt und dein Kind ist tot!"

„Nein, dein Kind ist tot, meins lebt."

„Du lügst!"

„Selber!“

So ging es hin und her. Der König sagte:

„Bringt mir ein Schwert.“

Dann entschied er:

„Teilt das lebende Kind in der Mitte durch. Dann bekommt jede Frau die Hälfte.“

Da rief die eine Frau, von Mutterliebe beseelt:

„Nein, halt! Dann gebt ihr lieber das Kind, aber tötet es nicht!“

Die andere meinte wohl, es sei gut, sich auf Salomos Seite zu stellen, und sagte:

„Es soll so sein, wie der König gesagt hat.“

Da entschied Salomo:

„Das Kind bekommt die, die es leben lassen wollte, denn die ist die wahre Mutter.“

Ein gerechtes, weises Urteil? Nicht das Ergebnis, sondern der Verfahrenstrick nötigt Respekt ab! Ein krasses Fehlurteil diente dem Psychologen Salomo als Instrument, aus der Reaktion der Streithennen die richtigen Schlüsse für eine Korrektur seiner Entscheidung zu ziehen. In heutigen Zeiten, in denen ein Vergleich der DNA-Analysen das richtige Ergebnis liefert, bedürfen unsere Richter nicht mehr so hoher Weisheit.

Salomo nutzte seine Weisheit vor allem dazu, den Reichtum des Landes und seiner selbst zu mehren. Seine wirtschaftlichen Erfolge verdankte er der Einsicht, dass es viel vorteilhafter war, mit den Nachbarn nicht Krieg zu führen, sondern Handel zu treiben. Die gutnachbarlichen Beziehungen untermauerte der König bei jeder sich bietenden Gelegenheit durch Ehelichung dieser und jener ausländischen Herrschertochter. Dank solcher privilegierter Partnerschaften schossen die Import- und Exportraten in die Höhe, Israel erlebte einen wirtschaftlichen Boom. So wurde Salomo ein Mann der Superlative: der weiseste, der reichste und der meistbeweibte Mann unter den Sterblichen. Sagenhafte 700 Ehefrauen und 300 Konkubinen besaß er schließlich. Da fehlte nur noch eine für 1001 Nacht.

Vielleicht war das ja die Königin von Saba, die von weit her, vermutlich aus dem Süden Arabiens, mit großem Gefolge und reich beladen angereist kam, um den berühmten Salomo kennenzulernen. Sie testete ihn gründlich und lobte dann überschwänglich seine Qualitäten, dabei allerdings vor allem seine geistigen Fähigkeiten. Man beschenkte sich zum Abschied, wie in diesen Kreisen üblich, zentnerweise mit Gold, Edelsteinen und anderen Köstlichkeiten.

Salomo hatte über all seinem Reichtum nicht vergessen, wem er diesen zu verdanken hatte, und beschloss, dem Herrn in Jerusalem einen Tempel zu bauen. Da man nun schon mal dabei war, ließ er gleich noch einen zweiten Prachtbau errichten, einen Palast für sich selbst. Als der mächtige Tempel schließlich fertig und reich mit Gold ausgestattet war, mit einem goldenen Altar, einem goldenen Tisch, goldenen

Leuchtern, goldenen Blumen, goldenen Lampen, Schalen, Messern, Becken, Löffeln und Pfannen, dankte der Herr Salomo, obwohl ja die ganze Plackerei nicht Salomo selbst, sondern seine Tausende von Fronarbeitern geleistet hatten.

Aber auch der Königspalast konnte sich sehen lassen, wo Salomo seinen Luxus – insbesondere an Frauen – genoss. Eifersucht durften seine Frauen nicht kennen, man stelle sich ansonsten nur das Gezänk der täglich 999 zu kurz Gekommenen vor! Was für eine Leistung dieser Salomo da aber auch vollbrachte! Allein schon, die Namen seiner 1000 Angebeteten im Kopf zu behalten und gar alle ihre Geburtstage! Aber romantisch konnte er auch sein, wie seine Gedichte zeigen:

„Wie ein scharlachrotes Band
ziehn sich deine feinen Lippen.
Deine Wangen hinterm Schleier
schimmern rötlich wie die Scheibe
eines Apfels vom Granatbaum. …
Deine Brüste sind zwei Zicklein,
Zwillingsjunge der Gazelle,
die in Blumenwiesen weiden.
Wenn die Schatten länger werden
und der Abend Kühle bringt,
komm ich zu dir, ruh auf deinem
Myrrhenberg und Weihrauchhügel.
Deine Schönheit will ich preisen!
Du bist lieblich, meine Freundin,
und kein Fehler ist an dir."
(Hohelied 4, Verse 3, 5, 6)

Salomos Frauen waren keineswegs nur unterwürfige, willenlose Wesen. Besonders die vielen ausländischen Ehefrauen hatten ihre eigenen Vorstellungen, jedenfalls in puncto Religion. Weitgehend unausgelastet, hatten sie das Bedürfnis, die Zeit damit zu verbringen, ihren Heimatgöttern zu huldigen. Gemeinsam drohten sie dem König mit Verweigerung dessen, wonach ihn gelüstete, wenn er ihnen nicht angemessene Religionsausübung ermöglichte. Salomo gab nach, und so entstand auf religiösem Gebiet eine regelrechte Multikulti-Gesellschaft. Die – natürlich falschen – Götter bekamen zwar nicht einen so schönen Tempel wie der Herr, aber hier und dort kleinere Altäre, auf denen ihnen ihre Anhängerinnen Räucheropfer kredenzen konnten, wobei auch Salomo gelegentlich mitmachte. Das wurde dem Herrn zu bunt und er sprach zu Salomo:

„Wie kannst du mich nur so enttäuschen? Weißt du nicht mehr, dass du alles, was du besitzt, nur mir zu verdanken hast? Eigentlich müsste ich dir das Königreich auf der Stelle wegnehmen! Nun, zu deinen Lebzeiten will ich es nicht tun – aber nur mit Rücksicht auf deinen Vater David, weil der so ein guter Mensch war. Aber nach deinem Tod, da wird es passieren. Deinem Sohn werde ich das Reich entreißen – mit Ausnahme eines einzigen Stammes."

Ob es dazu kam, konnte Salomo logischerweise nicht mehr kontrollieren.

Salomos Nachfolger

Was soll ich euch lange auf die Folter spannen – es kam tatsächlich so, jedenfalls im Wesentlichen. Nach Salomos Tod wurde sein Sohn Rehabeam König, aber der hatte nicht wie sein Vater die Weisheit mit Löffeln gefressen. Als das Volk unter der Steuerlast stöhnte, die ihnen Salomo auferlegt hatte, und um Steuererleichterungen bat, meinte Rehabeam, es noch besser zu können als sein Vater. Dessen Berater rieten dem jungen König nachzugeben, aber Empfehlungen dieser alten Herren erschienen ihm von Hause aus suspekt. Ihm gefielen viel besser die Ratschläge seiner jugendlichen Freunde, die ihn ermunterten, die Steuerschraube noch weiter kräftig anzuziehen und das Volk auszupressen. Das führte zur Rebellion. Zehn Stämme Israels fielen von Rehabeam ab und wählten einen gewissen Jerobeam, der nicht zur Familie Davids gehörte, zu ihrem neuen König. Rehabeam blieben nur sein eigener Stamm Juda und der Stamm Benjamin.

Jetzt hätte Rehabeam ja eigentlich versuchen müssen, die abtrünnigen Stämme zurückzuerobern, aber da trat ein Mann Gottes namens Semaja auf den Plan und erklärte:

„Einen Bürgerkrieg zwischen den Stämmen Israels erlaubt der Herr nicht. Tut mir leid, aber es wird nicht gekämpft, basta."

Also beugte sich Rehabeam kleinlaut dem Wort des Herrn – und der Übermacht der Gegenseite.

So weit war es nun gekommen: Da waren die Hebräer aus Ägypten ausgezogen, um im Gelobten Land einen Staat zu gründen, und nun hatten sie – für die nächsten knapp 350 Jahre – gleich zwei davon, den Nordstaat Israel und den Südstaat Juda – und jeden mit einem eigenen König.

Jerobeam und Rehabeam, die Namen kommen einem vor wie die Vornamen von Kandidaten für den deutschen Superstar: leicht zu verwechseln und schwer zu behalten. Aber wer hat denn verlangt, lieber Leser, dass du dir diese Namen merkst? So wichtig waren sie nun auch wieder nicht, zumal der Herr weder an dem einen noch an dem anderen seine reine Freude hatte.

Beide Könige gewährten nämlich etwas so Heikles wie Religionsfreiheit, jedenfalls taten sie nichts dagegen, dass in ihren Staaten fremde, also falsche, Götter verehrt und Altäre für diese gebaut wurden, sogar auf Säulen und hohen Hügeln. Im Gebiet Rehabeams kam es auch zu sexuellen Ausschweifungen und anderen Scheußlichkeiten. Da ließ es der Herr zu, dass die Ägypter in Rehabeams Gebiet einfielen. Aber diesmal hatte er sich in den eigenen Finger geschnitten, denn es stellte sich heraus, dass die Angreifer es besonders auf die goldenen Schätze im Tempel des Herrn abgesehen hatten und diesen ausplünderten. König Rehabeam sah sich danach genötigt, die fehlenden Teile im Tempel durch solche aus Kupfer zu ersetzen. Auch hier also blieb von dem großen Erbe Salomos nicht mehr viel übrig.

Weiter ist von diesen Königen und ihren Nachfolgern nicht viel zu berichten. Mehr erfahren wir über einen der nächsten Könige von Israel, der hieß Ahab.

Elia und Ahab

König Ahab heiratete Isebel, die Tochter des Königs von Phönizien. Diese Verbindung verstärkte den Handel mit dem reichen Nachbarstaat und führte zu wirtschaftlicher Blüte des Landes. Aber es kamen nicht nur Güter, sondern auch fremde Götter ins Land, vor allem Baal, den Isebel verehrte. Doch gerade diesen Baal konnte der Herr absolut nicht ausstehen; denn der wurde sein schärfster Konkurrent. In dieser Zeit genoss Gott Baal in weiten Teilen Israels regelrechte Popularität und manche unbedarften Leute, die sich nicht so gut auskannten, verwechselten Baal sogar mit dem Herrn.

Da schickte der Herr Elia, einen neuen Propheten, zu Ahab und ließ ihm ausrichten:

„Weil du den Herrn mit deiner Abgötterei erzürnt hast, wird eine Dürre kommen. Es wird weder Tau noch Regen geben."

Als tatsächlich die Trockenheit einsetzte, ließ Ahab nach Elia fahnden, aber der hatte sich an einem Bach versteckt, wo er zu trinken hatte und auf Veranlassung des Herrn täglich von Raben mit Nahrung versorgt wurde. (Darüber, was dabei als „Nahrung" durchging, darf man getrost seiner Fantasie Raum geben.) Nur war in diesem Jahrhundertsommer auch bald der Bach versiegt, so musste Elia weiterziehen. Vom Herrn geleitet, kam er zu einem Dorf, wo er eine Frau beim Holzauflesen traf. Er sagte:

„Wasser! Bring mir einen Schluck Wasser, bitte. Ach, und bring mir auch gleich ein Stück Brot mit!"

„Das sagt sich so leicht. Ich habe nur noch eine Handvoll Mehl und einen kleinen Rest Öl, das reicht gerade noch für ein paar kleine Brötchen für meinen Sohn und für mich. Um zu backen, sammele ich gerade diese Äste ein, sei es, um danach zu sterben."

„Dann lass dich nicht aufhalten und backe! Aber das erste Brötchen ist für mich, denn ich bin ein Mann Gottes, und einen Mann Gottes lässt man nicht hungern. Aber dafür garantiere ich dir, dass dir Mehl und Öl nicht ausgehen werden, solange die Dürre anhält."

Die gute Frau machte das tatsächlich so und gab dem Fremden zuerst zu essen, bevor sie den Rest für ihren Sohn und sich selbst nahm. Was für ein Glück hatte sie, dass dieser Mann kein Schwindler war! Ganz so, wie er es prophezeit hatte, trat das Wunder ein, dass er, sie und ihr Sohn auch in der nächsten Zeit immer genug zu essen hatten – eine echte Win-win-Situation.

Nun weiß man nicht, ob es am Essen lag oder an etwas anderem, jedenfalls wurde ihr Sohn plötzlich sterbenskrank, bis er aufhörte zu atmen. Da zeterte die Frau:

„Was bringst du Mann Gottes nur für Unglück! Soll ich mit dem Tod meines

Sohnes für irgendwelche Sünden bestraft werden? Warum? Warum ich? Los, wenn du ein Mann Gottes bist, dann mach ihn wieder lebendig!"

Da trug Elia ihren Sohn in die Dachkammer, die er als Gast bewohnte, legte ihn aufs Bett und rief den Herrn an:

„Herr, wolltest du wirklich diesen Sohn des Hauses sterben lassen, während ich hier Gast bin? Wie stehe ich denn da? Also bitte, wenn du kannst, lass diesen Jungen wiederauferstehen!"

In diesem Moment fing der Knabe wieder an zu atmen, als wäre nichts gewesen. Und Elia konnte der überglücklichen Mutter den Jungen lebendig zurückgeben. Gott sei Dank!

Zu dieser Zeit beriet sich König Ahab mit seinem Innenminister Obadja, der auch für die Landwirtschaft zuständig war, und erteilte ihm Anweisung, im Land mal Ausschau zu halten, wo es trotz der lang anhaltenden Dürre noch Heu gebe, damit das Vieh nicht verrecke. Obadja teilte seine Leute entsprechend auf und machte sich auch selbst auf den Weg. Dabei begegnete er Elia, der ihm sagte:

„Schönen Gruß an deinen Chef Ahab. Sag ihm, er braucht mich nicht mehr länger zu suchen, ich bin da."

„Na, jetzt stecke ich aber gewaltig in der Klemme. Sage ich das Ahab nicht, versündige ich mich gegenüber einem Mann Gottes. Sage ich es ihm aber und er findet dich nicht, wird er mich umbringen. Dazu kenne ich meinen Chef zu gut, so ist er!"

„Keine Sorge! Ich schwöre dir bei Gott, dass ich noch heute vor ihn treten werde."

Das war glaubhaft, also machte Obadja dem König Meldung. Ahab ging Elia entgegen und fuhr ihn gleich an:

„Bist du der Hundesohn, der dafür gesorgt hat, dass hier kein Regentropfen mehr fällt?"

„Nein, nicht ich, sondern der ist der Hundesohn, der sich vom Herrn abgewandt hat und zusammen mit seiner Frau Isebel fremde Götter hofiert, wie diesen Baal. Pass auf, wir machen Folgendes: Ruf du alles Volk zu einer großen Versammlung am Berg Karmel zusammen. Auch die 450 Propheten Baals und die 54 Propheten der Aschera, mit denen deine Frau Isebel zu speisen pflegt, sollen dazukommen. Dann werden wir sehen, wer was kann."

Das Volk kam in großen Scharen zusammen, denn man war neugierig, welche Show hier abgehen würde. Da trat Elia auf die Anhöhe und rief:

„Leute, wie lange wollt ihr noch auf beiden Seiten hinken und euch mal dem einen, mal dem anderen Gott zuneigen? Ihr müsst euch entscheiden, wem ihr dienen wollt – Baal oder dem Herrn Zebaoth. Seht mich an: Ich bin der letzte noch lebende Prophet des Herrn Zebaoth, denn alle anderen sind – grausam verfolgt von Isebel – als Märtyrer gestorben. Dagegen haben wir hier für Baal ein Aufgebot von 450 Propheten. Lasst uns sehen, welcher Gott mehr bewirken kann. Die Aufgabe geht so: Die

Baal-Propheten sollen einen Jungstier schlachten, zerteilen und auf einen Holzhaufen legen, diesen aber nicht anzünden. Ebenso werde auch ich einen Jungstier schlachten und auf Holz legen, ohne Feuer zu machen. Jede Seite soll dann ihren Gott anrufen. Der Gott, der das Holz anzündet, ist der rechtmäßige Gott. Einverstanden?"

„Einverstanden!"

Alles Volk stimmte zu, der Vorschlag erschien fair und spannend zugleich.

Zuerst waren die Baal-Männer an der Reihe. Sie schlachteten und zerlegten einen Stier und packten die Teile auf einen Altar, den sie für Baal gezimmert hatten. Dann sprangen sie um den Altar herum wie die Veitstänzer und riefen:

„Baal, erhöre uns!"

Aber nichts passierte. Elia feixte:

„Ihr müsst lauter rufen, nehmt einen Lautsprecher. Vielleicht ist euer Gott gerade unterwegs oder er macht ein Nickerchen."

Da schrien sie, so laut sie konnten, zu ihrem Gott. Außerdem fingen sie an, sich nach ihren Ritualen zu geißeln und mit Messern zu ritzen, dass das Blut nur so lief. Aber alles half nichts. Nach Stunden gaben sie auf; sie hatten sich im wahrsten Sinne des Wortes ins eigene Fleisch geschnitten.

Nun musste Elia zeigen, ob er beziehungsweise sein Gott es besser konnte. Er forderte das Volk auf:

„Kommt und schaut genau her."

Auch er zimmerte einen Altar, dann zog er darum herum einen Graben, der 32 Quadratmeter umfasste, stapelte das Brennholz, legte den zerteilten Stier darauf und gab Anweisung, Stier und Holz mit Wasser zu übergießen. Dreimal hintereinander ließ er Wasser ausgießen, sodass Altar und Graben voll Wasser waren. Dann ließ er sich zum Gebet nieder und rief:

„Oh Herr, du Gott Abrahams, Isaaks und Jakobs, nun zeig mal dieser untreuen Bande, dass du der einzige und wahre Gott bist!"

Da schoss eine Stichflamme hoch und verzehrte das Brandopfer, alles Holz und sogar das Wasser. Aber bitte, liebe Kinder, nicht nachmachen, das ist zu gefährlich! Außerdem funktioniert das nur bei Propheten – und vielleicht bei pfiffigen Physikern.

Da rief Elia zum Volk:

„Packt euch die Propheten Baals! Diese Scharlatane haben euch lange genug an der Nase herumgeführt!"

Alle Baalspropheten wurden festgenommen, 450 Handschellen klickten. Elia ließ sie zum Bach Kison führen, wo er sie nacheinander mit dem Messer eigenhändig ins Jenseits beförderte. Nun wusste das Volk Bescheid und ab sofort fing es wieder an zu regnen.

– Man könnte nun fragen: Was passierte denn mit den 54 Propheten der Aschera? Darüber schweigt die Bibel. Einfache Antwort: Ihnen passierte nichts! Warum nicht? Sie

hatten ja bei dem Wettstreit nicht mitgemacht, waren also auch nicht als Schwindler entlarvt worden. Baal war für den Herrn ein rotes Tuch, ein direkter Rivale. Bei Aschera lagen die Dinge anders. So wie der Herr im Garten Eden meinte, er müsse dem Adam eine weibliche Ergänzung schaffen, so glaubten zeitweilig die Israeliten, sie müssten im Gegenzuge dem Herrn ein weibliches Gegenstück erschaffen; also stellten sie sich vor, die syrische Fruchtbarkeitsgöttin Aschera sei die Partnerin – sprich: Geliebte – des Herrn. Sie verehrten Aschera also nicht anstelle, sondern neben dem Herrn. Sogar der weise Salomo errichtete auf seine alten Tage der Aschera noch einen Altar bei Jerusalem. Mit diesem Aberglauben wurde erst auf Drängen späterer Propheten gründlich aufgeräumt. Ein gottesfürchtiger König Josia etwa ließ das Ascherabild aus dem Tempel des Herrn in Jerusalem entfernen und die dem Tempel angegliederten Häuser zerstören, in denen Hierodulen (Tempeldienerinnen) gegen eine Geldspende in Ascheras Klingelbeutel (Opferstock) Prostitution betrieben (2. Könige 23, Verse 6, 7). –

Ahab und Isebel waren nicht zu bekehren. Besonders Isebel verübelte Elia die Beseitigung ihrer geliebten Baalspropheten und ließ ihn verfolgen. Auch das Volk hatte an dem Baal irgendwie einen Narren gefressen, sodass Elia regelrecht depressiv wurde. Da sagte ihm der Herr:

„Kopf hoch, Elia, im Moment stehen unsere Aktien zwar schlecht in Israel, aber glaub nicht, dass mit dir der Glaube an mich ausstirbt. Außerdem wirst du bald einen Nachfolger haben. Niemand ist unersetzlich, auch du nicht."

König Ahab und Isebel leisteten sich noch eine besondere Schandtat, indem sie den Besitzer eines Weinbergs, auf den Ahab scharf war, mit falschen Anschuldigungen belegten und steinigen ließen, sodass sich Ahab den Weinberg unter den Nagel reißen konnte. Gott Baal schien nichts dagegen zu haben, aber der Herr bewirkte, dass Ahab zur Strafe in der folgenden Schlacht gegen die Syrer fiel. Allerdings war sein Sohn Ahasja, der nach ihm König wurde, keinen Deut besser als er. Wie fast alle Menschen, so glaubte auch er das, was ihm als Kind durch religiöse Erziehung vermittelt worden war, und das war der Glaube an Baal. Kaum König geworden, verletzte er sich schwer bei einem Unfall. Nun wollte er wissen, ob er genesen oder an den Folgen der Verletzung sterben werde, und schickte Boten, die in der Stadt Ekron im Land der Philister den Baal-Sebub (Beelzebub) befragen sollten. Da trat Elia den Boten in den Weg und sagte:

„Warum wollt ihr einen ausländischen Gott befragen? Gibt es nicht einen Gott in Israel, den man fragen kann? Ihr könnt euch den Weg sparen. Denn der Gott Israels lässt König Ahasja ausrichten: Da du mich nicht befragt hast, gebe ich dir ungefragt die Antwort, dass du an deinen Verletzungen bald sterben wirst."

Die Leute machten kehrt und berichteten dem König, dass sie die Auskunft, die er haben wollte, unterwegs schon von Elia erhalten hätten, allerdings sei die negativ. Da schickte Ahasja mehrere Trupps los, die Elia töten sollten. Aber wer alsbald starb, war nicht Elia, sondern Ahasja.

Elisa

Wir erinnern uns, dass der Herr dem Elia einen Nachfolger vorausgesagt hatte. Dabei hatte er auch schon den Namen genannt: Elisa. Jetzt musste Elia diesen Elisa nur noch finden. Elisa war gerade dabei, mit seinem Ochsengespann den Acker zu pflügen, als ihm ein Mann seinen Mantel über den Kopf warf und sagte:

„Folge mir nach!“

Elisa muss unter dem Mantel zu neuem Bewusstsein gelangt sein, jedenfalls sagte er zu Elia, dem Mantelwerfer:

„Einverstanden! Ich möchte mich nur eben noch von meinen Eltern verabschieden, so viel Zeit muss sein.“

Das geschah und sodann folgte und diente Elisa seinem Meister Elia. Eines Tages sagte Elia zu ihm:

„Der Herr hat mir Anweisung erteilt, nach Bethel zu gehen. Bleib du so lange hier!“

„Ich soll dich allein lassen? Kommt nicht in Frage, ich gehe mit.“

In Bethel angekommen, meinte Elia zu Elisa:

„Der Herr hat mich nach Jericho bestellt. Bleib du hier!“

„Nein, mache ich nicht. Ich lasse dich nicht allein.“

Dieser Elisa war wie eine Klette. In Jericho sagte Elia:

„Jetzt hat mich der Herr zum Jordan beordert.“

Wieder bestand Elisa darauf mitzugehen. Am Jordan angekommen, wickelte Elia seinen Mantel zur Rolle und schlug damit dreimal auf das Wasser. Da teilte es sich, sodass beide trockenen Fußes hindurchgehen konnten. Ein paar Dutzend fromme Leute, die den beiden aus Jericho ein Stück weit gefolgt waren, sahen das und staunten nicht schlecht.

Am anderen Jordanufer angekommen, sagte Elia zu Elisa:

„Bevor ich verschwinde, hast du noch einen Wunsch frei. Was wünschst du dir?“

„Hm, dass ich halbwegs so gut zaubern kann wie du.“

„Das ist keine Kleinigkeit! Wenn du mich verschwinden siehst, dann hat's geklappt. Wenn nicht, dann nicht.“

Und ob Elisa was sah! Ein Unwetter zog auf, feurig wie ein Blitz kam ein Wagen geschossen, der Elia aufnahm; feurige Rosse zogen den Wagen mit Elia gen Himmel, wo er in den Wolken verschwand.

– Natürlich weiß man nicht, ob Elia auf dieser Reise ins Jenseits alle Schichten der Erdatmosphäre durchquert hat oder ob eben doch der erste Mensch, der es bis in den Weltraum geschafft hat, der Russe Juri Gagarin war. –

Elisa schrie verzweifelt hinterher, aber da war der Spuk schon vorbei. Zurückgeblieben war nur Elias Mantel. Elisa hob ihn auf, ging zum Jordanufer und schlug damit dreimal aufs Wasser, so wie Elia es getan hatte – und siehe da: Das Wasser teilte sich und Elisa konnte auf die andere Uferseite zurückkehren. Als die Jerichoer das sahen, wussten sie, dass Elisa die Zauberkraft Elias geerbt hatte, und verehrten ihn als neuen Propheten. Dass sie daran gut taten, bewies ihnen Elisa, indem er ihnen zum Abschied eine Quelle ungesunden Wassers durch Hineinschütten von Salz entgiftete.

Man stellt sich Propheten ja meist als Männer mit langem, wallendem Haar vor, aber das konnte Elisa nicht bieten, er hatte eine Glatze. Als er nach Bethel kam, riefen ihm kleine Jungen von oben zu:

„Glatzkopf, komm rauf! Glatzkopf, komm doch rauf!"

Sollte ein Prophet nicht über solches Gehänsel erhaben sein? Elisa reagierte empfindlich.

„Ihr unverschämtes Pack, verfluchte Bande!"

Nun flucht ja so mancher mal – im Affekt, aber ohne Effekt. Nur, wenn ein Prophet flucht, sieht die Sache anders aus. Prompt kamen zwei Bären aus dem Wald und zerfleischten alle 42 Kinder. Was für ein schlimmes Ende fand dieser harmlose Kinderstreich! Na, heute jedenfalls wartet jede verhöhnte Glatze vergeblich auf die rächende Bärentatze. Ob Elisa die Tragweite seines Fluchs bewusst war? Hatte er als Prophet die Folgen seines Fluchs gar vorausgesehen? Natürlich ist die Kausalität schwer beweisbar, aber wenn heute einer 42 Kinder umbringt, kommt er dafür ins Gefängnis oder gar auf den elektrischen Stuhl. Elisa kam dafür in die Bibel.

Aber danach bewies Elisa durch eine ganze Anzahl von Wundern, was für ein gutes Herz er hatte. Einer armen Frau zauberte er alle Gefäße im Haus voll Öl, das sie verkaufen konnte, um ihre Schulden zu bezahlen, ein anderes Mal verschaffte er während einer Hungersnot den Leuten auf wundersame Weise genug zu essen. Als einem Holzhacker das Beil in den Jordan gefallen war, ließ Elisa das Eisen im Wasser oben schwimmen, sodass es der Mann herausfischen konnte. Einem syrischen General, also einem Feind, verschaffte Elisa wundersame Heilung vom Aussatz und bekehrte ihn so zum Glauben an den Herrn. Tolle Dinge – und das ist nur eine kleine Auswahl der Wohltaten, die dieser Mann Gottes vollbrachte. Auch die folgende Geschichte zeigt, was für ein guter Mensch er war.

Auf seinen Wegen kam er häufig an einer Prachtvilla vorbei, in der ein reicher alter Mann mit seiner hübschen jungen Frau wohnte. Die junge Dame zeigte sich an dem populär gewordenen Mann Gottes sehr interessiert und lud ihn jedes Mal, wenn er in den Ort kam, zum Essen in ihr Haus ein. Dann sagte sie zu ihrem Gatten:

„Ist das nicht ein bewundernswerter Mann? Ich schlage vor, dass wir ihm im Dachgeschoss ein Zimmer einrichten und ihm ein Bett, einen Stuhl, einen Tisch, eine Lampe hineinstellen, damit er immer, wenn er hier vorbeikommt, bei uns wohnen kann."

So hatte also Elisa seine komfortable Absteige. Als er wieder mal dort schlief, ging ihm so einiges durch den Kopf. Er rief seinen Diener und fragte:

„Wie kommt es eigentlich, dass die Dame des Hauses so gut zu uns ist? Erwartet sie vielleicht etwas von mir?"

Na, der Diener hatte Kontakt zum Hauspersonal und wusste, wie der Hase lief.

„Meister, die Sache ist die: Der Ehemann der Hausherrin ist schon sehr alt. Wie es scheint, funktioniert er nicht mehr richtig. Tatsache ist jedenfalls, dass die Ehe bisher kinderlos ist und die Dame des Hauses sich sehnlichst ein Kind wünscht."

„Ach so! Na, wenn's weiter nichts ist …"

Elisa rief die Gastgeberin zu sich und sagte:

„Wie ich höre, wünschst du dir, Mutter zu werden. Da kann ich helfen, nichts leichter als das. Ich garantiere dir: Es wird kein Jahr vergehen und du wirst einen Säugling in deinen Armen halten."

Es kam, wie es kommen sollte: Neun Monate später brachte die Dame einen prächtigen Jungen zur Welt – bestehende Ähnlichkeiten waren natürlich rein zufällig; also bitte: keine schlechten Gedanken! Die Entstehung neuen Lebens ist doch immer noch das größte Wunder.

Jona

Jona bekam vom Herrn den Auftrag, in die assyrische Stadt Ninive (heute Irak) zu reisen und deren Untergang zu prophezeien. Der Herr sagte:

„Das sündige Leben der Leute geht mir auf den Geist."

Jona packte die Koffer und löste ein Ticket, aber nicht nach Ninive, sondern für eine Schiffsreise Richtung Spanien. Er hatte nämlich keinen Bock darauf, die Kassandra zu spielen, und glaubte, in Spanien werde er für den Herrn außer Reichweite sein. (Ob dies eine zutreffende Annahme war, lässt die Bibel offen.)

Auf hoher See kam ein Sturm auf, der so heftig war, dass das Schiff auseinanderzubrechen drohte. Die Seeleute gerieten in Panik und jeder rief den Gott an, an den er glaubte. Währenddessen schlief Jona seelenruhig unten in seiner Kajüte. Da kam der Kapitän herunter, weckte ihn und rief:

„He, du Schlafmütze! Raus aus der Koje. Merkst du nicht, was hier abgeht? Los, ruf deinen Gott an, vielleicht kann der uns helfen!"

Währenddessen warfen die Matrosen das Los, um herauszufinden, wer an Bord Schuld für das Unwetter trug; das Los fiel auf Jona. Da bedrängten sie ihn zu erklären, was es mit ihm und seiner Reise auf sich habe. Er sagte:

„Ich glaube an den Herrn des Himmels, der Erde und der Meere. Gegenwärtig bin ich allerdings vor ihm auf der Flucht. Mir ist schon klar, dass dieser Sturm mir gilt. Werft mich einfach über Bord, dann wird sich das Wetter schon beruhigen."

Da beteten die Seeleute in ihrer Verzweiflung:

> „Herr, betrachte es als Opfer für dich und nicht als Mord, wenn wir diesen Mann jetzt ins Meer werfen!"

Dann packten sie Jona und warfen ihn in hohem Bogen über die Reling. Sofort wurde es windstill.

Jona versank in den Wellen, aber da schickte der Herr einen großen Fisch, der Jona verschlang. Drei Tage und Nächte verbrachte Jona betend im Magen des Fischs, dann ließ der Herr den Fisch ans Ufer schwimmen und Jona ausspucken. Na, der Mann muss ja gestunken haben!

– Um welchen Fisch es sich hier gehandelt hat, erfahren wir nicht. Biologen meinen, selbst ein Walfisch könne es nicht gewesen sein, und zwar nicht nur deshalb nicht, weil ein Wal ja eigentlich gar kein Fisch, sondern ein Säugetier ist. War es vielleicht ein Meerungeheuer? Oder ist alles nur orientalische Bildersprache? –

Wieder erhielt Jona vom Herrn den Marschbefehl nach Ninive und diesmal gehorchte er aufs Wort – kein Wunder, nach dem Erlebnis!

In Ninive angekommen, stellte sich Jona auf den Marktplatz und rief:

„Noch 40 Tage und Ninive ist ein Trümmerhaufen!“

Statt ihn zu lynchen, gingen die Leute in sich, begannen zu fasten und streuten sich Asche aufs Haupt – die sie sich selbst brennen mussten, da sie keinen aktiven Vulkan in der Nähe hatten. Selbst der König von Ninive stieg vom Thron, legte seinen Königsmantel ab und ging in Sack und Asche. Als der Herr sah, dass die Leute echte Reue zeigten, führte er seine Drohung nicht aus.

Da war nun Jona gekränkt, seine Reputation als Prophet hatte einen Dämpfer erlitten. Also haderte er:

„Siehst du, Herr, genau das habe ich kommen sehen! Ebendarum wollte ich mich nach Spanien absetzen.“

Jona beobachtete die Stadt aus sicherer Entfernung, wo er ein schattiges Plätzchen suchte. Der Herr ließ eine Rizinusstaude emporwachsen, die Jona Schatten gab und seinen Ärger vertrieb. Aber am nächsten Morgen schickte der Herr einen Wurm, der den Rizinusstrauch annagte, sodass dieser verdorrte und die Sonne Jona auf den Kopf brannte. Das schnelle Dahinsterben der Pflanze machte Jona depressiv und er wünschte auch sich den Tod. Da sagte ihm der Herr:

„Sieh mal, Jona, diese Pflanze ist in einer Nacht gewachsen und in der nächsten Nacht abgestorben. Trotzdem tut sie dir leid. Und mir soll diese große Stadt Ninive mit 120.000 Einwohnern nicht leidtun, wo die Leute nicht links und rechts unterscheiden können, und mit dem vielen Vieh?“

Es wäre wohl falsch, aus diesen Worten zu schließen, dass das Mitleid des Herrn mit der Stadtbevölkerung darauf beruhte, dass es hier so viele Geisterfahrer gab.

– Wenn man bedenkt, dass Geophysiker bis heute nicht in der Lage sind, ein Erdbeben auch nur annähernd zeitlich bestimmt zu prognostizieren, dann war es für Jona wahrlich keine Schande, den Untergang Ninives durch ein solches Beben zwar sachlich richtig, nur eben rund 150 Jahre zu früh prophezeit zu haben. –

Tobias

Ob es sich bei dieser und der folgenden Geschichte überhaupt um eine biblische handelt, hängt davon ab, ob du, lieber Leser, eine evangelische oder katholische Bibel besitzt. Nur in der letzteren kommen die Geschichten von Tobias und Judit vor. Irgendwie müssen diese Spätschriften durch die Hintertür in die Bibel gelangt sein. Sie beziehen ihre Unterhaltsamkeit zu einem guten Teil aus der Unbekümmertheit, mit der sie mit den historischen Wahrheiten, Zeiten, Namen, und Orten umspringen und tolle Dinge berichten, immer zu dem höheren Zweck der Belehrung über die Vorteile eines gottesfürchtigen Lebens.

Tobias war Sohn des Tobit, des Sohnes Tobiels, des Sohnes Hananels, des Sohnes Aduels etc. etc. … In Ermangelung von Nach- und Spitznamen war es zur Identifizierung von Personen damals nötig, deren ganzen Stammbaum herunterzubeten. Tobit, der Vater des Tobias, war von siegreichen Assyrern gefangen genommen und aus Galiläa nach Ninive deportiert worden. Nun lebte er mit Frau Hanna und Sohn Tobias in einem Land, in dem alle den Baal verehrten, auch seine mitverschleppten Volksgenossen und Angehörigen, während er, Tobit, allein an den Herrn glaubte.

Aber wie so häufig, verstand sich dieser Mann des auserwählten Volkes vorzüglich aufs Geschäftemachen, sodass der König ihn zu seinem Chefeinkäufer machte. Tobit konnte durchs Land reisen und nach Art eines Privatbankiers aus seiner Tasche einem gewissen Gabael im Ort Rages einen gut verzinsten Baukredit von 10.000 Silberlingen gewähren.

Tobit sah sein materielles Glück als Belohnung des Herrn für seine guten Werke an. Zu diesen Werken gehörte auch die Angewohnheit, von den Leuten des Königs ermordete Israeliten, deren Leichen man über die Stadtmauer zu werfen pflegte, nachts heimlich zu begraben. Nach einem solchen gewagten Begräbnis blieb er eines Nachts erschöpft mit offenen Augen neben der Stadtmauer liegen, als Spatzen, die oben in der Baumkrone saßen, ihren Kot fallen ließen, der ihm direkt in die offenen Augen fiel. Diesbezüglich waren die Spatzen von damals keinen Deut besser als die von heute, aber den armen Tobit traf dieser Klacks so unglücklich, dass er erblindete und ihm kein Arzt helfen konnte. Ausgerechnet dem guten Tobit musste das passieren! Ja, so geht es einem manchmal, dass man nicht weiß, womit man sein schweres Schicksal verdient hat. Tobit befragte den Herrn, bekam aber keine Erklärung.

Eine weitere Person hatte an ihrem leidvollen Los zu knabbern, das war Sara, die alleinige Tochter eines gewissen Raguel in Ekbatana. Diese hübsche, wohlerzogene junge Frau war bereits siebenmal verheiratet und immer noch Jungfrau, da ihr die Männer jeweils schon in der Hochzeitsnacht verstorben waren, als sie gerade zur Vollziehung der Ehe angesetzt hatten. Dass hier etwas nicht stimmte, war offensichtlich. Die Leute im Ort suchten die Schuld bei Sara und wollten sie hängen, dabei konnte sie gar nichts dafür. Schuld hatte der böse Geist Asmodäus, der sie besaß. – *Die Frage ist natürlich: Wie schaffte es dieser Dämon, sieben kerngesunde kräftige Männer nacheinander abrupt ins Jenseits zu schicken? Da kann man nur spekulieren. Hat er vielleicht veranlasst, dass die gute Sara unbewusst zur Bewahrung ihrer Unschuld ihre frisch angetrauten Ehemänner mit einem speziellen Cocktail vergiftete? Oder verschaffte er ihr einen so ätzenden Mundgeruch, dass dieser die Männer umhaute? Oder wurde das Ehebett zum elektrischen Stuhl, indem der Geist Sara so unter Hochspannung setzte, dass die Männer beim ersten Kontakt mit der Steckdose einen tödlichen Schlag bekamen? –*

Die siebenfache Witwe jedenfalls war todunglücklich und trug sich schon mit Selbstmordgedanken, aber da kam sie auf die Idee, in ihrer Not zum Herrn zu beten.

Der Herr hatte die Gebete Tobits und Saras gleichzeitig empfangen und beauftragte seinen Engel Raphael, den Bitten beider abzuhelfen und damit gleich zwei lästige Fliegen mit einer Klappe zu schlagen.

Der erblindete, tief betrübte Tobit rief seinen Sohn Tobias zu sich, gab ihm in einem nicht enden wollenden Sermon gut gemeinte Ratschläge fürs Leben, um am Ende mit der Mitteilung herauszurücken, dass es in Rages einen gewissen Gabael gebe, der ein Darlehen von 10.000 Silbertalern erhalten habe, das jetzt zur Rückzahlung fällig sei. Er übergab Tobias den Schuldschein und sagte:

„Präsentiere dem Gabael den Schuldschein und kassiere das Geld, aber geh nicht allein, sondern such dir einen Begleiter!"

Kaum hatte Tobias die Haustür hinter sich geschlossen, um draußen nach einem Begleiter Ausschau zu halten, da lief ihm an der nächsten Ecke der als normaler Mensch verkleidete Engel Raphael über den Weg. Beide kamen ins Gespräch und Tobias fragte Raphael, ob er vielleicht den Ort Rages kenne.

„Na klar kenne ich den. Da habe ich mal bei einem gewissen Gabael gewohnt. Das ist einer der Bonzen dort."

„Na, so ein Zufall! Genau zu dem möchte ich hin. Hättest du vielleicht Interesse an einem Job als Reisebegleiter? Mein Alter bezahlt dich gut."

Der Pakt wurde geschlossen, die beiden zogen los – mit dem Segen des alten Tobit und mit dem Hund des Tobias.

Nach langer Wanderung in sengender Hitze kamen sie an den Tigris. Tobias machte sich frei und nahm ein erfrischendes Bad, als plötzlich ein großer Fisch vor ihm auftauchte und nach ihm schnappte. Raphael, der sich übrigens Asarja nannte, rief Tobias zu:

„Pack ihn und wirf ihn an Land!"

Reaktionsschnell griff Tobias zu und schaffte das. Da meinte Asarja:

„Jetzt schneide dem Fisch Herz, Leber und Galle heraus und heb diese Organe gut auf! Den Rest des Fisches braten wir uns."

Genau so machten sie es. Tobias verwahrte Herz, Leber und Galle des Fischs – vermutlich fein säuberlich in einer Plastiktüte. Am nächsten Tag fragte er seinen Begleiter während des Weitermarschs:

„Was sollen wir denn mit diesen Fischorganen? Die werden doch mit der Zeit stinken!"

„Nun sei mal nicht so empfindlich! Wenn man Herz und Leber vor jemandem schmort, der von einem Dämon besessen ist, geht der Dämon stiften. Diesen speziellen Rauch erträgt kein Dämon. Mit der Galle kann man jemandem die Augen bestreichen, der weiße Flecken in den Augen hat, damit wird er geheilt. Solche Utensilien sollte man für alle Fälle immer bei sich haben."

Am Abend kamen sie nach Ekbatana. Der Engel sagte zu Tobias:

„Wir werden heute bei einem gewissen Raguel übernachten. Das ist ein Verwandter von dir und der hat eine bildhübsche und kluge Tochter namens Sara. Nach dem mosaischen Gesetz bist du als ihr nächster Verwandter der Einzige, der Anspruch darauf hat, sie zu ehelichen. Du bekommst dann nicht nur sie, sondern auch ihren Erbteil. Ich will, wenn wir ankommen, gleich mal mit dem Vater reden und alles besprechen. Wir gehen dann zuerst nach Rages, holen das Geld ab, und wenn wir auf dem Rückweg wieder hierherkommen, wird geheiratet. Ich sage dir, wenn du die schöne Sara siehst, wirst du hin und weg sein."

„Sara? Ist das etwa die, die schon siebenmal geheiratet hat und der die Ehemänner immer in der Hochzeitsnacht weggestorben sind? Vor deren Jungfrauenschoß müsste man ein Schild aufstellen mit der Aufschrift ‚Vorsicht, Lebensgefahr! Vermintes Terrain!'. Am besten noch mit einem Totenkopf! Den Leichtsinn einer Ehe mit der kann ich mir nicht leisten, ich bin meiner Eltern einziger Sohn!"

„Nun hör mal gut zu, mein Junge, wozu habe ich dir denn Herz und Leber des Fischs mitgegeben? Der einzige Grund für das Malheur bei der Sara ist, dass die Gute von einem Dämon besessen ist. Damit du an sie rankommst, musst du zuerst diesen verdammten Dämon zum Teufel jagen. Wenn du Fischherz und Fischleber vor ihr grillst, räucherst du den Unhold damit für immer aus – und schon hast du bei ihr freie Bahn."

Eben waren sie am Haus des Raguel angelangt; der Engel hatte dorthin gefunden wie von einem heimlichen Navigationsgerät geleitet. Sara kam heraus und bat die beiden Fremden einzutreten.

„Guten Abend, die Herren, bitte kommen Sie doch herein und nehmen Sie Platz! Sie sind sicher weit gereist. Darf ich Ihnen etwas zu trinken anbieten?"

Nun kamen auch Saras Eltern hinzu. Raguel flüsterte seiner Frau Edna zu:

„Donnerwetter! Dieser junge Mann hat eine unglaubliche Ähnlichkeit mit meinem Vetter Tobit."

Dann sagte er laut:

„Herzlich willkommen in unserem Heim, meine Herren. Fühlen Sie sich ganz wie zu Hause. Darf ich fragen, von wo Sie kommen?"

„Von Ninive."

„Von Ninive? Da lebt mein Vetter Tobit. Kennen Sie ihn vielleicht?"

„Aber ja, das ist mein Vater."

„Na, so ein Zufall! Komm, mein Junge, lass dich umarmen!"

Raguel fiel Tobias um den Hals und verdrückte eine Träne, auch Hanna und Sara weinten vor Rührung. Raguel ließ einen Widder schlachten und ein Festessen zubereiten. Währenddessen übte man sich im Small Talk und im Klatsch über alte Familiengeschichten. Tobias flüsterte dem Asarja zu:

„Wann sprechen wir denn endlich über das Eigentliche? Er soll mir die Sara geben. Ich bin schon wie elektrisiert."

Asarja mahnte zur Geduld. Als man Tobias zu Tisch bat, meinte dieser zu Raguel:

„Ich rühre hier nichts an, bevor ich nicht deine Tochter Sara vernascht habe."

Raguel war schockiert, aber nicht, weil er dies als Frechheit empfunden hätte – er wusste ja, dass Tobias nach mosaischem Recht Anspruch darauf hatte –, sondern weil er dem Tobias als Bräutigam Nr. 8 nicht ein so rasches Ende wünschte. So herrschte plötzlich betretenes Schweigen. Tobias wollte gerade zur Erklärung ansetzen, da kam ihm Engel Raphael alias Asarja zuvor.

„Sieh mal, Raguel, Tobias ist ein anständiger junger Mann und ein Pfundskerl. Gib ihm deine Tochter, denn ihm allein steht sie zu. Wenn einer in der Lage ist, deine Tochter glücklich zu machen, dann er."

Da sprang Raguel auf und rief:

„Ja, na klar! Tobias, mein Junge, du kannst sie haben! Nimm sie, sie gehört dir! Nur einen kleinen Hinweis muss ich dir geben: Sie ist zwar noch Jungfrau, aber schon siebenfache Witwe. Also dann, viel Glück!"

Er ergriff Saras rechte Hand und drückte sie in Tobias' rechte Hand. Dann nahm man ein Stück Papier, kritzelte einen Ehevertrag und unterschrieb, damit war die Ehe rechtsgültig geschlossen. Raguel gab seinen Segen, und nun wurde doch erst mal gespeist. Dann sagte Raguel zu Edna:

„Geh hinauf und richte den Brautleuten ein Zimmer. Dann lassen wir die beiden allein, damit sie tun können, wonach ihnen beiden der Sinn steht."

Edna führte die schluchzende Sara hinauf.

„Nur Mut, Sarachen! Der Herr wird's schon richten."

Dann durfte Tobias in die Kammer eintreten, wo Sara nur mit einem Schleier bekleidet im Bett saß. Tobias schloss hinter sich die Tür. Als wäre es nicht schon heiß genug im Raum, legte er Holzkohlen auf den Ofenrost, zündete sie an und fächelte, bis sie richtig glühend waren. Dann zog er die Fischleber und das Fischherz aus der Tasche und legte sie auf die Glut. Ein durchdringender scharfer Rauch stieg auf und erfüllte das Zimmer. Da schoss mit einem hörbaren Zischen der Dämon zum Fenster hinaus wie eine Silvesterrakete, aber das war eine Langstreckenrakete, die bis nach Ägypten flog.

Erfreut ging Tobias zu Sara und streichelte sie mit seinen Fischfingern. Beide verbrachten glücklich die Nacht, aber nicht so, wie du jetzt denkst, lieber Leser. Nein, der gute Tobias sagte zu Sara:

„Bestimmt kannst du es genauso wenig erwarten wie ich, aber alles der Reihe nach. Zuerst lass uns beten und dem Herrn danken, zumindest die nächsten drei Nächte. Wir wollen doch nicht gleich so loslegen wie die Heiden!"

Also betete er laut und Sara machte ergeben mit. Tobias pries den Herrn und begann bei Adam, dem der Herr zur Beendigung des Alleinseins Eva gegeben habe; genauso habe er ihm nun Sara gegeben; und wenn er sich nun mit ihr vereinige, dann keineswegs zur Befriedigung sexueller Lust, sondern nur in pflichtgemäßer Erfüllung des Auftrags, für Nachwuchs zu sorgen. Na, ob der liebe Gott ihm das wirklich so geglaubt hat, wer weiß? Wie immer es Tobias auch bewerkstelligt haben mag, irgendwie muss es ihm schließlich gelungen sein, dass er in der der Frömmigkeit geschuldeten Weise – konzentriert auf den allein angestrebten Zeugungszweck und unter möglichster Meidung sexuellen Vergnügens – seine schöne Sara auf das Gesittetste begattete.

Am frühen Morgen trug Raguel seinem Knecht auf, ein Grab auszuheben – für den Fall, dass es Tobias so ergangen sein sollte wie seinen sieben Vorgängern. Dann ließ er Edna eine Magd hinaufschicken, die bei den jungen Leuten mal Mäuschen spielen sollte. Die fand die beiden in ihrem Bett ruhig schlafend in inniger Umarmung. Also wies Raguel seinen Knecht an, das Grab wieder zuzuschütten, was dieser, wenig erfreut über die unnütze Früharbeit, auch tat.

Nun aber sollte es mit der Feier erst richtig losgehen. Raguel arrangierte eine Hochzeitsfeier für ganze zwei Wochen. Tobias sah, dass er hier nicht kneifen konnte, dadurch aber sein Zeitplan aus den Fugen geriet. Deshalb sagte er zu Asarja:

„Weißt du was? Ich komme hier vorläufig nicht weg. Wie wär's, wenn du allein nach Rages reist, dem Gabael den Schuldschein präsentierst und anschließend mit dem Geld wieder hierher zurückkommst?"

„Keine schlechte Idee."

– Aus der Bibel kann man bestimmt viel lernen, aber das, lieber Leser, mach bitte nicht nach, dass du einer Straßenbekanntschaft einen Wechsel oder sonstigen Schuldschein mit dem Auftrag in die Hand drückst, für dich das Geld zu kassieren und es dir zu bringen. Nur in den seltensten Fällen hat man es da mit einem Engel zu tun. –

Hier in der Geschichte ging alles gut, Asarja brachte nicht nur das Geld, sondern auch gleich den Gabael mit, der sich die Feier nicht entgehen lassen wollte. Aber dann hieß es schließlich: *Time to say goodbye*. Tobias wusste, dass seine Eltern ihn schon längst zurückerwarteten und bereits in Sorge sein mussten.

Tobit und Hanna saßen täglich vor ihrem Haus und hielten Ausschau nach Tobias, was Tobit ja allerdings nicht wirklich vermochte. Als Tobias sich nun mit Frau und einer riesigen Mitgift von Vieh und Mägden dem Haus näherte, lief der Hund, der Tobias auf der ganzen Reise begleitet hatte, voraus und sprang Tobit erfreut an. Da wusste Tobit, dass Tobias nicht mehr weit entfernt sein konnte. Geführt von einem Knecht, lief er ihm entgegen. Vater und Sohn umarmten sich herzlich. Da zog Tobias, wie der Engel es ihm aufgetragen hatte, die Fischgalle hervor und strich sie dem Vater in die Augen, wodurch sich der Star von dessen Augen löste und Tobit wieder sehen konnte. Tobit wusste, wem er zu danken hatte: dem Herrn.

Sara wurde im Hause der Schwiegereltern herzlich aufgenommen und alle lebten gottesfürchtig und glücklich bis ans Ende ihrer Tage.

Judith

Diese Geschichte spielt zu der Zeit, als in der Assyrerhauptstadt Ninive König Nebukadnezar II. (Nabucco) herrschte (der aber tatsächlich König von Babylon war). Dieser mächtige Mann war so von sich eingenommen, dass er sich von seinen Untertanen als Gottheit verehren ließ. Nicht genug damit, forderte er durch Boten alle erreichbaren Völker auf, sich ihm freiwillig zu unterwerfen und an seiner Seite gegen den König der Meder Krieg zu führen. Die Nachbarvölker empfanden das als unverschämte Anmaßung und jagten die Boten zum Teufel. Erbost und tief gekränkt beschloss Nebukadnezar, nachdem er die Meder allein zur Strecke gebracht hatte, mit den widerspenstigen Nachbarvölkern abzurechnen, zu denen auch der israelitische Stamm Juda gehörte.

Nebukadnezar beauftragte seinen Oberbefehlshaber Holofernes, ein Heer zusammenzustellen und alle Länder im Westen, die sich ihm widersetzt hatten, zu erobern und Menschen und Vieh zu vernichten. Holofernes zog los und wütete grausam. Da unterwarf sich ein Volk nach dem anderen und nahm es hin, dass seine religiösen Kultstätten vernichtet wurden und nunmehr Nebukadnezar zu verehren war. Alle Völker? Nein, ähnlich einem kleinen gallischen Dorf zur Römerzeit gab es hier einen kleinen judäischen Ort names Betulia, der sich weigerte, sich zu ergeben und seinen Glauben zu verraten.

Die Stadt lag auf einer Berghöhe und war ersichtlich schwer einzunehmen. Holofernes belagerte deshalb die Ortschaft und fragte herum, was das für ein merkwürdiges Völkchen sei, das sich da so widerspenstig zeige. Da erklärte ihm Achior, der Anführer der Ammoniter:

„Diese Leute glauben an einen Gott, der für sie schon Wunderdinge vollbracht hat. Aber er hilft ihnen nur, wenn sie fromm und brav sind. Wenn er sich über sie geärgert hat, hilft er ihren Feinden. Wir müssen also zuerst einmal rauskriegen, ob sie sich gegen ihren Herrn versündigt haben. Nur dann haben wir gegen sie eine Chance."

Holofernes und seine Leute empfanden das als Provokation. Dieser Achior glaubte offenbar nicht, dass König Nebukadnezar die einzige göttliche Autorität war. Achior wurde an Händen und Füßen gebunden und den Israeliten vor das Stadttor gelegt, wo diese ihn fanden, von den Fesseln befreiten und freundlich aufnahmen.

Holofernes bekam von seinen Kundschaftern den Tipp, die Wasserleitung zu zerstören, die von einer Bergquelle zur Stadt führte. Als das geschah, wurde es für die Eingeschlossenen ernst, denn man drohte zu verdursten. 34 Tage hielt man aus, bis alle Zisternen leer waren. Schon starben die ersten Kinder; Frauen und Jugendliche fielen ausgezehrt in Ohnmacht. Da versammelte sich das Volk im Ort und die Verzweifelten rieten:

„Besser, wir ergeben uns und gehen in die Sklaverei, als dass wir hier alle elend verdursten! Sollen sie doch kommen und uns ausplündern!“

Aber Usija, der Dorfälteste, meinte:

„Nun wollen wir mal die Kirche im Dorf lassen! Nur nichts überstürzen! Ich schlage vor: Lasst uns noch fünf Tage ausharren und zu dem Herrn beten. Wenn uns bis dahin keine Rettung kommt, soll es so geschehen, wie ihr sagt.“

Allgemeine Ratlosigkeit und Niedergeschlagenheit herrschte, aber man akzeptierte.

Von der Versammlung hatte man Judit berichtet, die als trauernde Witwe daran nicht hatte teilnehmen können. Vor etwas mehr als drei Jahren war ihr Mann bei der Feldarbeit an einem Hitzschlag gestorben. Die junge Frau hielt sich streng und gottgläubig an die für Witwen geltenden Gesetze und Fastenzeiten. Der Herr hatte sie aber auch besonders großzügig bedacht, und zwar nicht nur mit Reichtum durch das ihr zugefallene Erbe, sondern vor allem mit Klugheit und mit außergewöhnlicher Schönheit.

Kaum hatte Judit von dem Verlauf der Versammlung erfahren, schickte sie ihre oberste Hausdame los und lud die Dorfältesten zu sich in ihre Villa ein. Als diese eingetroffen waren, wusch sie ihnen ordentlich den Kopf.

„Wie konntet ihr dem Volk sagen, dass ihr die Stadt den Feinden ausliefern wollt, wenn der Herr nicht innerhalb von fünf Tagen Hilfe schickt? Wollt ihr den Herrn auf die Probe stellen? Wer seid ihr denn, dass ihr euch anmaßt, dem Herrn eine Deadline zu setzen, ihm vorzugeben, bis zu welchem Datum er Hilfe zu schicken hat? Aber mit Beten allein ist es nicht getan. Jetzt muss gehandelt werden! Da ihr nichts tut, lasst mich mal machen!“

Die Ratsherren zogen kleinlaut ab und Judit begann sich herauszuputzen. Sie legte ihre Trauerkleidung ab, wusch, schminkte, parfümierte sich und zog ein elegantes Festkleid an. Dann legte sie Fußspangen, Armbänder, Fingerringe, Ohrgehänge, all ihren schönsten Schmuck an, um die Blicke der Männer auf sich zu ziehen. So verließ sie am Abend zusammen mit ihrer Dienstmagd das Dorf und begab sich zu den Belagerern.

Den assyrischen Vorposten sagte sie:

„Ich gehöre zum Volk der Hebräer. Ich bin dort fortgelaufen, um meine Haut zu retten. Ich möchte zu Holofernes und ihm sagen, wie er es anstellen kann, die Stadt einzunehmen, ohne einen einzigen Mann zu verlieren.“

Von allen Seiten wegen ihrer Schönheit bestaunt, wurde sie ins Zelt des Holofernes geführt. Der war von ihrem Anblick nicht weniger fasziniert und garantierte ihr gleich, dass sie bei ihm in sicheren Händen sei. Als Grund für ihr Kommen erklärte sie ihm:

„Ich weiß, was Achior dir von unserem Volk erzählt hat. Denn die Leute in Betulia haben ihn aufgenommen und er hat alles berichtet. Was er über unser Volk gesagt hat, stimmt. Unser Herr hilft uns, aber nur, wenn wir uns nicht gegen ihn versündigt haben. Lange Zeit war das Volk brav, aber nun hat es gepatzt; denn es hat, als die Nahrungsmittel ausgingen, Fleisch von Vieh gegessen, das uns vom Herrn verboten ist. Deshalb fürchte ich die Strafe des Herrn und bin weggelaufen. Der Herr hat mich als sein Werkzeug zu dir geschickt, damit ich dir sage, was zu tun ist. Ich gehe nachts hinaus, um zu beten, und werde vom Herrn erfahren, wann es so weit ist, dass du das Dorf einnehmen kannst."

„Du bist ein sehr kluge Frau und vor allem eine sehr schöne Frau. Da kann man glatt den Kopf verlieren."

Er befahl seinen Wachen, ihr ein Zelt neben dem seinen einzurichten und sie nachts zum Beten hinausgehen zu lassen, ohne sie zu belästigen. So geschah es nacheinander in drei Nächten. Am vierten Abend ließ Holofernes eine Party steigen, aber nur für seine Bediensteten, ohne die Soldaten. Zu dem Verwalter seiner Habe, dem Eunuchen Bagoas, sagte er:

„Sieh zu, dass die Hebräerin mitfeiert und mit uns isst und trinkt. Es wäre doch eine Schande, wenn ich diese schnuckelige Braut ziehen lassen würde, ohne sie gevögelt zu haben. Die würde mich ja für einen Schlappschwanz halten und mich auslachen."

Bagoas lud Judit höflich ein, neben Holofernes den Ehrenplatz einzunehmen, mit ihm zu trinken und sich zu amüsieren, so wie es die assyrischen Mädchen im Palast des Nebukadnezar tun. Da erschien Judit zu dem Fest in verführerischer Aufmachung, sodass allen der Mund offen stand. Holofernes bat sie beflissen, sich bei ihm auf den weichen Teppichen und Kissen niederzulassen. Dieser Machotyp war in ausgelassener Stimmung und schwelgte in seiner Fantasie, dass es diese geile Nymphe gar nicht erwarten könne, von ihm auf seinem Nachtlager flachgelegt zu werden. Judit gab sich kokett, stieß mit ihm wieder und wieder an und prostete ihm zu, als ginge es um ein Wettsaufen. Aber während er Wein in Mengen genoss wie noch nie, trank sie alkoholfreien Traubensaft, den ihr ihre Magd zubereitet hatte und heimlich gegen den Wein austauschte.

Nach Ende der Feier, als alle Diener hinausgegangen waren, schloss Bagoas das Zelt. Zurück blieben nur Judit und Holofernes, der mit ihr in das angrenzende Schlafgemach wankte, wo er halb im Koma auf sein Feldbett sank. Diagnose: akute Alkoholvergiftung. Da nahm Judit das Schwert des Holofernes vom Bettpfosten, holte aus und schlug – nach einem stillen Stoßgebet – zweimal mit aller Kraft auf seinen Nacken, wodurch sie den Kopf vom Rumpf trennte. Dann packte sie den alkoholisierten Kopf am Haarbüschel und übergab ihn ihrer Dienerin, die vor dem Zelt wartete und ihn in einen mitgebrachten Sack steckte. Beide gingen hinaus, an den Wachen vorbei, die annahmen, dass die beiden wie in den Nächten zuvor draußen beten wollten. Aber diesmal war nichts mit Beten. Sie eilten hinauf nach Betulia, wo man sich über ihre Rückkehr freute, aber noch mehr über den abgehauenen Kopf des Holofernes.

Der Rest ist schnell erzählt: Die Entdeckung ihres kopflosen Anführers löste am nächsten Morgen bei den Assyrern Panik aus. Alles lief schreiend durcheinander wie ein aufgescheuchter Hühnerhaufen. Da stürmten die Hebräer mit allen verfügbaren Waffen aus ihrer Stadt auf die Belagerer zu, die ihr Heil in der Flucht suchten. Die Mannen von Betulia machten sich über das Lager her, plünderten es und verschafften sich großen Reichtum. Man bedankte sich bei dem allmächtigen Herrn.

Daniel

Schauplatz dieser Geschichte ist Babylon, Sitz des Königs Nebukadnezar II. Dieser König hatte es geschafft, die Judäer zu schlagen, Jerusalem zu erobern und einen Großteil der Bevölkerung – vor allem der Oberschicht – nach Babylon zwangsumzusiedeln. Es begann das, was die Judäer „Babylonische Gefangenschaft" nannten, dabei ging es ihnen hier gar nicht so schlecht. Die meisten assimilierten sich schnell und machten in der hiesigen Gesellschaft Karriere. Das Problem lag eher auf religiösem Gebiet, denn hier war man umgeben von heidnischen Göttern.

Nebukadnezar hatte sich die Hebräer nicht ohne Grund in sein Land geholt, denn er hatte gut erkannt, dass sie dank ihres überdurchschnittlichen Intelligenzquotienten für die Gesellschaft seines Landes von Nutzen sein würden. Um diesen noch zu steigern, beauftragte er seinen Innenminister, der auch für das Erziehungswesen zuständig war, vier Eliteschüler auszuwählen und ihnen eine Hochbegabtenförderung zukommen zu lassen. Sie sollten in der chaldäischen Sprache, die hier gesprochen wurde, studieren, die beste wissenschaftliche Ausbildung genießen und dazu die gleichen erlesenen Speisen zu essen bekommen wie der König selbst. Einer dieser vier war Daniel, die drei anderen hießen Hananja, Misael und Asarja. Alle vier bekamen Spitznamen, wobei der von Daniel „Belsazar" hieß, was bedeutete: „Beschütze sein Leben".

Daniel hatte seinen eigenen Kopf, was sich zuerst darin zeigte, dass er sich weigerte, die Speisen, die der König bekam, mit diesem zu teilen – vermutlich, weil man sich im Königshaus den Segen für sie von anderen Göttern erbat. Daniel und seine drei Mitschüler traten in den Hungerstreik. Sie verlangten, nur mit Wasser und Gemüse ernährt zu werden. Ihr Studentenprotest hatte Erfolg, sie bekamen ihre preiswerte Spezialkost, und zwar mit der Folge, dass sich ihre Körper noch besser und gesünder entwickelten, bei Daniel außerdem mit der Folge, dass ihm der Herr prophetische Gaben verlieh.

Nach Abschluss ihrer Ausbildung überzeugte sich König Nebukadnezar persönlich von den Fähigkeiten dieser vier Musterschüler und alle vier bekamen hohe Posten.

Eines Morgens erwachte Nebukadnezar schweißgebadet, erschreckt über seinen eigenen Traum. Er berief den Rat der Weisen ein und forderte seine Zauberer und Sterngucker auf, seinen Traum zu deuten. Sie sagten:

„Majestät, erzählt uns Euren Traum und wir werden ihn deuten."

„Pustekuchen! Ihr Schlaumeier wollt es euch einfach machen. Wie soll ich denn dann wissen, ob eure Deutung höherer Eingebung entspringt? Wer einen Draht zu höheren Mächten hat, der muss auch in der Lage sein zu erkennen, was ich geträumt habe, ohne dass ich ihm meinen Traum erzähle. Ich weiß gar nicht mehr, wie der Traum ging, ich hab ihn vergessen."

Dieser König war weitaus anspruchsvoller als der ägyptische Pharao zu Zeiten Josephs. Um seinem Begehren Nachdruck zu verleihen und um die Bedeutung, die die Angelegenheit für ihn hatte, zu unterstreichen, entschied er:

„Schafft ihr es nicht, mir meinen Traum nachzuerzählen und zu deuten, mache ich euch zu Hackfleisch. Schafft ihr es aber, belohne ich euch mit großzügigen Bonuszahlungen und einem Orden. Aber lasst euch nicht zu lange Zeit. Wenn ich merke, dass ihr nur verzögern wollt, ist meine Geduld zu Ende."

Da meinten die Weisen:

„Edler König, was Ihr hier verlangt, kann kein Mensch leisten, kein Weiser, kein Astrologe."

„So? Dann raus mit euch, ihr unnützes Pack!"

Die Weisen hatten damit bereits ihr eigenes Todesurteil gesprochen. Der cholerische König geriet in Rage und befahl, die Ratsmitglieder und alle anderen Weisen im Land zu töten. Damit waren auch Daniel und seine drei Freunde betroffen. Daniel wurde dem obersten Richter vorgeführt, der ihm das Todesurteil verkündete. Daniel reagierte empört:

„Moment mal! Das muss eine Verwechslung sein. Ich habe nichts verbrochen!"

„Oh doch! Es handelt sich um eine Kollektivbestrafung aller Weisen im Lande auf allerhöchste Anordnung durch Seine Majestät, den König. Pech für dich, mein Lieber, dass du auch zu den Weisen gehörst. Eure Missetat ist, einen Traum des Königs nicht erraten und gedeutet zu haben."

„Einspruch, Euer Ehren! Ich erlaube mir, einen Verfahrensfehler zu rügen. Es wurde versäumt, mir Gelegenheit zu geben, dem Begehren des Königs zu entsprechen. Ich erbitte dazu angemessene Frist."

Der Einspruch war zweifellos berechtigt, die Frist wurde gewährt. Daniel suchte seine drei Freunde auf, erklärte ihnen, dass und aus welchem Grunde das Damoklesschwert über ihren Häuptern baumelte, und meinte:

„Also los! Auf die Knie, Jungs! Wir müssen den Herrn bitten, dass er uns die Erleuchtung gibt."

Daniel konnte offenbar am besten beten, denn noch in derselben Nacht schickte ihm der Herr ein Remake des königlichen Traums samt Erläuterung. So konnte Daniel am nächsten Morgen vor den König treten und ihm den Traum ins Gedächtnis rufen.

„Was Ihr im Traum gesehen habt, mein König, war eine große, mächtige Gestalt mit einem Kopf aus Gold, Armen aus Silber, einem Rumpf aus Bronze, Beinen und Füßen aus Eisen und Ton. Da fiel von oben ein Felsbrocken herab auf die Füße der Figur, die prompt umstürzte und in kleinste Staubkörnchen zerfiel. Der Wind wehte sie davon, aber der Felsbrocken wurde größer und größer und schließlich ein riesiger Berg. Stimmt's?"

„Tatsächlich, jetzt erinnere ich mich!"

„Und nun die Bedeutung: Das goldene Haupt der Statue seid Ihr, Majestät, mit Eurem mächtigen Königreich. Nach Euch wird das Königreich von Mal zu Mal schwächer und dann geteilt sein. Schließlich wird es ganz verschwinden, weil der himmlische Gott ein neues Königreich aufrichten wird."

Nebukadnezar war so beeindruckt, dass er gläubig zum Herrn betete und Daniel zum Superminister machte.

Gott und König

Zwar hatte Nebukadnezar zum Herrn gebetet, aber das änderte nichts daran, dass er vom Volk verlangte, dass es ihn selbst als göttliches Wesen verehrte. Dazu ließ er an zentraler Stelle der Stadt ein riesiges Standbild aus Gold von sich errichten. Alle Amtsträger im Lande und Personen von gesellschaftlichem Rang wurden verpflichtet, zur Einweihungszeremonie zu erscheinen und bei Ertönen der Hymne vor der Statue niederzuknien und sie anzubeten. Die Order erging mit der unmissverständlichen Androhung, dass die etwaige Verweigerung der Ehrerbietung mit der Todesstrafe in Form der Verbrennung im Feuerofen geahndet werde.

Nach der großen Anbetungszeremonie wurde dem König gepetzt, dass es unter den Festteilnehmern drei jüdische Männer gegeben habe, die sich nicht vor der Statue niedergebeugt hätten. Wie man leicht feststellte, handelte es sich um die drei Freunde Daniels. Dieser selbst hatte an der Zeremonie gar nicht teilgenommen, vielleicht lag er zu dieser Zeit gerade mit Schweinegrippe im Bett. Nebukadnezar ließ die drei festnehmen und vorführen. Immerhin schätzte er sie, also wollte er ihnen noch eine Chance geben.

„Bin ich richtig informiert, dass ihr es versäumt habt, beim Klang der Hymne vor der Statue niederzuknien?"

„Jawohl, Majestät. Wir knien nur vor dem Herrn, unserem Gott."

„Ist euch klar, dass auf die Verweigerung meines Befehls die Sanktion der öffentlichen Hinrichtung im Feuerofen steht?"

„Wir haben davon gehört, aber das schreckt uns nicht. Wenn unser Herr will, wird er uns beschützen."

„Das ist Rebellion! Für euren Ungehorsam sollt ihr noch heute im Feuerofen büßen!"

Sehr rational war diese Entscheidung nicht, hatte der Staat doch immerhin Stipendien und langjährige Ausbildungen in diese Männer investiert.

Die Männer wurden in voller Bekleidung gefesselt, die Heizer wurden angewiesen, siebenmal mehr Brennholz und Kohlen aufzulegen als sonst und den Ofen richtig zum Glühen zu bringen. Die Flammen schlugen hoch, sodass sie die Wärter, die die drei Männer in den Ofen warfen, erfassten und verbrannten, während die drei im Ofen gemütlich hin und her gingen, als genössen sie das schöne Wetter. Der König und seine Kabinettsmitglieder blickten abwechselnd durch das Guckloch in den Ofen hinein und sahen mit einem Mal noch eine vierte Person im Ofen, als hätte sich noch ein Engel hinzugesellt. Da wurde es dem König unheimlich und er ließ die drei aus dem Ofen herauskommen. Alle drei waren an Haut und Haaren unversehrt, auch die Kleidung hatte nichts abbekommen, nicht einmal Brandgeruch war an ihnen zu spüren.

Nun musste König Nebukadnezar anerkennen:

„Jungs, das war toll! Ihr habt zu eurem Gott gehalten und er hat euch gerettet. Euer Gott ist echt gut, so was schafft kein anderer. Von jetzt an soll nur noch euer Gott angebetet werden; wer sich nicht dran hält, wird in Stücke gehauen."

Bald darauf hatte der König wieder mal geträumt, diesmal von einem Baum, der so groß war, dass seine Zweige bis zu den Wolken reichten – ein echter Wolkenkratzer. In der Breite reichten die Zweige so weit, wie das Auge sehen konnte. Sie trugen so viele Früchte, dass alle Menschen und Tiere davon reichlich zu essen hatten. Da kam ein Engel von Himmel und schrie:

„Haut den Baum um, aber lasst den Strunk mit seinen Wurzeln stehen. Der Gefällte soll sieben Zeiten in Ketten liegen und Gras fressen, bis er erkennt, dass der Herr es ist, der die Macht hat."

Da die heimischen Sterndeuter auch diesen Traum nicht verstanden, wurde wieder Daniel gebraucht. Der hatte den Traum gleich kapiert.

„Der Baum seid Ihr, Majestät. Die Szene bedeutet für Euch leider nichts Gutes, denn wenn der Traum stimmt, dann wird man Euch vom Thron stürzen. Sieben Jahre lang wird es Euch ziemlich dreckig gehen, denn Ihr müsst auf freiem Felde leben wie ein Ausgestoßener. Aber dann, wenn Ihr erkannt habt, dass der Herr der wahre Boss ist, werdet Ihr wieder in die Gesellschaft aufgenommen und sogar wieder den Thron besteigen. Also, großer König: Was Euch fehlt, ist Demut."

Was soll ich sagen? Genau so kam's. Der mächtige Nebukadnezar wurde gestürzt und musste sieben Jahre lang im Freien kampieren, besser gesagt: vegetieren. Er lebte von der Hand in den Mund, seine Haare und Fingernägel wuchsen wie beim Struwwelpeter, denn natürlich gab es da draußen weder Friseur noch Maniküre. Aber als er sich dann ehrlich zum Herrn bekehrte, belohnte ihn dieser mit der Rückkehr in die Gesellschaft und sogar auf den Königsthron, den er bis zu seinem (natürlichen) Tod behielt und auf den ihm sein Sohn Belsazar folgte.

Belsazar und Daniel

Mit dem Namen Belsazar („Baal schütze den König") war dem erstgeborenen Sohn Nebukadnezars, wie in einer Dynastie üblich, die Thronfolge schon in die Wiege gelegt, aber dieser neue König war ein Hallodri und Taugenichts. Er liebte das ungezügelte, ausschweifende Leben.

Einmal gab er für mehr als 1000 Gäste ein rauschendes Fest, bei dem er es wieder mal so richtig krachen ließ. Der Alkohol floss in Strömen, es ging hoch her und Belsazar amüsierte sich königlich in dieser Gesellschaft von Günstlingen, leichten Mädchen und Maitressen. Das Schärfste dabei war: Getrunken wurde aus goldenen und silbernen Gefäßen, die Vater Nebukadnezar bei der Plünderung des Tempels in Jerusalem erbeutet hatte, aus Kelchen, die für liturgische Handlungen bestimmt und dem Herrn geweiht waren. Was für ein Frevel! Um den Spaß perfekt zu machen, priesen die Zecher beim Saufen auch noch die handgeschnitzten Götter ihrer Vorfahren.

Mitten in diesem feuchtfröhlichen Trubel sah man plötzlich, wie an der weiß getünchten Wand des Saals in großer Schrift – wie von unsichtbarer Hand gemalt – drei Worte zu lesen waren:

Mene – Tekel – U-pharsin

Als der König das sah, wurde er kreidebleich und seine Knie schlotterten. Er verstand die Worte nicht, erkannte aber, dass es sich hier nicht bloß um irgendeinen schlechten Scherz im Stile „Versteckte Kamera" handelte. Also rief er:

„Holt mir die Zauberer und Wahrsager, aber schnell!"

Als diese kamen und mit den Worten ebenfalls nichts anfangen konnten, wurde dem König die Sache noch unheimlicher. Da stieß ihn die Königin unter dem Tisch mit dem Fuß an und flüsterte ihm zu:

„Mit dieser Bagage von Scharlatanen wird das nie was. Los, gib dir einen Ruck und lass den Daniel aus dem Gefängnis vorführen! Der hat schon deinem Vater Träume gedeutet und ist auf diesem Gebiet ein Ass. Also wenn du mich fragst: Ich würde ja sagen, es klingt so ähnlich wie ‚Ene mene muh und raus bist du', aber ich habe keine Ahnung. Frag den Daniel, der wird's dir sagen."

Kaum hatte Daniel den Saal betreten und die Worte gelesen, wusste er Bescheid.

„Na, Mann, das ist Aramäisch, das sollten gebildete Leute doch eigentlich wissen. *Mene* heißt ‚gezählt' und bedeutet für Euch, mein König: Die Tage Eures Königsreichs sind gezählt. *Tekel* heißt ‚gewogen', also: Ihr wurdet gewogen und zu leicht befunden. *U-pharsin* schließlich bedeutet ‚zerteilt', was hier nur heißen kann: Dieses Königreich werden Eure Feinde untereinander aufteilen, vermutlich die Meder und die Perser."

Man muss bezweifeln, dass der ziemlich besoffene Belsazar die Tragweite dieser Interpretation überhaupt verstanden hatte. Statt erschüttert zu sein, zeigte er überschwängliche Freude darüber, dass da einer war, der überhaupt eine Erklärung für die Schrift hatte. Er klopfte dem Daniel freundlich auf die Schulter, drückte ihm ein paar wertvolle Geschenke in die Hand und ernannte ihn auf der Stelle nicht nur zum freien Mann, sondern zugleich zu einem der drei höchsten Beamten des Königreichs. Welche Auszeichnung für diese kleine Gefälligkeit! Von Daniels Diensten in diesem neuen Amt hatte Belsazar allerdings nicht mehr viel: Noch in derselben Nacht machte man seine Frau zur Witwe.

Darius und Daniel

Daniels Laufbahn im babylonischen Staat glich einem Jo-Jo-Spiel. Der neue König Darius hielt große Stücke auf ihn und wollte ihm den Posten des Premierministers geben, den Daniel schon unter Nebukadnezar innehatte. Darius hatte das Königreich in 120 Provinzen unterteilt und eine entsprechende Zahl von Statthaltern (sogenannten Satrapen) eingesetzt. Diese Provinzfürsten fühlten sich in ihren Interessen durch Maßnahmen Daniels gestört und suchten nach Möglichkeiten, ihn loszuwerden. Der einzige Angriffspunkt, den sie bei ihm fanden, war die Tatsache, dass er dreimal täglich an dem Fenster, das nach Jerusalem zeigte, zum Herrn betete. Da gingen sie zum König und trugen ihm vor:

„Majestät, endlich haben wir mit Euch wieder einen verehrungswürdigen König, das Volk weiß es nur noch nicht. Damit es alle checken, haben wir einen Erlass vorbereitet, wonach in den kommenden 30 Tagen kein anderer Gott oder Mensch verehrt oder um etwas gebeten werden darf als Ihr, Majestät, und wonach jeder, der dagegen verstößt, den Löwen zum Fraß vorgeworfen werden soll. Ihr braucht nur noch links unten zu unterschreiben."

Als gottgleiches Wesen solle er verehrt werden? König Darius fühlte sich gebauchpinselt. So eine gute Idee hatte er diesen Landvögten gar nicht zugetraut; also unterschrieb er, ohne den Braten zu riechen. Boten verkündeten den Erlass im ganzen Land. Daniel aber konnte es nicht lassen, weiterhin an seinem Fenster demonstrativ zum Herrn zu beten. Das führte zur Anzeige durch seine Widersacher. Nun war König Darius Gefangener seiner eigenen Anordnung. Daniel war sein bester Mann und es schmerzte ihn, konsequent sein zu müssen. So sagte er zu Daniel:

„Leider bin ich dieser durchtriebenen Bande von Provinzfürsten auf den Leim gegangen, aber als König darf ich mein Wort nicht brechen. Wie du siehst, kann ich nicht anders, als dich in die Löwengrube zu schicken, nimm's mir nicht übel. Möge dich der Herr beschützen, zu dem du so fleißig gebetet hast."

Man verschloss den Eingang zur Löwengrube hinter Daniel mit einem großen Stein und mit dem Siegel des Königs. Wem es schlecht erging in dieser Nacht, war König Darius, denn er konnte abends und die ganze Nacht hindurch weder etwas essen noch schlafen. Am nächsten Morgen eilte er zum Löwenkäfig, um zu sehen, inwieweit Daniel von den Löwen in Stücke gerissen worden war, aber zu seiner Verwunderung und Freude sah er diesen unversehrt bei den Löwen stehen. Grund dafür war nicht etwa, dass die Löwen zuvor ausgiebig gefüttert worden wären. Nein, die Biester hatten reichlich Appetit, aber ein Engel hatte ihnen einen unsichtbaren Maulkorb verpasst. Damit war Daniels Unschuld bewiesen. Darius ließ ihn herausziehen und statt seiner dessen hinterhältige Ankläger mitsamt ihren Frauen und Kindern in den Graben zu den Löwen werfen, die die Ankömmlinge sofort zerfleischten.

Nun erging ein neuer Erlass des Königs Darius, wonach alle den Gott des Daniel zu verehren hatten. Daniel blieb ein erfolgreicher Verwalter des Reiches, auch später noch unter dem Perserkönig Kores.

Susanna und Daniel

Noch eine Geschichte von Daniel gibt es, die aber nicht in jeder Bibel steht, sondern – wie die von Tobias und Judit – zu den apokryphen (später eingefügten) Schriften zählt, und die geht so:

In Babylon gab es einen Multimillionär namens Jojakim. Er genoss höchstes Ansehen und war auch sonst ein Mann der Superlative: Er war nicht nur der Reichste der Stadt, er hatte auch die schönste Frau, die junge Susanna. Sein stattliche Villa war Treffpunkt der gesellschaftlichen Elite, aber da fanden keine wilden Partys statt wie heutzutage bei manchen Celebrities oder Möchtegern-Prominenten, nein, hier kamen die gläubigen Juden zusammen, zu denen auch die Gastgeber gehörten.

Hausherr Jojakim hatte zwei Richtern auf deren Bitte die Erlaubnis erteilt, in seiner Residenz regelmäßig ihre Gerichtstage abzuhalten. Den beiden Männern ging es dabei in Wahrheit gar nicht um repräsentative Sitzungsräume, sondern allein darum, die schöne Susanna sehen zu können. Denn wenn sich zur Mittagszeit die Rechtssuchenden entfernt hatten, schauten, nein stierten diese beiden Männer fortgeschrittenen Alters der Susanna nach, die zu dieser Zeit ihren täglichen Spaziergang durch den nahe gelegenen großen Garten machte. Jeder von beiden war scharf auf sie, jeder von beiden malte sich aus, wie es wäre, hätte er Gelegenheit, sich mit ihr sexuell zu vergnügen. Beide verzehrten sich vor Sehnsucht nach ihr, aber keiner von beiden ließ den anderen etwas von seiner Begierde wissen, man gab sich einander seriös.

Einmal sagte einer zum anderen:

„Gehen wir nach Hause, es ist Zeit zum Mittagessen."

Man verabschiedete sich also und jeder ging seines Weges, aber an der nächsten Biegung machte jeder halt, wartete ein Weilchen und ging dann zum Haus zurück, wo man sich prompt wieder traf. Da fragte einer den anderen nach dem Grund seiner Rückkehr, und nun gestand man sich gegenseitig seine Leidenschaft für Susannchen. Da verabredeten sie, von nun an der sexy Susi gemeinsam nachzusteigen.

An einem heißen Sommertag hatten sich die zwei Herren Richter im Garten versteckt, um ihr aufzulauern, da erschien Susanna wie gewohnt mit ihren beiden Dienerinnen. Sie sagte den Mädchen:

„Geht, holt Badeöl und Sonnencreme und verschließt das Tor, denn ich möchte im Swimmingpool baden."

Die Mädchen gingen zum Gartentor hinaus, verschlossen es und entfernten sich, um die Sachen zu holen. Susanna begann sich zu entkleiden, da hielten es die beiden Lustmolche in ihrem Versteck nicht länger aus, liefen auf sie zu und bedrängten sie mit leidenschaftlichen Worten:

„Oh süße Susanna, wir haben den Lockruf deines schönen Körpers vernommen und sind nun da, dir doppelte Lustbefriedigung zu verschaffen. Anders gesagt: Wie wär's mit einem flotten Dreier?"

Susanna war perplex. Ausgerechnet die honorigen Herren Richter suchten ein Liebesabenteuer oder gar ein Dreiecksverhältnis mit ihr? Für diese Art Beziehungsgeometrie fehlte ihr das Verständnis. Diese Männer vom Fach mussten doch wissen: Für eine Frau war bereits ein einfacher Seitensprung – erst recht also ein doppelter – ein Salto mortale! Sie reagierte empört:

„Was fällt euch ein, ihr geilen Böcke? Ihr habt wohl zu viel Viagra geschluckt! Macht sofort, dass ihr hier verschwindet, sonst schreie ich die ganze Belegschaft zusammen!"

„Oh, das wäre nicht ratsam. In diesem Fall müssten wir zu unserer Ehrenrettung behaupten, wir hätten dich mit einem jungen Mann in flagranti beim Liebesspiel erwischt; die Mädchen hättest du vorher weggeschickt, um dich hier mit deinem Liebhaber vergnügen zu können. Also: Entscheide dich!"

Schlagartig erkannte Susanna, dass sie nur die Wahl zwischen Pest und Cholera hatte.

„Auf Ehebruch steht die Todesstrafe. Weigere ich mich aber, werdet ihr mich mit falscher Anschuldigung ebenfalls in den Tod schicken. So oder so steht es nicht gut für mich. Dann ist es schon das Beste, ich verhalte mich so, wie es der Herr von mir erwartet. Also: Finger weg!"

Susanna begann, laut zu schreien. Da schrien auch die beiden anderen. Die Leute aus dem Haus kamen gelaufen und die Richter gaben zu Protokoll, sie hätten zufällig gesehen, wie sich Susanna einem jungen Mann unter einem Baum hingegeben habe. Bei ihrem Hinzutreten sei der Liebhaber über die Gartenmauer geflüchtet.

Am nächsten Morgen kam alles Volk vor dem Haus des Jojakim zusammen, um über Susanna Gericht zu halten. Da wiederholten die beiden hoch angesehenen Herren Richter ihre Anschuldigung und das Volk beschloss, Susanna zu steinigen. Man führte sie zum Richtplatz, aber da trat der damals noch junge Daniel hinzu und rief:

„Halt! Nicht doch, Leute! Diese Frau ist unschuldig! Ich beantrage Wiederaufnahme des Verfahrens."

Das Volk fragte:

„Wieso? Es gab immerhin zwei ehrwürdige Zeugen."

„Aber habt ihr das Zeugnis dieser Männer überprüft? Ihr habt vorschnell geurteilt. Lasst mich die Verhandlung übernehmen."

Auf das Flehen der Susanna zu ihrem Herrn hatte dieser ihr gerade noch rechtzeitig mit Daniel einen qualifizierten Verteidiger geschickt. Man begab sich zurück zur Gerichtsstätte und Daniel verlangte als Erstes, dass man die beiden Zeugen räumlich voneinander trenne, zur damaligen Zeit ein Novum. Dann vernahm er den ersten und fragte:

„Unter welchem Baum hast du Susanna mit dem jungen Mann Liebe machen sehen?“

„Unter einer Zeder.“

Dann befragte er den anderen:

„Was war das für ein Baum, unter dem du Susanna mit dem jungen Mann in flagranti ertappt hast?“

„Eine Eiche.“

Da wandte sich Daniel an das Volk:

„Seht ihr? Die beiden sind Lügner. Gebt ihnen, was sie verdienen!“

Also machte man statt mit Susanna nun mit ihnen kurzen Prozess und Babylon hatte zwei Richter weniger.

Wenn es auf der Welt doch immer so gerecht zuginge!

Ester

Lange nach Nebukadnezar II. gab es im asiatischen Raum wieder einen starken Mann. Der Perserkönig Xerxes beherrschte von seinem Sitz in der Stadt Susa aus ein riesiges Reich mit 127 Provinzen. Aber er verstand es nicht nur zu kämpfen, sondern seine Erfolge auch auszukosten. Volle sechs Monate ließ er sich und seinen Reichtum von den führenden Männern im Lande feiern, dann folgte ein siebentägiges Fest, zu dem der König alle männlichen Bewohner seines Palastbezirks einlud. Alle durften aus goldenen Bechern Wein aus dem königlichen Weinkeller trinken, so viel sie wollten – sieben Tage Flatrate-Saufen auf Staatskosten. Währenddessen veranstaltete seine Frau, die schöne Königin Waschti, im Königspalast für die Damen der Gesellschaft ein gesittetes Fest mit Kulturprogramm. Am siebten Tag rief Xerxes in bester Weinlaune den Feiernden zu:

„Hört zu, Leute! Was meint ihr? Wollt ihr mal die Königin Waschti sehen, wie der Herr sie geschaffen hat? Nur mit einem Diadem bekleidet? Ha, ich lasse sie holen, sie soll euch zeigen, wie schön sie ist. Dann könnt ihr heute Nacht von ihr träumen!"

Er schickte seine Eunuchen los; die kamen ohne Waschti zurück. Der König rief:

„He, was ist los? Wo ist Königin Waschti?"

„Sie kommt nicht."

„Was heißt das: ‚Sie kommt nicht'?"

„Sie will nicht."

„Was? Seit wann geht es danach, was die Frau will? Sie hat zu tun, was ich will. Das ist Missachtung ihres Gebieters, das ist offene Auflehnung, das ist Verrat, ein unerhörter Akt emanzipatorischer Rebellion! Ich verkünde hiermit einen Erlass an alle Leute im Lande, dass die Frau ihrem Mann zu gehorchen hat! – Nun gut, wenn die Königin sich nicht zeigen will, dann will ich sie auch nicht mehr sehen, nie mehr, nie mehr!"

Die Anwesenden lauschten mit gebotenem Respekt all den Worten, die der angetrunkene König da im Zorn ausstieß. Diesem blieb um seiner Autorität willen nichts anderes übrig, als dann auch dazu zu stehen. Also erging tatsächlich ein entsprechender schriftlicher Erlass in den jeweiligen Landessprachen an das Volk in allen Provinzen, ein völlig überflüssiger Erlass, da die Gehorsamspflicht der Frau gegenüber ihrem Mann seit eh und je für alle ganz selbstverständlich war. Waschti bekam ihren Mann tatsächlich nie wieder zu sehen und wurde von ihm geschieden.

Nun musste eine neue Königin her, die sollte mindestens so schön sein wie Waschti. Die Beamten in allen Provinzen bekamen Anweisung, nach den schönsten Jungfrauen im Lande Ausschau zu halten und sie im Harem des Schlosses zu versammeln; dann werde der König eine davon nach seinem Gusto auswählen und zur neuen Königin machen.

In Susa hörte einer der königlichen Beamten namens Mordechai von dieser Aktion. Seine Vorfahren waren Judäer, die unter dem Babylonierkönig Nebukadnezar II. aus ihrer Heimat verschleppt worden waren. Bei ihm lebte seine junge Cousine Ester; nach dem Tod ihrer Eltern war er ihr Vormund. Da Ester außerordentlich schön war, präsentierte er sie für das Casting; sie kam problemlos in die engere Wahl und wurde in den Harem aufgenommen, wo die Kandidatinnen von fachkundigem Personal auf das Gründlichste auf ihren entscheidenden Auftritt vorbereitet wurden. Zur vorgeschriebenen Prozedur gehörte eine sechsmonatige Behandlung mit Myrrhenöl (zur Desinfektion?), sodann in weiteren sechs Monaten eine Pflege mit Balsamöl und verschiedenen feinen Schönheitscremes. Wenn dann eine Bewerberin an der Reihe war, den König aufzusuchen, durfte sie sich dafür die schönsten Kleider und den edelsten Schmuck aussuchen. Die Kandidatin ging am Abend in den Königspalast und kehrte am Morgen von dort nicht in denselben Harem zurück, sondern wurde in einen zweiten Harem geführt, in dem die Nebenfrauen des Königs lebten. (Das war durchaus kein Abstellgleis; wer es bis dahin geschafft hatte, genoss einen privilegierten Status.) Jede durfte den König nur einmal besuchen, es sei denn, dass sie ihm besonders gefallen und er Lust auf ein zweites Mal hatte.

Als Ester an die Reihe kam, stach sie alle anderen Mädchen aus. Der König fand großen Gefallen an ihr; nach seinem Urteil hatte sie alle anderen Kandidatinnen bei Weitem übertroffen. Also setzte er ihr die Königskrone auf und das Land hatte wieder einen Grund, mal richtig zu feiern.

Königin Ester hatte ihrem Mann noch nicht ihre jüdische Abstammung offenbart. Für den König hatte dies keinen Nachteil. Einmal hörte Mordechai zufällig mit, wie zwei Leibgardisten des Königs heimlich verabredeten, ihn umzubringen. Mordechai meldete dies seiner Cousine, die die Verschwörung aufdeckte. Die beiden Schuldigen wurden gehängt; Mordechai hatte dem König das Leben gerettet. Der Vorfall wurde in der amtlichen Chronik vermerkt.

Dann aber kamen schwere Zeiten. Der König ernannte einen Politiker namens Haman zum Ministerpräsidenten über das ganze Reich. Alle Beamten im Palast hatten vor Haman niederzuknien, alle taten es außer Mordechai. Sie fragten ihn:

„He, bleibst du stehen, weil du steife Knie hast?"

„Nein, weil ich Jude bin."

Nun hätte Haman Mordechai für diese Respektlosigkeit angemessen bestrafen können, aber das reichte ihm nicht. Dieser Antisemit beschloss, die Juden im ganzen Reich auszurotten, und holte sich dafür Rückendeckung beim König. Per Los (Pur) wurde ermittelt, dass für die Aktion der 13. Tag des 12. Monats am günstigsten sei. Ein Erlass, von Haman versehen mit dem Siegel des Königs, wurde in allen Provinzen verkündet, wonach an diesem Tage die Juden erschlagen werden sollten und ihr Besitz zur Plünderung freigegeben sei.

Bei den Juden im Lande war nun die Verzweiflung groß, viele begannen zu fasten und in Sack und Asche zu gehen; so tat es auch Mordechai. Hiervon erfuhr Ester, die über ihren Diener Kontakt zu ihrem Vetter aufnahm. Mordechai berichtete ihr von dem Erlass und bat sie dringlich, zum König zu gehen und für die Juden um Gnade zu bitten. Ester ließ Mordechai ausrichten:

„Das ist nicht so einfach, wie du dir das vorstellst. Alle kennen das Gesetz: Wer ungerufen zum König in den Innenhof des Palastes geht, muss sterben, es sei denn, der König streckt ihm sein goldenes Zepter entgegen. Mich hat der König schon seit 30 Tagen nicht mehr gerufen."

Mordechai ließ ihr überbringen:

„Glaub nur nicht, dass du im Königspalast dein Leben retten kannst, wenn alle anderen Juden im Lande umgebracht werden."

Ester gab hierauf zur Antwort:

„Fastet drei Tage lang, dann will ich's riskieren."

Am dritten Tag machte sich Ester schön, legte ihre eleganten Gewänder an und begab sich in den Palasthof. Sie sah einfach blendend aus. Der König saß auf seinem Thron, von wo er sie durch die offene Saaltür dort draußen stehen sah. Er war von ihrem Anblick hingerissen und streckte ihr sein Zepter entgegen, das er zum Glück gerade in der Hand hielt. Natürlich war ihm klar, dass das gewagte Erscheinen Esters einen gewichtigen Grund haben musste. Er fragte sie:

„Was führt dich her, schöne Königin Ester? Was ist dein Wunsch? Ich gewähre dir alles, bis zur Hälfte meines Königreichs."

Ester antwortete:

„Ich möchte nur dich und Haman zum Essen einladen."

Bei Essen und Wein meinte der König zu Ester:

„Nun mal raus mit der Sprache: Was ist dein eigentliches Anliegen?"

„Ich werde es dir sagen, wenn du auch morgen mit Haman meiner Einladung zum Essen folgst."

Ja, Ester machte es spannend.

Haman prahlte zu Hause damit, dass er von Königin und König exklusiv zum Essen eingeladen worden sei. Umso mehr zeigte er sich nun verärgert über die despektierliche Verweigerung der Ehrerbietung durch Mordechai. Seine Frau und seine Freunde rieten:

„Was wartest du noch? Lass einen Galgen errichten und Mordechai aufhängen!"

„Gute Idee, das mache ich!"

In dieser Nacht hatte der König Schwierigkeiten einzuschlafen. Was macht ein König in solchem Fall? Er lässt sich aus der amtlichen Chronik vorlesen – ein hochwirksames Schlafmittel. Zufällig kam der Vorleser dabei an die Stelle, die von der Aufdeckung der Verschwörung durch Mordechai handelte. Der König fragte den Vorleser:

„Welche Belohnung hat Mordechai übrigens dafür bekommen?"
„Keine, Majestät."
In diesem Moment meldete sich Haman an, der den König um Erlaubnis bitten wollte, Mordechai an den Galgen zu hängen. Der König ließ Haman eintreten und fragte ihn:
„Wie kann ein König jemandem eine besondere Ehre erweisen?"
Haman glaubte, er selbst sei gemeint, und antwortete:
„Ich würde sagen: Man setzt ihn in königlichen Kleidern auf ein königliches Pferd und lässt durch einen hohen Würdenträger rufen: ‚So erweist der König einem verdienten Mann besondere Ehre!'"
„Bravo! Genau so sollst du es mit dem Juden Mordechai machen."
Also musste sich Haman vor Mordechai erniedrigen und ihm Ehrerbietung zollen. – *Ja, das kommt davon, wenn man seinen Chef zu ungelegener Zeit mit Lappalien behelligen will.* –
Dann fand sich Haman zu dem zweiten Essen mit dem Königspaar ein. Wieder fragte Xerxes:
„Was ist nun dein Anliegen, liebe Königin?"
„Ich habe an dich, großer König, nur die Bitte, mich und mein Volk am Leben zu lassen; denn man will uns töten und ausrotten. Würde man uns nur versklaven wollen, hätte ich dich mit so einer Kleinigkeit nicht belästigt."
„Wer plant denn etwas so Schändliches?"
„Na, dieser böse Haman hier."
Haman blickte entsetzt zu Ester. Wie hätte er auch ahnen können, dass es sich ausgerechnet bei der Königin um eine Jüdin handelte? Der König stand wortlos auf und ging hinaus – kein gutes Zeichen für Haman. Zurück kam der König mit ein paar Dienern, die Haman packten und darauf hinwiesen, dass es auf Hamans Grundstück einen frisch errichteten, noch unbenutzten Galgen gebe. Haman daran aufzuhängen bot sich geradezu an. So endete Haman an dem für Mordechai bestimmten Galgen.

Damit aber waren die Juden noch nicht gerettet. Der Haken an der Sache war, dass der Befehl Hamans zur Judenvernichtung mit dem königlichen Siegel versehen war. Einen solchen Erlass konnte selbst der König nicht zurücknehmen. Aber Xerxes erlaubte Mordachai, mittels königlichen Siegels einen anderen Erlass dagegenzusetzen. Dieser lautete:
„Der König erlaubt allen Juden im Lande, jedermann zu töten, der am 13. Tag des 12. Monats versuchen sollte, jüdischen Männern, Frauen oder Kindern Gewalt anzutun."
An diesem 13. Tag des 12. Monats kam es zu einem großen Gemetzel, wobei es aber die Feinde der Juden waren, die dabei das Nachsehen hatten: insgesamt 75.000 Mann plus die zehn Söhne des Haman. Seither begehen die Juden den 14. Tag dieses Monats als Feiertag (Purim-Fest).

Hiob

Nicht jede biblische Geschichte verläuft so märchenhaft schön wie die von Ester. Bei Hiob steht die goldene Zeit am Anfang; von da an ging' s bergab.

Hiob war ein außerordentlich wohlhabender Mann; er besaß 11.500 Tiere (Kamele, Schafe, Rinder, Esel), außerdem sieben Söhne und drei Töchter. Diesen Reichtum verdankte er nicht irgendwelchen krummen Machenschaften oder windigen Geschäften – ganz im Gegenteil: Der Mann war ein Vorbild an Rechtschaffenheit, untadelig und gottesfürchtig.

Hier zeigt sich mal wieder: Der provokative Gedanke, dass eher ein Wüstenschiff durch ein Nadelöhr gleitet, als dass ein Reicher in den Himmel eingeht, ist dem Alten Testament völlig fremd. Wäre es so, müssten die meisten Protagonisten des Alten Testaments, insbesondere die Stammväter Abraham, Isaak und Jakob, aber auch die großen Könige David und Salomo, leider draußen bleiben, denn sie alle waren zu ihrer Zeit die mit Abstand Reichsten im Lande. Nach damaliger Überzeugung war der Reichtum ein Zeichen dafür, dass es der Herr mit dem Besitzer besonders gut meinte.

Eines Tages berief der Herr seine Gottessöhne zu einer Ratsversammlung ein; zu diesen Himmelssöhnen gehörte auch der Satan. – *Wer außer dem Herrn und dem Satan noch an dieser Konferenz teilnahm, erfahren wir nicht; die anderen saßen offenbar nur stumm dabei wie die Ölgötzen. Satan erscheint hier nicht als von Gottes Hofstaat abgefallener Bösewicht, sondern eher als Gegenspieler (als Geist, der stets verneint, als Advocatus Diaboli).* –

Satan trat vor ihn und berichtete, er komme gerade von einem Streifzug durch die Erde zurück. Der Herr fragte:

„Na, hast du dabei zufällig auch den Hiob gesehen? Der Mann ist ein Vorzeigeexemplar, ein makelloser Musterknabe."

„Tja, Kunststück! Wer von dir so reich gemacht wurde, hat es ja leicht, dich zu loben und dir ergeben zu sein. Aber nimm ihm mal seinen Reichtum weg! Wetten, dass er dich dann verflucht?"

„Topp, die Wette gilt! Wir werden ihn testen. Du hast freie Hand, ihm alles wegzunehmen, nur ihm selbst darfst du nichts antun."

So ging man auseinander.

Eines Tages waren Hiobs Kinder im Hause des ältesten Sohnes zu einem Essen zusammengekommen, während Hiob allein bei sich zu Hause saß, da kam ein Knecht gelaufen und berichtete ihm:

„Wir waren gerade mit den Rindern beim Pflügen und die Esel weideten in der Nähe, da fielen plötzlich Beduinen über uns her, nahmen unsere Tiere mit und erschlugen unsere Knechte. Ich allein konnte entkommen, um es dir zu sagen."

Er hatte kaum ausgeredet, da kam der Nächste angerannt und meldete:

„Feuer ist vom Himmel gefallen und hat unsere Schafe, Ziegen und Hirten vernichtet. Ich allein konnte mich retten."

Bevor er noch ausreden konnte, kam ein anderer Knecht hereingestürzt mit der Meldung:

„Horden von Nomaden haben uns überfallen, unsere Kamele entführt und die Knechte getötet. Nur ich bin entwischt."

In dem Moment kann ein Vierter und berichtete aufgeregt:

„Das Haus deines ältesten Sohnes, in dem deine Kinder beim Essen saßen, ist von einem Sturm erfasst und völlig zerstört worden; alle deine Kinder wurden von den Trümmern erschlagen."

Was für Hiobsbotschaften! Und Hiob? Damaligem Brauch gemäß zerriss er sein Gewand, kniete nieder und sagte:

„Nackt kam ich aus dem Schoß der Mutter, nackt gehe ich von hier fort. Der Herr hat gegeben, der Herr hat genommen. Gelobt sei der Name des Herrn."

Der Mann verstand es wahrlich loszulassen.

Beim nächsten Meeting im Himmel (wieder mussten alle erscheinen, Videokonferenzen gab's noch nicht) konnte der Herr dem Satan triumphierend vorhalten:

„Hiob ist gottergeben geblieben. Es steht 1:0 für mich."

„Na schön, er ist standhaft geblieben, aber nur, weil es ihm gesundheitlich an nichts fehlt. Geht es ihm aber körperlich dreckig, wird er dich verfluchen."

„O. k., zweite Runde: Du darfst ihm körperlich schaden, nur sein Leben darfst du nicht antasten."

Da passierte es, dass Hiobs Körper von Kopf bis zu den Füßen mit eitrigen Geschwüren übersät wurde. Seine Frau meinte:

„Besser für dich, du fluchst und stirbst."

„Wo denkst du hin? Das Gute habe ich vom Herrn angenommen, warum nicht auch das Üble?"

Nun kamen seine drei Freunde zu Besuch und versuchten, ihm in schier endlosen Diskussionen klarzumachen, dass irgendeine Sünde der Grund für sein schweres Schicksal sein müsse, die er gefälligst zu bereuen habe. Aber da Hiob einfach keine Sünde einfiel – schließlich war er nicht einmal fremdgegangen, außerdem hatte er viel Gutes getan –, mochte er nicht anerkennen, dass sein Leiden als Strafe für persönliche Schuld zu werten sei. – *Genau das ist das Sensationelle an dieser Story: Dass ein Mensch immer nur das Gute denkt, redet und tut und das Böse überhaupt nicht an sich kennt, das ist wohl ziemlich einmalig. Mir jedenfalls wäre, was mich betrifft, da gleich auf Anhieb einiges eingefallen … zum Beispiel: an einsamer Kreuzung bei „Rot" über die Straße gegangen.* –

Der gute Hiob grübelte und grübelte, konnte aber einfach keinen Grund dafür finden, warum es gerade ihn so hart getroffen hatte.

Wie hätte er auch darauf kommen können, dass eine Wette der himmlischen Mächte der Auslöser war? Es war ein Elchtest! Es ging um die Frage: Kippt er oder kippt er nicht?

– Die naive Frage „Warum gerade ich?" stellt sich auch mancher, den unter Hunderten ankommender Reisender die Zollbeamten herauspicken und bitten, die Koffer zu öffnen. Die Antwort ist hier wie dort: Entweder trifft es einen rein zufällig nach dem Chaos-Prinzip oder aber dahinter steckt eine Wette höherer Mächte. –

Hiob hörte schließlich in einem Sturm die Stimme des Herrn, die zu ihm sprach:

„Wer bist du, dass du die Legitimität meines Handelns anzweifelst? Bin ich etwa irgendjemandem etwas schuldig?"

Da meinte Hiob:

„Ich schäme mich, Herr, dass ich dein Tun in Zweifel gezogen habe."

„Na schön, dann bete für deine Freunde; denn was die geredet haben, war ziemlicher Quatsch. Die wollten päpstlicher sein als der Papst."

Und siehe da: Schlagartig wendete sich das Blatt. Hiob wurde wieder gesund und bald schon doppelt so reich wie zuvor. Nun kamen auch wieder alle Verwandten zu Besuch und beglückwünschten ihn. Er bekam sogar noch einmal sieben Söhne und drei Töchter. Die älteste Tochter nannte er Täubchen, die zweite Zimtblüte und die jüngste Schminktöpfchen. Die drei Mädchen waren aber auch so was von hübsch, schöner als alle anderen Töchter im Lande. – Tja, den Reichtum Hiobs verdoppelte der Herr, aber nicht die Zahl der Kinder, denn 20 Kinder großziehen zu müssen, das wäre nun keine Wohltat gewesen.

Nach seinem schweren Schicksal lebte Hiob noch 140 Jahre, sodass er noch seine Enkel und Urenkel erlebte – ein verlängerter Lebensabschnitt als adäquate Entschädigung für die durchstandene Leidenszeit.

Standhaftigkeit im Glauben gegenüber allen satanischen Anfechtungen wurde vom Herrn schließlich großzügig honoriert, eine Geschichte mit wahrem Happy End. Aber ist das im Leben immer so? Leider Gottes nein! Allen Braven unter den im Leben zu kurz Gekommenen muss gesagt werden: Ihr, liebe Leute, begnügt euch bitte mit der tröstlichen Hoffnung auf den himmlischen Gerechtigkeitsausgleich im postmortalen Jenseits! *Hope for the pie in the sky when you die!*